戎光祥研究叢書
10

織田政権の形成と地域支配

柴辻俊六
Shibatuji Syunroku

戎光祥出版

目　次

序章　研究動向と本書の構成

織田信長は、日本政治史上で特筆されている人物である。その理由は、古代から中世へと続く律令体制に依拠した天皇制や貴族政権、幕府による武家政権とは決別して、絶対君主制の確立を目指した政治家として評価されているからである。その政治理念は、本能寺の変によって完成するには至らなかったが、その理念は豊臣秀吉に引き継がれて、初めて日本国内での中央集権的な統一政権が樹立されている。

信長は尾張の小大名から出発して、崩壊しかかっていた室町幕府を利用しつつ、中央政界へと進出していった。当初は、天皇・将軍・公家・大社寺の復興を支援したが、天正元年（一五七三）七月の将軍足利義昭の追放を契機として、それら旧勢力の抑制と政権への取り込みを図り、分立していた武家勢力の統一を意図している。天正四年にはその象徴として琵琶湖畔に安土城を構築し、諸大名や旧勢力を糾合している。

信長は入京以来、キリシタンの宣教師らとも接触し、彼らから多くの海外情勢の知識を得ていた。一方では堺・兵庫や伊勢大湊・三国湊をはじめとした畿内周辺の主要津湊を掌握し、その地域の豪商を政商として再編成して対外交易に従事させている。領国内では伝統的な旧体制の土地制度である荘園制の解体を進め、大名領国制への再編を進め始めている。具体的な政策としては、すでに多く検討されているように、農村での複雑な土地所有関係の整理や（一職支配）、都市部での楽市楽座令のように、旧体制を改変させた政策が多い。関所の撤廃や大規模な新設道路の建設などの国家的な規模での新政策も多い。城郭建築の上でも、安土城に実現されているような新基軸がみられる。最初の戦略的成果であった美濃・稲葉山城（岐阜市）を攻略した直後に創始した「天下布武」の印判が、その政治理念を象徴している。その創始の意図や「天下」の意味することについては、種々論議があるが、少なくとも最晩年期には明らかに統一国家を意識した用例もみられるように、戦乱の世を終息させることを目標としたとの通説は捨てがたい。その理念が家臣であった豊臣秀吉に継承されて実現している点も重要である。

それにしても、近年の織田政権ないし信長の動向に関する論著は際立って多くなっている。最近五年間での専論の著書だけでも、本能寺の変関係と一般的な啓蒙書は別として、政権の本質に迫るようなものとしては、以下のような成果がみられる。


戦国史研究会編『織田権力の領域支配』（岩田書院、二〇一一年）。

堀新『織豊期王権論』（校倉書房、二〇一一年）。

池上裕子『織田信長』（吉川弘文館、二〇一二年）。

竹井英文『織豊政権と東国社会』（吉川弘文館、二〇一二年）。

金子拓編『「信長記」と信長・秀吉の時代』（勉誠出版、二〇一二年）。

三鬼清一郎『織豊期の国家と秩序』（青史出版、二〇一二年）。

谷口克広『信長の政略―信長は中世をどこまで破壊したか』（学研パブリッシング、二〇一三年）。

神田千里『織田信長』（筑摩書房、二〇一四年）。

藤田達生『天下統一―信長と秀吉が成し遂げた「革命」』（中公新書、二〇一四年）。

松下浩『織田信長　その虚像と実像』（サンライズ出版、二〇一四年）。
金子拓『織田信長「天下人」の実像』（講談社、二〇一四年）。
谷口克広『織田信長の外交』（祥伝社、二〇一五年）。
金子拓『織田信長権力論』（吉川弘文館、二〇一五年）。

これらのすべてを精読したわけではないが、信長による政権構想とその実態評価を追及したものが多く、当然のことながら、豊臣政権との共通点や相違点も問題にされている。政権論としては、一つには朝廷・幕府との関係を前提とした織田政権での公武関係論についてのものが多く、最近では関連して通説となっている「天下人」としての信長政権の革新性や先進性は疑問であり、実態は戦国大名と同質であったという見方が多くなっている。その根拠の一つとして、信長の使用した「天下布武」印や、発給文書にみられる「天下」の意味する実態について、消極的な評価がなされている。

もう一方の視点として、織田政権の領国形成と関連して、政権の地域支配の実態究明が進められている。この方面での蓄積はまだ少なく、ようやく信長家臣団による個別の地域支配の問題がとり上げられるようになり、そこでは石高制・兵農分離の進展状況や、在地支配での「一職支配」の実現状況などが検討されている。ここでも通説への批判から、家臣である分国主による在地支配での自律性が高く評価されており、相対的に信長の統一権力者としての集権性は脆弱であったとし、実態は戦国大名の権力段階と大差がないとする見方が多くなってきている。

以上のような研究動向は、通説への批判からの新たな問題提起としては一定の意義をもつことはいうまでもないが、堀新氏が『織豊期王権論』（二〇一一年）の冒頭で、これまでに至る織田信長研究についての詳細な研究史をまとめているように、確かにそれぞれの時期によって問題関心のもち方が大きく変わってきており、それによって新しい分野や問題意識の開拓や事実関係の発掘が進展してきたことも確かである。

しかし、一方ではそうした新たな説や問題提起が、その後に十分な議論がされないままに放置され、定説化していない場合も多い。何が定説かという判断も難しい問題であり、とりあえず反論のないまま定説化している問題も多い。議論は尽きないのであるが、こうしたことの積み重ねによって、新たな視点や問題提起が加わり、それにともなう新史料の発掘や、既存史料の読み直しが行われ、全体的な研究が深化していくのであろう。

一般向けのものであるが、最近、若手の研究者らの分担で『信長研究の最前線―ここまでわかった「革新者」の実像―』（日本史史料研究会編、洋泉社、二〇一四年）がまとめられている。その序文の中で、近年の研究動向として、「信長の強い革新性などが否定されつつある」といい、「信長の保守的な側面があきらかにされている」と述べられている。確かにそうした流れがあるとは思うが、そこまでいわれると反発がしたくなる。通説や定説が書き替えられていくのは当然としても、新しさを求めることに性急になりすぎているように思われ、さらに自ら検討もせずに安易に新しい説に同調してしまう傾向が顕著のように思われる。

本書は、前述したような織田政権についての長い研究史や論点に沿ったものではないが、ここ数年間に、信長やその家臣の発給文書を集めて編年化している過程で気付いた、個別の問題についてまとめたものである。まず第Ⅰ部の「織田政権の形成と展開」では、信長の発給文書について、著名な「天下布武」印の用例の実態と特徴を検討し、ついで使用の花押についての変遷状況を検討した。これらの問題についても一定の研究史があったが、それらを踏まえた上で、若干の新知見を提示している。

以下は個別問題となるが、信長の入京時における下京中からの礼銭徴収に関する帳簿を検討したものと、ついで直轄領とした堺支配で主導的な役割を果たした今井宗久との関係を検討した。さらに織田政権の支配地域の拡大と関連して、その地域の流通拠点となっていた各地の港湾部の商人支配について検討した。

第Ⅱ部は「織田政権の地域支配」として、柴田勝家による越前支配と、明智光秀の近江・丹波地域の支配状況について検討した。これらについては、その発給文書を中心に、その実態と織田政権形成過程の問題として、分国主としての積極的な面を強調したが、それはあくまでも政権内での分権体制であって、信長が統一政権をめざした過程のものであるとした。ついで政権の最終段階で、東国に進出した河尻秀隆による甲斐支配を検討したが、あまりにもその支配期間が短かすぎたため、滝川一益ほかの場合と同じく、支配地域での発給文書が少なすぎて十分な検討は出来なかった。同じく真田昌幸との関係についても、その帰属経過を検討したに過ぎなかった。

第Ⅲ部の「関連史料の検討」は、個別の史料紹介と検討になるが、織田信雄の文書が多く残されていた尾張・安井家文書と、朝倉氏旧臣で柴田勝家に従った越前・溝江氏と、その流れを継承した近江・新庄氏についての戦国期の文書を紹介した。最後の「『甲陽軍鑑』収録の信長文書」は、黒田日出男氏がかつて検討した同一テーマについて、その補足修正と、関連して信長と武田信玄との交渉経過について検討したものである。

以上が本書の概要であるが、前述したように、近年に新しくまとめたものは四編にすぎず、ほかはすでに諸雑誌に公表したものである。かなりの修正を加えたものもあり、改めてこの場をかりて、本書への再録を承認していただいた各機関に感謝の意を表する。

第Ⅰ部

織田政権の形成と展開

第一章　織田信長「天下布武」印の書札礼

はじめに

本章では、織田信長発給文書の中での「天下布武」印の使われ方と、その書札礼とを検討する。特に朱印と黒印の使い分けについて、政権体制の拡大や進行状況との関連や、当時の一般的な武家文書の書札礼との比較検討を行いたい。そのために、基礎データとして「織田信長発給文書一覧」を作成した。まだ不完全のものではあるが、従来の成果に順次追加をして、一四二八点を数えるまでになった(1)。

それをもとにして「天下布武」印一覧表を作成してみたが、その総数は一〇二三点となった。ここでは花押によるものは後日を期すとして、印判のみの一覧表から明らかになる、信長文書の書札礼について検討したい。この数字を見ただけでも、信長文書では印判を使用したものの割合が大きく、それだけ重要な役割を果たしていたことになる。文書一覧表は分量が多いために全体を示すことは出来ないが、その都度、必要部分を例示しながら論を進めていきたい。

作表の根拠としたものは、奥野高広氏編の『増訂　織田信長文書の研究』全三冊を基本にし(2)、それに『愛知県史』（資料編）ほか、その後の追加文書とによった。年次が下がるに従って無年号のものの比率が多くなっており、その推定年号の是非については、これまでの研究成果に依拠しており、新たに推定し直したものは少ない。後述するように、その後に年代推定を修正した個別論考も二、三みられるが、その是非についてはまだ検討の余地が残っているものも多く、流動的であることによる。

一覧表作成での項目としては、年記表記・署判形式・用紙形態・宛名・敬称表記・書止め文言・内容摘記・出典を表出した(3)。

一、研究史の整理

織田信長の発給文書に関して、花押によるものは別として、印判に関して最初にまとまった考察を加えたのは相田二郎氏である(4)。それによれば、信長の「天下布武」印の意味は、天下平定の目標を意図したものであり、印判の初見は、永禄十年（一五六七）十一月（兼松文書）からであるとし、その制定由来は「政秀寺古記」に明らかであり、印材は銅と金を混合したものであるという。

さらに印判には三種があり、第一種印（単郭楕円形）は、永禄十三年正月二十三日付けの日乗・明智宛ての「公儀条々」まで使用し、同年三月二十二日付けの曇華院宛より第二種印（重郭馬蹄形）に変わり、第三種印（双竜円形）は、天正四年（一五七六）十一月の内大臣任官後の一時期のみの使用であり、下知状形式として使用されているという。

また、この印判の黒印での初見は、元亀三年（一五七二）年六月二十三日付けの大徳寺宛のものからであり（注・

第一表　山中恭子氏の統計表

年	判物	印判状	計
天文 18	1		1
19	2		2
20	0		0
21	5		5
22	4		4
23	3		3
弘治 1	6		6
2	0		0
3	3		3
永禄 1	8		8
2	0		0
3	2		2
4	2		2
5	4		4
6	13		13
7	10		14
8	7		9
9	5		5
10	11	12	23
11	9	39	53
12	8	40	50
元亀 1	27	23	55
2	20	18	38
3	9	27	40
天正 1	8	58	71
2	8	50	58
3	6	115	128
4	2	53	56
5	1	50	54
6	1	41	43
7	4	31	42
8	2	39	52
9	0	43	46
10	1	86	92
	(192)	(725)	(917)

ただしこれは朱印）、朱印は判物の代わりで、黒印は書状のみに使用されているともいう。さらに印判は花押の代用で、花押より薄礼の書式であり、信長は花押と印判の併用慣習の創始者でもあるという。

これらの成果の中で、現在では黒印の初見については、（元亀元年）四月二十二日付けの蒲生忠三郎宛ての感状と訂正すべきであり(5)、またすでに通説として、黒印は書状のみではなく、他の領内執達文書にも多く使われており、花押と印判の併用例としても、東国では北条氏綱による永正十五年（一五一八）十月（伊豆・大川文書）の虎朱印状からみられると修正されている。

ついで奥野高広氏は、前述した信長発給文書の編年による文書集をまとめられ、増訂版の全三巻に信長発給文書一〇九八通を収めて解説を付している(6)。その上で、信長文書は全体に折紙を多用し、竪紙も併用し、花押と印判を併用して、内容・宛名・軽重により、使用上での区別をしているという。黒印には他に印文「宝」印が一点のみあるとも指摘している。

また、この文書集の完成を待って、山中（山室）恭子氏が、信長文書の発給状況を年次別に整理して、前掲の第一

表を作成され、本格的な分析結果を発表されている。(7)

これによると論点は多くあり、永禄九年までは判物のみで、天正三年までは花押・印判の併用期、天正四年以降、没年までの印判のみの多用期の三期になるといい、この変換の転機は岐阜・安土城への移転であるという。

さらに、大量発行のための印判状が判物を駆逐したともいい、ラジカルな印判状体制になったとする。また、こうした文書の印判状化により、花押は書状に限られてくるともいい、天正四年以降、書状にも印判状化が及んだという。さらに、天正元年からの三年間は、書状への花押・印判の併用期であり、花押は主に対外大名宛てに使われ、印判は領国内宛てが中心であったが、やがてすべて印判になっていくともいう。

朱印と黒印の使い分けについても、朱印は従来の判物の代わりであり、朱印による書状は厚礼で、黒印は書状が中心でより薄礼なものとなり、朱印と黒印の書状の違いは、書止め文言などからみて、書札礼に基づく厚薄の差異であるという。

また、様式上の差異としては、信長署名形式・年記・相手への敬称・書止め文言などによって差が付けられており、当初は書札礼にそったそれぞれの組み合わせで行われていたが、様式は時代が下がるに従って簡略化され、薄礼化・尊大化が進んだという。

これらの指摘は概ね了承されるが、二、三の点では修正が必要である。細かい点は本文中で検討するが、まず花押による文書がすべて判物とされるという点と、印判によるものを印判状と書状とに分け、その上で朱黒別の用途を検討している点には問題が残る。後述するように、花押での書状も多く、印判での執達文書も多くみられるからである。

また、印判が花押を駆逐したという点も、第一表のほか、後掲する第二表でも明らかなように、天正九年三月までの起請文や書状でも花押が確認されており、完全駆逐には至っていない。さらに印判状化の進展によって花押は書状に限られていくといった点でも、条書・起請文もいくつかあり成立しない。書札礼との関係についても、いくつかの指摘があるが、煩雑になるので詳細は本文中で検討していきたい。

ついで、尾下成敏氏の一連の信長発給文書についての論考がある。[8]このうちの①・②論文は、信長文書のうちの書止め文言が「候也」「者也」と簡略化された、晩年の印判による「御内書」について検討したものであり、これらを「御内書」とするか、「書状」とするかの問題提起ではあるが、「直書」と表記した場合も多くあり、その称呼もふくめて問題は残されたままである。

本稿と関連してくるのは③論文であり、信長文書の書札礼を考察したものである。しかし、その前提が発給文書の全体についての検討ではなく、無年号文書の印判形式について、天正三年以降の細川家文書などに限定して考察したものであり、花押状や書札礼のその他の要因（官途名・宛名の敬称）をも勘案した上での、全体的な書札礼の検討ではない、限定的なものである。

とはいえ、そうした発給文書約千点余についての全体にわたる書札礼の検討は至難な作業と思われる。それほどに信長文書は複雑な様相を呈しており、後述するように、原理・原則を抽出するのには、あまりにも例外が多くありすぎるということになるかと思われる。

しかし、ここで尾下氏が提示された、信長文書の書札礼の類型化として示された九類型については、一定の法則性が抽出されており、今後に参考となる点も多くある。本稿と関係してくる具体的な問題については後述したい。

なお、書札礼要因としては、氏の上げた項目のほかにも、官途名・上所・宛名敬称などの問題もあり、これらをも加味すると、さらに詳細な型式区分も可能であろうが、かえってその特徴がわかりにくくなるといった一面もある。例えば、久野雅司氏が示されている十五類型も試みられているが、[9]かえって煩雑なものになっており、原則性がわかりにくくなってしまっている。ついでに述べれば、これらの論文では、先行研究についての簡単な紹介や論評はされているものの、それらの内容や成果の詳細、自説との関連での論評が希薄であり、従来の研究史に何が追加されたのかがわかりにくいものになっている。

ついで、立花京子氏の指摘がある。[10]立花氏によると、印文「天下布武」の意味は、儒教から発した朝廷守護の大義の意であり、同時期に正親町天皇より受けた「決勝綸旨」と同義であるという。また、第一種印（楕円形）の祖型は、イエズス会印の模倣であり、第二種馬蹄形への改変は、永禄十三年三月からであり、将軍権限の委譲を重視したものであるという。

さらに第三種印（双竜円）は、天正四年十一月の任内大臣を機として、公家様印で書札礼の確立を志向したものであるともいう。新説が多いが、イエズス会との関係を重視しすぎた点には問題が残る。

しかし、永禄十年十一月の「決勝綸旨」と、永禄十三年（元亀元年）での変化を重視した点は參考となる。さらに第三種印について、通説の公家様向き印であるとの指摘は、例えば天正五年六月の安土山下町中宛ての城下掟書（近江八幡市所蔵「信長文書」七二二号）などの使用例があって成立しないともいう。この点も参考となる。

最近の成果としては、安土城考古博物館での信長文書の展示に関連して、高木叙子・松下浩氏らによる、原物文書に即した観察報告がみられる。[11]例えば、朱印の色味は「朱」から「紅」様のものまで多様であるとか、黒印影の縁に朱の残存のあるものを確認したので、同一印を朱黒両用した可能性があるとか、本文執筆と捺印との時間差を確認できる例（折った後に捺印したもの）があるとか、第三種印（双竜円）は、十二通が確認できるが、第二種印（重郭馬蹄形）との使い分けは判然としないといった指摘がされている。いずれも原物に即した貴重な指摘であるが、まだ事例は少なく例外の可能性も多く、今後の課題になっている。

最新の成果として、神田千里氏による信長の「天下布武」印の印文の意図する意義に関して、それが室町幕府の再興の意図を込めたものとの見解があるが[12]、ここでは「天下布武」印の創始の意図や、印文のもつ意味を検討するのが目的ではなく、実際に出された印判使用の文書についての書札礼がどういった状況であったかを検討するものであって、併せてその結果から何がいえるのかを課題とする。したがって当初は神田氏の所説のとおり、「天下布武」印は、将軍を頂点とする武家社会の秩序の回復を表明したとの見解が妥当と思われる。したがって、印判創始の当初には倒幕の意識はなく、その後の政治的な変動にともなう倒幕後に、文字どおりの「天下布武」に、実際の政権展開の経過の中で、その意図するところが変わっていったものと思う。

二、「印判文書一覧」から確認できる点

まず、問題としている信長使用の印判の種類別の図版を上げておくと、第1図になる。

ついで、今回作成の「織田信長発給文書一覧」をもとに集計した「信長文書署判別年次表」を示すと、次頁に示した第二表となる。これは前述した山中恭子氏が集計された第一表の改訂版となる[13]。花押のものもふくめた総点数は

一四〇五点となっており、四八八点が増加している。[14] また、「天下布武」印のみの年次別による朱黒印別の数量を再確認すると、総数では二九八点が増加して一〇二三点になっている。こうした統計は、諸条件の中での文書残存率に問題があるものの、一定程度の傾向は読み取れるものと思う。

まず、この表から明らかな点は、印判多用の契機を、従来の安土城移転による天正四年（一五七六）とする説よりも、その一年前の天正三年がよいと思われる。長篠合戦や越前平定や右近衛大将任官などを契機として、残存量が激増しているからである。

また、同印の朱黒別の使い分けについては、年次別では数量的に天正元年以降ほとんど変化がなく、常に朱印の方が多用されていたことも確認される。さらに天正三年に、この印判が朱印で突出して多用されているのは、山中氏が指摘されているように、安土城への移転を契機として、ここから花押の代用化が進展したことによるものではなく、この年の十一月に右近衛大将への任官を期に、京都の権門勢家へ一斉に新知寄進が行われた結果によるものである。

ついで、印判文書の全体にわたって、書札礼の点からみておくと、まず、年記表記の形式として、（A）書下年号、（B）

第1図　信長使用の印判図（奥野『信長文書』より転載）

朱印１

朱印２・黒印１

朱印３

信長印判「寶」黒印２

第二表　信長文書署判別年次表

年次	花押	朱印(1)	朱印(2)	朱印(3)	黒印	(印合計)	判不明	総計
天文18	1							1
19	2							2
21	5							5
22	4							4
23	3							3
弘治1	6							6
2	1							1
3	4							4
永禄1	11							11
3	3							3
4	3							3
5	4							4
6	14							14
7	14							14
8	13							13
9	12							12
10	15	18				(18)	1	34
11	10	47				(47)	5	62
12	10	49				(49)	4	63
元亀1	34	2	26		2	(30)	7	71
2	24		20		1	(21)	1	46
3	10		32		6	(38)	4	52
天正1	12		57		14	(71)	8	91
2	11		40		22	(62)	0	73
3	8		117		32	(149)	7	164
4	4		42		27	(69)	1	74
5	5		30	11	16	(57)	5	67
6	3		23	1	22	(46)	1	50
7	4		18	2	16	(36)	6	46
8	2		32		22	(54)	11	67
9	5		37		24	(61)	3	69
10	6		71		20	(91)	9	106
年未詳	29		40		82	(124)	19	170
合計	292	116	585	14	306	(1023)	92	1405

付年号、（C）無年号の別があり、（A）は禁制・知行宛行安堵・定書などの本来は判物系の執政文書に限られており、これらは原則、朱印使用である（ただし例外三例）。（B）は、やや格下の者への知行宛行安堵・権利保障・諸役関係などの執政文書に使用されており、これも原則朱印使用である（例外五例）。（A）（B）ともに、書止めは「如件」が大多数である（例外八例、「候也」）。（C）は書状が大多数であり、朱黒印での両様が使われており（例外四例）、書止めは多様である。これらの点から、年記表記の点では、ほぼ当時の武家文書の書札礼を反映したものになっているといえる。書止文言については後述する。

次に署判形式は、（イ）官途＋実名＋署判、（ロ）実名＋署判、（ハ）署判のみの三種があり、（イ）は朱印のみに限られており、下限は天正三年九月の越州織田庄宛の禁制である。[15]（ロ）（ハ）は没年まで朱黒両用例があり、（ロ）（ハ）

ともに、朱印では執達文書が大多数であり、黒印は書状形式のものが大多数を占めている（例外八例）。

これらの点から、署判の点からも、天正三年にははっきりとした変化が認められ、（ロ）と（ハ）との使い分けも、従来からの伝統的な書札礼に基づくものであり、印判の朱黒別に対応したものではないといえる。この場合の伝統的な書札礼とは、鎌倉期以来の武家社会の中で形成されてきた文書の発給者と受給者との関係によって書式を変える方式のことであって、室町幕府によって武家文書の書札礼が定式化されていたことをいう。

この点は、従来より指摘されているように、天正三年に信長政権の変質があったとの説を補強するものである。

次に、宛名の敬称表記を検討すると、（a）、（b）、（c）に三分される。（a）は「殿」、（b）は『とのへ』、（c）は敬称なしである。（a）の「殿」と称しているものの一部には、脇付のあるものも若干あるが、厳密な書札礼ではないようである。

また、（a）～（c）についても、朱黒印別での差異はなく、この点からも、敬称に関しては、宛名人との関係による一般的な書札礼に従ったものであり、署判形式や朱黒別との関連性はないと思われる。

宛名の表記に関しては、複数名宛のものや、肩書き・在所名などを吊り書きしている場合などもあり、それらと敬称表記との関連も問題であるが、ここでは宛名については敬称表記や朱黒印別での書札礼とは対応していないという指摘にとどめる。

書止め文言は、大きく（い）、（ろ）、（は）に三分される。（い）は「如件」で終わる執達文書であり、何種類かの書き分けがされている。朱印でのものが圧倒的に多いが、一部に黒印のものもみられる。（は）は「恐惶謹言」以下の書状の書止めである。その中間に（ろ）があり、「者也」「事」「候也」などである。「者也」と「事」の用例は少ないがすべて朱印であり、執達文書に限られている。「候也」には朱黒印両用があり、執達文書と書状の両方に使われている。

前述した尾下成敏氏は、細川藤孝宛ての天正三年以降の信長印判文書の書札礼を検討されているが[16]、薄礼化が進んだという以上に、明確な書式変化は確認されていない。さらに〈黒印〉＋「候也」には、書状が圧倒的に多いといった点も問題にされてはいない。

これらからいえることは、印判が多用化されるに従って、従来の御内書（直書）の書止めである（ろ）表記のものが増加し、これが黒印を使用した書状的な内容のものにまで使われるようになったといえる。これは明らかに従来の伝統的な書札礼が無視されたものになってきたことといえる。

三、具体的な事例の検討

まず、断っておきたい点は、文書の伝統的な様式と書札礼との関係であるが、書札礼は平安中期以降、公家様文書の盛行にともなって、書状形式の文書の礼式として順次定式化されてきたものである。それが室町幕府のもとでは武家文書にも反映されてきて、様式と一体化したものになっており、守護や戦国大名の発給文書にまでそれが踏襲されているといった背景があった。

その上で、信長の発給文書の文書様式と、書札礼との関係を検討してみると、一例であるが、

【史料】①尾張・坂井利貞宛の朱印状（坂井文書、「信長文書」七七号）

為扶助、旦嶋内弐拾貫文申付上、全知行、不可有相違之状如件、

永禄十

十一月日　　信長〈朱印1〉

坂井文助殿

②美濃・高木貞久宛の判物（高木文書、同前七八号）

其方当知行、不可有違乱候、非分以下申懸者於在之者、厳重可申付者也、謹言、

永禄十

十一月日　　（信長）（花押）

高木彦左衛門とのへ

③近江・久徳左近兵衛尉宛の黒印状（集古文書、同前二四〇号）

就今度忠節之儀、多賀庄・石灰庄・敏満寺領諸入免、右以三ヶ所、都合参千石分、令支配候、本知・新知共、分

一諸役一円、令免許之状如件、

元亀元年六月廿六日　　信長〈黒印1〉

久徳左近兵衛（尉脱カ）殿

①は「天下布武」印の初見文書の一つであり、同日付け同内容のものが八点ほど確認されている。すべて折紙で書止めは「状如件」である。②はその内の一つであるが花押文書である。③はその三年後になるが、黒印文書の第二例目のものである。

従来の様式区分では、①・③は印判状といい、また朱黒の差は宛名の身分差による書札礼の違いとされている。ただし年号表記の点では厚薄が逆転している。それに対して②は判物とされているが、年号表記と書止め文言の書札礼が不適切で、簡略化されており、必ずしも書札礼は守られていない。

これらから信長文書に関しては、すでに「天下布武」印の創始当初から、従来の東国の武家文書の伝統的な判物・印判状・書状についての様式区分は厳格には守られておらず、担当した右筆の能力差や、信長の先例無視による可能性もあり、様式別での従来の書札礼は厳格には実現されていないといえる。

したがって印判の創始の意味も、その印文の解釈は別として、従来からいわれているように、単に花押の代用とか、同一様式の一斉大量発給の必要性といった以上に、積極的な意味を見いだし得ない。さらにいえば、右筆などの文書作成者の資質とか、信長自身の文書発給に対する先例無視といった意識の持ち方なども考慮する必要があるかと思う。

次に、朱・黒印の使い分けに関する場合を検討しておくと、例えば史料③で示した元亀元年（一五七二）六月段階のものをみると、次の第三表となる。

【第三表】同格者に対する朱黒印別の使用例

「元亀元」	6、17	信長〈朱印2〉□	祖父江五郎右衛門尉	殿	状如件	領中方目録	237号
元亀元	6、26	信長〈黒印〉	久徳左近兵衛尉	殿	状如件	知行安堵	240号

書札礼上では、信長の家臣として、久徳氏と祖父江氏とはほぼ同格と思われるが、朱黒の差異が付けられており、従来説でいえば、朱印の祖父江氏が格上であるが、年記表記の厚薄ではそれが逆になっている。ともに印判状であり、内容もほぼ同じものであるが、ここでも、年記表記と、朱黒印別の厚薄関係は逆転している。□は竪紙を示す。

次に、同一人宛でほぼ同内容のものに、朱黒の差のある例が以下の第四表である。

【第四表】同一人・同内容での朱黒印の使用例

（元亀二年）	6、18	信長〈朱印2〉	猪子兵介	殿	謹言	馳走感悦	282号
（元亀二年）	6、20	信長〈黒印〉	猪子兵介	殿	謹言	一揆首到来	283号

この場合の朱・黒印の差異も不明であり、この事例は他にも多く確認される。これらはその書止め文言も同じであり、印判状か書状かの判断にも迷う。山中氏のいうように、単純に朱印は印判状で、黒印は書状とはいえない事例が多い。

次に同時期の書状で、書札礼の異なる例をあげておくと、以下の第五表となる。

【第五表】同時期の書状での書札礼の相違例

（元亀4）、	正、15	信長〈黒印〉	狛左馬進	殿	恐々謹言	忠信肝要	357号
（元亀4）、	2、23	信長〈黒印〉▲	細川兵部大輔	殿	恐々謹言	公儀逆心	360号
（元亀4）、	2、24	信長〈黒印〉△	大徳寺	尊答	恐惶謹言	銀子贈与の礼	361号
（元亀4）、	2、26	信長〈朱印2〉△	細川兵部大輔	殿	恐々謹言	上意承知	362号
（元亀4）	3、7	信長〈黒印〉▲	細兵	殿	恐々謹言	公方様所行	364号

大徳寺宛のものは、署名表記や脇付けや書止めなどの書札礼からみれば、朱印が適当と思われるが、黒印である点がわからない。同じく細川氏宛の朱黒印の使い分けの理由も不明である。なお、この場合のように、朱印による書状も相当数がある。これらによっても、朱黒印の使いわけは、従来の書札礼を無視したものであることがはっきりする。表中の▲は切紙続、△は折紙。

次に、以下の第六表のように、天正四年以降になると、印判使用文書全体にわたって書札礼が簡略になってくることが確認できる。この点は従来から諸氏によって指摘されているとおりである。

【第六表】印判状と書状の区別の困難な例

（天正5）	2、10	〈朱印2〉△	長岡兵部大輔	殿	候也	泉州表計策	683号
（天正5）	2、11	〈朱印2〉△	長岡兵部大輔	殿	候也	根来寺表計策	684号
（天正5）	2、20	〈朱印2〉△	左兵衛佐	とのへ	候也	根来寺表計策	685号
（天正5）	2、23	〈黒印写〉△	長岡兵部大輔	殿	候也	首到来	686号
（天正5）	2、27	信長〈朱印2〉	松田豊前守	とのへ	候也	帷到来	補183号
（天正5）	2、28	御朱印	立政寺		候也	枝柿到来	687号

これら書止めが「候也」で終わっているものを、尾下成敏氏は「御内書」といい、久野雅司氏は「直書」といい、ともに執達文書とするが、書札礼の点からは書状との差異がはっきりとしない。これらはすべてを印判状ともいえるが、「候也」の書止めが圧倒的に多くなり、様式・内容上や「謹言」とある書状との差異が不明になる。署判欄の△は折紙を示す。

このうち、松田氏宛のもののみ署判形式が丁寧であるが、敬称が長岡氏宛より薄礼になっている点にも整合性がない。内容的にも書状とみる方が適当と思われるものが多いが、書止め文言が「候也」とあるものは、判物に代わる印判状としてのものが多く、書状との差異が一層わかりにくくなってくる。

次に〈朱印3〉の用例であるが、次の第七表は、〈朱印3〉の初見のものと、それに続くものである。

【第七表】〈朱印3〉の用例

「天正5」	5、10	〈朱印3〉△	津田利右衛門尉	とのへ	候也	指出穏田	712号
〈天正5〉	5、16	〈朱印2〉△	宮郷他三組惣中		候也	雑賀成敗	713号
〈天正5〉	5、16	〈信長〉〈黒印写〉	荒木摂津守	とのへ	候也	小寺相働	714号
〈天正5〉	5、19	〈朱印2〉△	太田源三大夫	殿	候也	雑賀成敗	715号
〈天正5〉	5、19	〈朱印2〉	神崎中務丞		候也	雑賀成敗	716号
〈天正5〉	5、24	信長〈朱印2〉	北畠中将	殿	謹言	津田一安の金子	愛知県史

〈朱印3〉は、最後の天正七年六月十二日付けの筒井順慶宛（「信長文書」八三二号）までの十二例があり、この時期でも〈印判2〉は朱・黒印が併用されており、それらとの内容による使い分けや、書札礼に明確な差違はみられない。しかし、〈朱印3〉はすべてが朱印であり、はっきりと書状と思われるものに限られ、天正五年閏七月二十三日付けの伊達左京大夫宛（同前七二八号）にも用いられている。

したがって、〈朱印3〉を新規創設した理由や、その使い分けは依然として不明である。使用期間が天正五年から七年に限られていることと、発給対象者に特別な限定や内容の差異もみられないので、ただ単に〈朱印2〉に代わるものとして、黒印との使い分けのために試用し始めたが、定着しなかったものと推定される。

信長の最晩年期には、次の第八表の例のように、側近重臣宛の者への書札礼が前代よりもはっきりと厚くなっている点が確認できる。この点に関しては、尾下成敏氏も天正六年以降に、これら一部の家臣層への差出書の書札が厚礼化していると指摘されており[17]、その理由を有力家臣への功労恩典と推測されている。

【第八表】最晩年での書札礼の厚礼化の例

天正9、	8、17	〈朱印2〉	(畳刺新四郎)		候也	天下一	937号
(天正9年)	8、20	信長〈黒印〉▲	羽柴藤吉郎	とのへ	候也	鳥取表事	938号
天正9、	8、22	〈朱印2〉△	不動院		候也	旦那廻安堵	939号
(天正9)	8、23	信長〈黒印〉△	長岡兵部大輔	殿	候也	丹州表出陣	940号
(天正9)	8、25	〈朱印2〉△	平三郎左衛門尉	とのへ	候也	高野山成敗	追加
(天正9)	9、1	信長〈黒印〉△	堀久太郎	とのへ	候也	国中諸城破却	追加
(天正9)	9、4	信長〈朱印2〉△	長岡兵部大輔	殿	候也	丹後一色知行	941号
(天正9)	9、4	信長〈朱印2〉△	長岡兵部大輔	殿	候也	丹後矢野分	942号
(天正9)	9、7	信長〈朱印2〉△	惟任日向守	殿	候也	一色知行分	943号

しかし、この点の説明としては、書札礼は受取人との身分関係によって変えるものであり、天正八年以降の家臣団への官途付与による身分上昇に対応したものである。この点は信長や右筆が、従来の書札礼をまだ意識していたこと

を示すものである。

この時期になると、書止め文言は一部の「状如件」「謹言」を除いて、大部分が「候也」となり、印判状と書状の差異は一層見分けにくくなってきている。こうした全体的に書式の簡略化が進展している中で、家臣団への厚礼化や、第八表の冒頭にみえる職人宛の印判状が、書下年号で朱印である点などは、極めて例外的な特異な事例と思われる。こうした矛盾する点をどう考えればよいのか迷う。

最後に、印判状創始の動機の一つとされている、同日付けで同内容文書の一斉発給の場合のものとして、次の第九表が上げられる。

【第九表】執達文書の一斉発給の例

天正3、	11、6	信長〈朱印2〉	近衛	殿	状如件	所領寄進	584号
（以下、同日、同形式、同内容で、一条殿宛は省略）							
「天正3」	11、6	信長〈朱印2〉	若王寺		状如件	寺領寄進	575号
（以下、同日、同形式、同内容で、入江殿雑掌・曇華院雑掌・宝鏡寺殿雑掌・南御所雑掌・仁和寺殿・勧修寺門跡・大覚寺殿・実相院・花山院殿・正親町頭中将殿・官務殿宛は省略する）							
「天正3」	11、6	〈朱印2〉	猪熊	殿	状如件	所領寄進	589号
「天正3」	11、7	信長〈朱印2〉	祭主	殿	状如件	寺領寄進	590号
（以下、同日付けと同形式で、五霊殿代宛は省略）							

天正3、	11、7	信長〈朱印2〉	青蓮院	殿	状如件	寺領寄進	592号
（以下、同日付けと同形式で、妙法院殿宛は省略）							
「天正3」	11、7	信長〈朱印2〉	鷹司	殿 雑掌	状如件	所領寄進	593号
（以下、同日付けと同形式で、西洞院殿・在富・在脩宛は省略）							
「天正3」	11、7	〈朱印2〉	上御蔵・立入左京入道		状如件	所領寄進	597号
天正3、	11、7	信長〈朱印2〉	（内侍所刀自等）		候也	所領寄進	598号

他にもこうした事例は、例えば天正十年三月の甲信地域宛の禁制などのように多くあるが、すべて朱印に限られており、内容も禁制や知行宛行・安堵などの執達文書にほぼ限定されている。しかもここでは、例えば第九表での公家衆の身分差による書き分けがされているように、かなり従来の様式や書札礼が反映・遵守されたものになっている。この点も、全体として書札礼無視の略式化が進んでいる状況とどう整合的に考えるのか問題が残されている。

以上の点の他にも、さらに特異な用例として検討を要するものに、〈朱印2〉を正親町天皇女房奉書の袖に押したものがある。[18]これはすでに原物が亡失してしまったようであるが、その写真版が『京都府史蹟勝地調査報告書』第七集[19]に掲載されており、その状況を確認することができる。

これについては唯一、荻野三七彦氏の言及があり、[20]それによれば朝廷に対する信長権威の拡大を反映したものとされている。これが天正四年との推定は、対象となった東寺神泉苑の所領還付を促したものであって、関連文書が残っていることによる。

同じような理解となるが、本来は信長がその内容（神仙院領の東寺への還付）を保証する添状を添えるべきであったが、それを省略した代わりに、袖印を押したものと思われる。この点も、書札礼無視の薄礼化の事例になるかと思う。こうした事例はほかになく、この時期での信長と朝廷との関係を考える上で参考となる。

もう一点は、この印判を裏印として用いた例が二件あり、その意味も問題となる。一つは天正元年十月日付けの寺社中宛の黒印であり、内容は越前・剣神社に対して寺社領・検断権を安堵したものである（『信長文書』四一六号）。もう一点は、前述した天正五年六月の〈朱印3〉による著名な「安土山下町中」宛の城下定書である。その料紙三枚続きの裏の紙継目には〈黒印〉が二個所に捺されている（同前七二二号）。

原本での確認は果たしていないが、紙継目に黒印を用いたことには問題はないと思う。しかし、さらに〈朱印3〉をあえて裏に押印した意味はどういった理由なのかが判然としない。書下し年月日の下には、十分に朱印を捺すスペースが残っているのに、あえて裏とした理由がわからない。この点に言及した論考の有無もふくめて、この問題は課題としておきたい。

まとめにかえて

以上、細かい点での事実の指摘は各節で述べてきたので省略し、本稿で強調しておきたい点のみを列記しておく。

一、まず第一に指摘しておきたい点は、信長の印判使用文書については、様式や書札礼に一定度の従来からの伝統的な法則性を継承していたが、その法則性を定式化するには、あまりにも例外が多いという点である。これにはいろいろな要因が考えられるが、一つには信長自身の文書発給についての意識として、伝統性の軽視や無視があり、さらにいえば草稿作成者である右筆群の未熟さも反映されていたと思われる。

二、「天下布武」印の創始の契機に関しては、通説の岐阜城攻略後の全国制覇を意図したものとの説よりも、永禄十年（一五六七）十一月の正親町天皇の「決勝綸旨」を受けてのものとの説が妥当と思われる。これに関しては、前述した立花京子氏のほか、加納宏幸氏の小論もあって妥当な見解と思われる。(21)なお、この印文自体の意図した点の解釈については、「天下」の意味をめぐって、種々議論がされているが、ここではその問題には立ち入らない。

三、第二表の印判の年次別集計からみても、印判多用化の契機は、通説の天正四年（一五七六）の安土城移転説よりも、一年前の天正三年の信長による畿内統一政権の確立の方が妥当と思われる。

四、天正三年の突出した印判の使用量の増加は、ここから印判による花押の代用化が進展したという従来説よりも、安土城築城・長篠の戦い・越前進攻などの政治的背景や、とくに京都市内の権門勢家宛の所領安堵が一斉に行われた結果であり、この段階で花押文書が印判文書に駆逐されたとはいえず、畿内での領域支配の安定化にともなう、大量な文書の一斉発給にせまられた結果と思われる。

五、書札礼の点では、年記表記・署判形式・宛名敬称などの点で、花押状も含めて当初においては、従来の伝統的なものがほぼ踏襲されていた。しかし、年代が下がるに従って全体に略式化が進み、とくに書止め文言に関しては一貫性がなくなり、書札礼は軽視ないし無視されて、簡略化・薄礼化が進行している。

六、信長においては、「天下布武」印の創始当初から、従来の東国大名文書での伝統的な判物・印判状・書状についての様式区分は踏襲されておらず、信長の印判使用については、単に花押の代用以上に積極的な意味を見いだし得ない。
七、朱黒の使い分けの差異も不明瞭である。従来説のように、単純に朱印は印判状で、黒印は書状とはいえない。ただし朱黒別による厚薄の差は確認できる。
八、前述したように、信長文書は書札礼の点では、すべての項目に関して例外が多く一貫性に乏しい。とりわけ年代が下がるに従ってその傾向は拡大し、従来説のように信長の先例無視と尊大化が進行している点は確認できる。これは信長の政治的な権力拡大の経過を反映した結果といえる。

以上であるが、今後の課題も多く残っている。一つには前述したように、まだ無年号文書の年代推定が不十分である点と、花押文書や個々の文書内容をも勘案した総合的な考察も必要となろう。この点に関しては、前述した山中恭子氏の先行論文があるが、全体数の増加と共に、最近では写真版で確認をとれるものも多くなっており、研究環境は格段によくなっているので、さらなる検討が可能になっている。

なお、追記しておくと、この時期の他大名で、黒印を使用している例も若干ではあるがみられる。しかし、はっきりと印判状といえるものは少なく、花押の代用として主に書状に使用しているにすぎない。また、同一印を朱黒両用している事例としても、例えば武田晴信の印文「晴信」方印などの例もあるが[22]、それもわずか一例のみであり、例外的なものである。こうした点からも、信長の印判使用、とくに黒印多用の状況は特異なものと思われ、江戸期以降の印章史への影響も考えてみる必要がある。

さらにいうならば、信長文書について、花押状も含めて、書札礼について、それまでの伝統的なものとの比較や、信長自身の発給文書に関しても、その様式上での差異や不統一な点から、何か論を立てることには、あまり意味がないと思われる。本文中でも述べてきたように、一定の結論めいた特徴を抽出してみても、それに対する例外事例が多くあり、すっきりした原則や結論が得られない場合が多いのである。こうした点が信長文書の特徴といえるのではないかと思われる。印判使用文書については、とくにこの点が際立っていると思われる。

註

（1）二〇一四年末段階まで、その後も年に数点ずつの新出文書が紹介されており、二〇一六年五月段階では、一四二八点が確認されている。

（2）①奥野高広『増訂　織田信長文書の研究』三冊（吉川弘文館、一九八八年）、以下、同書は『信長文書』と略称する。②『愛知県史』（資料編中世3織豊1、愛知県、二〇〇九・二〇〇三年）。

信長発給文書については、この他にも個別で新出文書を紹介したものとして、例えば奥野高広氏による「『増訂織田信長文書の研究』の正誤と補遺」（『日本歴史』五三六号、一九九三年）ほかによって、十数点のものが紹介されており、それらも収録した。なお信長の発給文書の全体像については、現在進行中の岐阜市立歴史博物館での「信長学研究会」プロジェクトチームでのデータベース「織田信長文書月日目録」があるが、書札礼の点では不完全なデータであるため、参考にとどめた。さらに、奥野氏編著での無年号文書の年代推定を修正したものとして、③谷口克広「織田信長文書の年次について—奥野高広著『織田信長文書の研究』所収文書の年代比定再考—」（『日本歴史』五二九号、一九九二年）ほかがある。

（3）一応、「織田信長発給文書一覧」から、印判文書のすべてを表出してみたが、本文中の第二表のように、総点数は一〇二三と大部なものになったため、ここではその初見文書以下の一部分と、凡例とを示すにとどめた。なお、この数字は二〇一三年三月段階のものであって、その後の追加によって約一〇〇点ほどが増加している。

（表出事例の見本）

（年月日）	（署判）	（宛名）	（敬称）	（書止め）	（内容）	（出典）
「永禄10」11、—	信長〈朱印1〉△	坂井文助	殿	状如件	知行安堵	77号

「永禄10」11、―	信長〈朱印1〉△	矢野弥右衛門尉	殿	状如件	知行安堵	79号
「永禄10」11、―	信長〈朱印1〉△	兼松又四郎	とのへ	状如件	知行安堵	80号
「永禄10」11、―	信長〈朱印1〉△	植原次郎右衛門尉	とのへ	状如件	知行安堵	補247号
「永禄10」11、―	信長〈朱印1〉△	山田七郎五郎	とのへ	状如件	知行安堵	補10号
（永禄10）11、―	信長公御朱印	賀島弥右衛門	殿	状如件	知行安堵	愛583号
永禄10、11、―	〈朱印1〉	多芸・丸毛不心斎		状如件	禁制	81号
（永禄10）12、1	信長〈朱印1〉	興福寺御在陣衆	御中	恐々謹言	入洛供奉忠節	82号
（永禄10）12、1	信長〈朱印1〉	柳生新左衛門尉	殿御宿所	恐々謹言	入洛供奉忠節	補53号
（永禄10）12、1	信長〈朱印1〉	岡因幡守	殿、御宿所	恐々謹言	入洛供奉忠節	83号
（永禄10）12、5	信長〈朱印1〉▲	万里小路大納言	人々御中	恐惶謹言	綸旨下賜	補117号
「永禄10」12、―	〈朱印1〉	嶋・阿願寺		状如件	引得分免許	84号
「永禄10」12、―	〈朱印1〉▲	長谷川三郎兵衛		状如件	榑座申付け	補54号
「永禄11」2、―	〈朱印1〉△	藤八		状如件	名田安堵	86号
（永禄11）4、8	信長〈朱印1〉	甲賀諸侍	御中	恐々謹言	為使者差上	87号
（永禄11）4、27	A信長〈朱印1〉	佐治美濃守	殿	状如件	知行安堵	88号

〔凡例〕年記の「」は、付年号。（）は、無年号で推定。署判のAは織田尾張守、Bは弾正忠、Cは織田弾正忠を表す。宛名の（）は本文中より補う。敬称は、表記＋脇付。☆は袖判、★は裏判。□は竪紙、△は折紙、▲は切紙・続紙。信長文書には「上所」を付したものはみられない。なお、本文中で引用した部分については、これらの記号のみられないものもある。出典は奥野氏編著の文書番号。

（4）相田二郎「織田氏並に豊臣氏の古文書」（『安土桃山時代の研究』、一九四三年刊行予定であったが未刊、戦後に『戦国大名の印章　印判状の研究』名著出版、一九七六年）に収録。

（5）『思文閣古書墨跡目録』一二〇号、一九八九年に写真版掲載。

(6)『織田信長文書の研究』上・下巻（吉川弘文館、一九六九年、後に増訂版・補遺索引編として全三冊で再刊、一九八八年）。以下、同書収録文書は「信長文書」〇〇号と略称する。
(7) 山室恭子『中世の中に生まれた近世』（吉川弘文館、一九九一年）収録の「四　天下人たち、信長」。
(8) 尾下成敏①「御内書・内書・書状論」（『古文書研究』四九号、一九九九年）、②「織田信長発給文書の基礎的研究―織田信長「御内書」の年代比定を中心に―」（『富山史壇』一三〇・一三一号、一九九九・二〇〇〇年）、③「織田信長書札礼の研究」（『ヒストリア』一八五号、二〇〇三年）。
(9) 久野雅司「織田信長発給文書の基礎的考察―武家宛書状・直書の検討による一試論―」（大野瑞男編『史料が語る日本の近世』吉川弘文館、二〇〇二年）。
(10) 立花京子『信長と十字架―天下布武の真実を追う―』（集英社、二〇〇四年）、「信長天下布武印と光秀菱形印」（有光友学編『戦国期印章・印判状の研究』岩田書院、二〇〇六年）。
(11) 高木叙子「『信長文書の世界』展補遺―紙・形態・印判」（『滋賀県立安土城考古博物館紀要』一〇号、二〇〇二年）、松下浩『織豊期城郭基礎調査報告書1～4』（滋賀県教育委員会、一九九六～二〇一〇年）。
(12) 神田千里、①『戦国時代の自力と秩序』（第一部第五章、吉川弘文館、二〇一三年）、②『織田信長』（筑摩書房、二〇一四年）。
(13) 註（7）で示された論文には、各種の文書分類表が作製されて検討されているが、ここでは煩雑になるので、署判別の年次表のみを紹介するに留める。
(14) この数字は二〇一三年時点での集計であり、前述したように、その後、順次増加しており、現在は一四二八点まで増加している。
(15)『信長文書』の五五〇号。
(16) 註（8）の③論文。
(17) 同前。
(18) 天正四年と推定されている年月日なしの三条西実枝宛の女房奉書の〈朱印2〉による袖印（「信長文書」六八二号）。
(19) 京都府編刊、一九二五年。

(20) 荻野三七彦『印章』(吉川弘文館、一九六六年)。
(21) 加納宏幸「織田信長の『天下布武』印について」(『濃飛史艸』八六号、二〇〇五年)。
(22) (永禄元年)閏六月十九日付けの理性院宛書状(文永寺文書、『戦国遺文』武田氏編、五九九号)。

第二章　織田信長花押の変遷

はじめに

織田信長の使用した花押については、すでに年次によってその変化の多いことはよく知られている。その変化の全体像に関しては、後述するように、すでに戦前において、相田二郎氏がその概要をまとめており[1]、戦後になって、その成果を継承した奥野高広氏が、伝来する信長発給文書の全体を編年でまとめた『織田信長文書の研究』[2]の中で、花押の変遷についても解説している。その後にこの問題に言及したものもいくつかみられるが、詳しく検討した論考はみられず、わずかに佐藤進一氏が、奥野氏の提示した変遷図の修正案を提示しているにすぎない[3]。こうした状況の下で、例えば無年号文書の年代推定などについては、文書内容とともに、相田・奥野・佐藤氏らが提示した花押変遷図に依拠している場合が多い。

しかしながら近年では、各県史をはじめとする地方史誌の史料編や各種の史料集、さらには信長関係の著書や図録の刊行によって、写真版での信長文書が多く紹介されている状況があり、改めてこの問題を検討し直しておく必要があると思われたので、この時点で集め得た約四五〇点の信長文書の図版をもとに再検討をしておきたい。

一、研究史の概要

まず相田二郎氏の論考であるが、この中に「信長の花押」との一節があり、編年による花押変遷として十七図の花押型を図示し、その使用期間について、該当する文書の初見と終見となるものを明記されている。その詳細は煩雑になるので省略するが、後述する奥野氏作製図に近いものであり、戦前において、すでに詳細なデータを集めていた点は驚異的である。

奥野氏は『信長文書』をまとめるに際して、ほぼ全面的に相田氏の成果に依拠したものと思われ、ほぼ同型と判断した二型を省略して、後掲するような十五型の図を提示している。同書中では収録文書に付記された（花押）に、その傍注としてこの花押変遷図と対応する番号が付記されている。

奥野高広氏の編著についで、この問題に言及しているのは、佐藤進一氏である。花押についての概説書の中で、信長の花押について言及したものではあるが、いくつかの具体的な指摘がみられる。信長のように花押型を頻繁に変えるのは、花押の偽造や盗用を防ぐためとか、各個の花押の作製方法の試案提示や、とくに永禄八年（一五六五）十一月からみられる「麟」型花押の創始は、同年五月の松永久秀による将軍義輝の刺殺事件を契機に、和平一統の願いを込めて変えたものといい、その作成方法にまで言及している。さらに、この時期の花押の新しい機能として、花押の印章化がみられるともする。その上で、奥野氏の提示した十五型を八型に縮小整理している。同系型として七型を省略したわけであるが、後述するように、少し簡略化しすぎるかと思われる。

ついで、中村直勝氏もこの問題に言及している(4)。簡略な記述ではあるが、奥野氏の変遷図を少し整理して十一型としている。ここでは信長について「二度と再び同じ花押が書けなかったのではないかと言いたいほど」と、その変化が大きいといっている点が面白いし、現実味のある指摘と思う。そこでの具体的な事例の提示は、正鵠を射ているものと思われる。

さらに、山中恭子氏の著書がある。(5) 無年号文書で年代推定がされていないものは除いて、写しも含めて全九一七点の発給文書について、花押と印判別での年次別文書表を作成している（本書第Ⅰ部第一章の第一表参照。年次別に合計一九二点の判物を検出しているが、書状も含んだ数である）。

その結果、花押文書は一九二点で、印判文書が七二五点となっている。そのうちの花押文書に関する部分についてのみの注目すべき指摘についてまとめておくと、

① 花押の使用傾向については、三区分できるとし、永禄九年までの判物としてのみの時期、天正三年（一五七五）までの印判状との併用時期、天正四年以降の花押文書がほとんどみられなくなる時期があるとする。

②印判状によって、花押状が完全に駆逐されてしまう。

③永禄十二年以降の花押状は、書状のみに限られてくる。

④天正四年以降は、書状も印判使用に変わっていく。

⑤これらの書式変化の二つの画期となった背景としては、岐阜城と安土城への移転が考えられる。

（ここでは山中氏が印判状に対して判物と総称している形式について、花押による書状をもふくめた花押状という表現に変えさせていただいた）。

以上であるが、大まかなスケッチとしては承認できる部分もあるが、後述するように、細部では異論も多くある分

析結果と思われる。なお、山中氏は花押型自体の変遷状況には言及されていない。

近年のものとしては、滋賀県立安土城考古博物館が特別展「信長文書の世界」に際して作成した図録での解説がある[6]。花押については大きく五分類とし、さらにその中を細分して十四型としている。その上で各型の使用時期の限定も明記されており、一つの整理方法としては大変参考になる。しかし、図示された変遷図に即していえば、花押C・Dを二分化する必要はないと思われ、Eについては細分化しすぎているかと思う。図録解説という制限から詳細なデータは省略されているが、原物に即した形態的観察所見としては参考になる点が多くみられる。

ついで、北西弘氏の論考がみられる[7]。その副題にあるように、花押の変形が何に起因したものかを、その心情面から考察しようとしたものである。奥野氏の図示したものに四型を追加して十八型としており、その典拠も示されているが、例示した（永禄七年）十一月七日付けの直江景綱宛書状にみえる花押を、永禄五年時の花押とみるなど、問題点は多い。全体の花押を、佐藤氏のいう「麟」型花押の出現で二分して、点花押から線花押への変化があり、点花押は茶人に多く、信長の点に対する感性がうかがえるという。これに対して線花押への変化は社会的立場の定着にあったというが、点花押・線花押の区分とか心情とかは意味がわかりにくい。

さらに小論ではあるが、石崎建治氏の注目すべき提言がある[8]。これは、永禄八年九月頃からみられる佐藤進一氏のいう「麟」型花押の祖型として、足利義満以降の室町将軍の武家様花押との連続性を考えるべきとの提言である。まだ具体的な実証を伴ったものではないが、検討の余地は大きいと思われる。

二、奥野高広氏変遷図の検討

前述したように、奥野高広氏は編著『信長文書』下巻の巻末に、花押型の変遷図を提示されている。全体を十五型に仕分けしており、その初見と思われる文書からの花押が図示されている。従来、無年号文書の年代推定に関しては、本図を利用することが多い。まず、奥野氏の作成したものに、発給年月日を付記したものを転載させていただく（第一図）。

この図での特徴は、前半部の花押（9）までの区分が詳細区分であるのに比べて、後半部の花押（10）以降の区分が簡略すぎると思われる。この点に関しては、前述した佐藤進一氏の変遷図の方がわかりやすい。

以下に、現在までに集め得た信長文書の写真版との照合によって、この図の問題点と思われる事項を提示しておく。

第一図　奥野高広氏の花押変遷図（年月日は筆者補記）

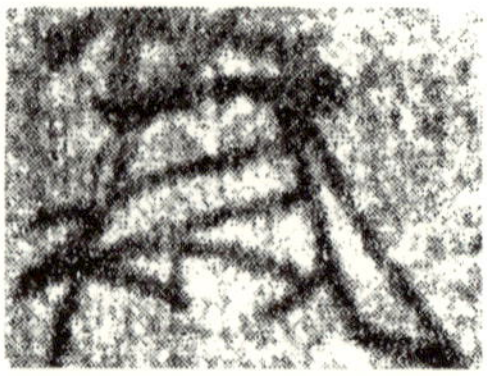

花押（1）〔加藤秀一氏旧蔵制札〕（第一号文書）（天文18・11・日）

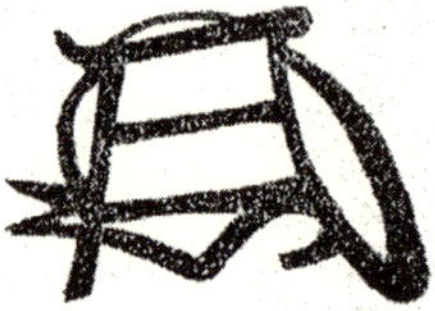

花押（2）〔張州雑志抄〕（第二号文書）（天文19・4・10）

花押（3）〔浅井文書〕（第五号文書）（天文21・7・28）

花押（4）〔加藤秀一氏所蔵文書〕（第八号文書）（天文21・12・20）

花押（12）〔円徳寺所蔵制札〕（第一〇〇号文書）（永禄11・9・日）

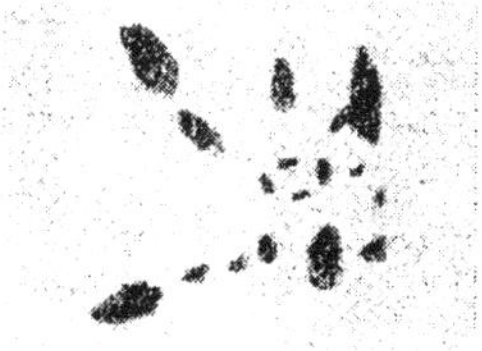

花押（9）〔密蔵院文書〕（第三一号文書）（永禄5・3・17）

花押（5）〔氷室和子氏所蔵文書〕（第一五号文書）（天文23・11・16）

花押（13）〔富田仙助氏所蔵文書〕（第四六七号文書）（天正2・8・7）

花押（9）の二〔杉原謙氏所蔵文書〕（第四五号文書）（永禄7・6・9）

花押（6）〔初瀬川健治氏所蔵文書〕（第一八号文書）（天文24・5・8）

花押（14）〔本願寺文書〕（第八七八号文書）（天正8・7・17）

花押（10）〔兼松文書〕（第六五号文書）（永禄9・11・日）

花押（7）〔加藤秀一氏所蔵文書〕（第二三号文書）（弘治4・正・27）

花押（11）〔志賀槙太郎氏所蔵文書〕（第九二号文書）（永禄11・7・29）

花押（8）〔雲興寺文書〕（第二六号文書）（永禄元・12・日）

①花押（２）は、『張州雑志抄』から再録したものであり、形状が乱れているので、天文十九年十二月二十三日付けの、妙法院座主宛の判物（『信長文書』三号）では花押（１）と全く同型なので、省略してもよい。
②花押（４）は花押（３）の変形とも思われるが、明らかな変更点が多く確認されるので、別型としてよいであろう。
③花押（５）の初見は、（天文二十三年）十月二十日付け加藤図書助宛書状（『信長文書』一四号）であり、一月余り早くから確認される。
④花押（６）は、花押（５）の変形とも思われるが、明らかに大きく変形した部分もあり、別型とみるのが妥当である。この型は、弘治元年十二月二十八日付け坂井利貞宛判物（『信長文書』二〇号）までしかみられない。
⑤花押（７）の初見は、弘治三年四月九日の飯田氏宛判物（『信長文書』未収、弘文荘古文書目録、昭和四六年）となるが、以後、この型の変形したものが花押（８）・花押（９）となり、さらにこの型の変形したものが、（永禄七年）十一月十三日付けの分部氏宛書状（『信長文書』五一号）まで使用されている。
⑥佐藤進一氏が問題とした、大きく型の変わる花押（10）の「麟」型の初見は、永禄八年九月日付けの寂光院宛判物となるが（『信長文書』五五号）、形状は花押（10）とはかなり異なっているので、別型とみておく。花押（10）の初見は、永禄九年四月日付けの森可成宛判物（『信長文書』補四三号）であり、以後、この型がやや変形をしながら、永禄十年十一月日付けの円鏡寺宛判物（『信長文書』補九号）まで継続して使われている。
⑦花押（11）は、花押（10）を大きく変形したものではあるが、丸味をおびた型となっており、別型とみてよいと思う。この型は、永禄十一年七月以降、（元亀二年）八月十四日付け細川藤孝宛書状（『信長文書』補二九号）まで使用されている。

⑧花押（12）は岐阜・円徳寺宛の木製制札のみにみられるものであって、花押（10）に近い型であり、変化の流れからみると異例のものであり、木製という点もあってここでは保留しておく。
⑨花押（13）は、（元亀二年）九月十七日付けの小早川隆景宛書状（『信長文書』二九七号）からみられ、（天正三年）七月六日付けの同氏宛書状（『信長文書』五二三号）までが確認される。
⑩花押（14）は、（天正三年）七月八日の小早川氏宛書状（『信長文書』五二四号）からみられ、花押（13）のわずか二日後に同型ながら大きく亀型のものに変えており、別型とみておく。

三、信長発給文書の再集計

前述した山中恭子氏の信長文書の集計から、すでに二十五年が経過している。ここで改めて再集計した結果を提示しておくと、別表となる（本表は、本書第Ⅰ部第一章掲載の第二表「信長文書署判別年次表」と同じもののために省略する）。花押状のみについていえば、二九二点が確認され、山中氏の統計時より一〇〇点あまりの事例が増加したことになる。山中氏の数値と比較してみると、花押のみについての年次別の残存傾向には、大きな変化はみられないが、あえていえば、永禄七年（一五六四）以降について、その残存数が目立って多くなっている点と、とくに山中氏が花押状が印判状に駆逐されるという天正四年（一五七六）以降についても、かなりの数量のものが確認される。

印判使用が始まる永禄十年十一月以降の印判状と、花押状との発給状況の相違点については、別に印判状を検討した際に言及しているので、[9]ここでは省略する。

花押状の中での判物と書状の使い分けについては、全体としてはほぼ同数のような結果となるが、大きな特徴としては、前半期には圧倒的に判物形式で出されているが、元亀元年を境に書状形式のものの割合が多くなっていく。これは印判状の創始と関連しての現象と思われ、政権の後半においては、全体として発給文書の薄礼化が進行したことの反映でもある。

四、新たな花押変遷図の提示

以上のような指摘をもとに、改めて花押変遷図を作成し直してみると、第二図のようになる。

第二図　修正花押変遷図

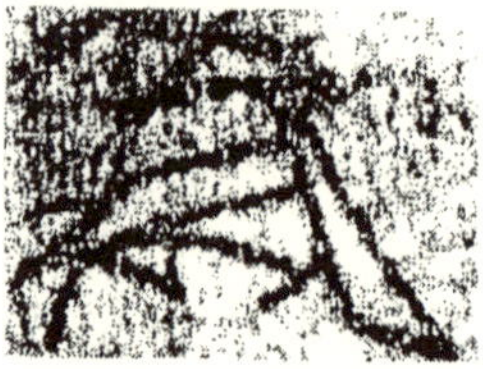

花押［1］〔加藤秀一氏旧蔵制札〕（第一号文書）　天文18・11・日

花押［2］〔浅井文書〕（第五号文書）（天文21）7・28

花押［3］〔加藤秀一氏所蔵文書〕（第八号文書）　天文21・12・20

花押［4］〔加藤家文書〕（第一四号文書）　天文23・10・20

花押［5］〔堺市立博物館所蔵文書〕（第一八号文書）　天文24・5・8

花押［6］〔熱田神宮文書〕（第二一号文書）　弘治3・11・27

花押［7］〔寂光寺文書〕（第五五号文書）　永禄8・9・日

花押［8］〔兼松文書〕（第六五号文書）永禄9・11・日

花押［9］〔上杉家文書〕（第一四八号文書）（永禄12）2・10

花押［10］〔小早川家文書〕（第二九七号文書）（元亀2）9・17

花押［11］〔小早川家文書〕（第五二四号文書）（天正3）7・8

花押［12］〔栗山氏所蔵文書〕（未収）（天正9）3・25

ここで強調しておきたい点は、信長の初見文書としてみられる藤原姓の時の花押［1］は、すでに指摘されているように、家督相続前で父信秀の花押型を踏襲したものであり、足利家様のものであって、信長独自のものは、家督後の花押［2］からといえる。ついで天文二十三年（一五五四）五月に清洲城に移った直後の十一月に、上総介を称した時から花押［4］に変え、弘治四年（一五五八）正月頃から花押［6］へと変化し、さらに東美濃に本格的な進

攻を開始した永禄八年（一五六五）九月頃から花押［7］へと代わり、以後、この型が少しずつ変形していって花押［12］に至ったと思われる。したがって、家督後に大きく型を変えたのは、花押［2］［4］［6］［7］の四度であり、ほかはその期間内での変形と思えるものである。なお、右図の花押［12］は、奥野氏作成図の花押（13）系のものではあるが、現状での花押使用の最後の所見となるものであり、（天正九年）三月二十五日付けの徳川家康宛書状（『信長文書』未収、栗山格彰氏所蔵文書）では、一層亀型化が顕著となっているので、別様のものとみておく。

以上の結果を第二図に即して整理しておくと、以下の第一表のようになる。

第一表　各花押型の使用期間表

花押［1］	天文18・11・日～天文19・12・23
花押［2］	（天文21）7・28～天文21・10・21
花押［3］	天文21・12・20～？
花押［4］	（天文23）・10・20～天文24・2・5
花押［5］	天文24・5・8～弘治3・4・9
花押［6］	（弘治3）11・27～（永禄7）11・13
花押［7］	永禄8・9・日～永禄9・4・日
花押［8］	永禄9・11・日～永禄11・9・日
花押［9］	（永禄12）2・10～（元亀2）8・14
花押［10］	（元亀2）9・17～（天正3）4・5

花押［11］　（天正3）7・8～（天正4）・3・5
花押［12］　（天正9）3・25～？

〔注〕年号の（　）は、無年号文書の推定年号を示す。

それについても、一個人で短期間にこれほどの変化をみせるものは、すでによく言われているように、同時代の者としては他に例のみあたらないものである。この面でも信長の型に拘らない奔放な性格を読み取ることができる。

なお、後半期で用いた花押［7］以降のものについて、佐藤進一氏は、これが麒麟の「麟」によるものと提唱されておられるが、その変形の経過をみると、少し無理な考証のように思われる。同様に初期の花押［2］についても、「信長」の二字の草書体を裏返して組み合わせたものと推定されているが、これも現実的なものとは思われない。こうした個々の花押の製作経過に関しては、全く推定不能としかいえない。

さらに、これら花押型の大きく変化した時期の信長の政治状況との関連づけも考える必要があるが、信長の場合、あまりにも変化の度合いが多く、年譜に照合させてその契機を検討することは、あまり意味がないと思われたので省略する。

五、無年号文書の年号再検討

次に第二図と第一表によって、何が得られるかの問題であるが、これは従来からいわれているように、無年号文書の年代推定と、文書真偽の判定に資するほかの効用以外は思いつかない。とりわけ重要な点は、既に推定済みの無年号文書の改訂が必要な場合であって、それによって事実関係の改訂が必要な場合も生ずる。以下、二、三の事例を示して、問題提起としたい。

以下での引用文書については、個別に表記したもののほかは、奥野氏編『信長文書』の文書番号を№で示す。まず、永禄十一年（一五六八）と推定されている八月二十一日の柳生宗巖宛て書状（№九四）については、谷口克広氏が、その花押型が［8］であることから、永禄九年に改めており[10]、これによって柳生氏への接触の時期が早まると指摘している。ついで、『吉川家文書』（大日本古文書・家分け文書）第一巻に永禄十三年と推定されて収録されている四月の吉川元春宛の二通の信長書状であるが、奥野氏はその花押型の違いによって、四月十一日のものを永禄十三年とし（№二二一）、四月五日のものは掲載していない。前者の花押型は［9］であり、これは永禄十三年で問題はないと思う。しかし後者の花押は［10］であるから、元亀三年（一五七二）以降となり、その内容からみても天正二年（一五七四）までが考えられ、内容からみて天正二年でよいと思われる。

ついで奥野氏が、永禄十一年七月二十九日の上杉輝虎宛書状（№九二）からとする［10］型であるが、この型は翌十二年二月十日の直江景綱宛（№一四八）が初見であり、［8］型が前年九月の沖島宛の禁制（№一〇一）までみられるので、これは翌十二年とみるべきかと思う。内容的にも「公方様入洛供奉」後のものと思われる。

同じような例となるが、奥野氏ほかが元亀三年と推定された十月五日付けの武田信玄宛書状（補№一三〇）について、かつてその内容から元亀三年では遅すぎるとして、これを元亀元年と訂正したことがある[11]。しかし今回、改めてその花押を確認したところ［10］型であり、［9］型が元亀二年八月まで使われていることから、元亀元年はあり得ないこととなった。しかし、従来どおりに元亀三年としたのでは、信玄が甲府を出陣した後のものとなり、内容的に不都合な点が生ずることになる。したがって、これは元亀二年のものとみるのが妥当なので訂正したい。

ほかにも同様な事例はいくつかあると思われるが、今後の検討課題としておきたい。最後に、これまで全く年代推定のされていない無年号文書についても、第一表によって推定可能のものが相当数あると思われる。年未詳文書については、現在のところ贈答品に対する礼状的なもののみが一七〇点ほど知られているが、その内の二九点が花押によるものであって、一部に感状的な内容のものもあるが、その大多数は書状である。一例のみ上げておくと、四月五日付けで小早川隆景宛に太刀・馬を贈られたことへの礼状であるが（小早川家文書二六七号）、その花押型は［10］に近く、元亀三年から天正三年までのものであるが、前述したように、同日付けの吉川元春宛書状がみられることから、天正二年でよいかと思われる。

まとめにかえて

以上、信長発給文書の全体像と、とくにその中の花押使用のものについて、その形の変容について検討してきた。その結論は第二図に示したものとなり、それらの花押型の使用期間を示した第一表となる。各個について、その初見と終見文書に関しては確定的なものではなく、今後の個々の文書の検討や新文書の出現によって修正を迫られるものである。現段階での報告であり、少しでも無年号文書の年代推定に資するところがあれば幸いである。

註

（1）「織田氏並に豊臣氏の古文書」（戦前にまとめたものであったが、戦後になって『戦国大名の印章―印判状の研究―』名著出版、一九七六年）に収録され、初めてその内容が明らかとなった。

（2）初版は一九六九年に上下二冊を刊行。その後、一九八八年に『増訂版』として補遺・索引の一冊を加えて、全三冊として再販しており、参考文書も含めて一一二二点の文書を編年で配列し、解読と解説を付記している。以下、本稿では同書については、『信長文書』と略称する。

（3）①「日本花押史の一節―十六世紀の武家の花押」（『名古屋大学日本史論集』下巻、一九七五年）、②「花押小史―類型の変遷を中心に―」（『書の日本史』第九巻、平凡社、一九七六年）。後にともに『花押を読む』（平凡社、一九八八年）に再録。

（4）『日本古文書学』下巻（角川書店、一九七七年）。

（5）山中（山室）恭子『中世のなかに生まれた近世』（吉川弘文館、一九九一年）。

（6）『信長文書の世界』（滋賀県立安土城考古博物館、二〇〇〇年）。

（7）「織田信長の花押―その変形をめぐって―」（『大谷大学史学論究』一三号、二〇〇七年）。

（8）「織田信長『麟』字型花押の合意」（『日本歴史』〈六六四号、二〇〇三年〉の研究余録）。

（9）「織田信長『天下布武』印文書の書札礼について」（二〇一一年三月、戦国史研究会総会で口頭発表）。修正して本書第Ⅰ部第一章に収録した。

（10）谷口克広「織田信長文書の年次について」（『日本歴史』五二九号、一九九二年）。

（11）拙論「武田信玄の上洛作戦と織田信長」（『武田氏研究』四〇号、二〇〇九年）。後に『戦国期武田氏領の地域支配』（岩田書院、二〇一三年）に修正再録。

第三章　織田信長の入京と「下京中出入之帳」

はじめに

早稲田大学中央図書館所蔵の特別図書のうちに、「下京中出入之帳」と題する一冊（十三丁）の帳簿がある。明治四十年（一九〇七）に、同館が朝河貫一氏より購入したものであるが、それ以前の伝来関係は不明である。これは、かつて同館館長であった市島謙吉（春城）氏らの関係した国書刊行会によって、明治四十二年に『続々群書類従』（第十六巻雑部）の中に収録されたことがある。その解題の全文には、「下京中出入之帳　一巻、本書は外題肩書に、元亀四年六月十八日とあり、本文によれば、下京中より出銀して殿様初め家来一同に進上せし記録なり、按ずるに殿様は、織田信長を云う歟、此年、信長上洛して七月京中の地子銭を免除したる事あればなり、猶後考を竢つ。早稲田大学所蔵原本により採取す」とあり、これを原本としながらも、「後考を竢つ」として、その内容の検討及び歴史的評価は後日に託されていた。

改めてこれを詳細に検討しなおしてみて、『続々群書類従』収録のものに、二十ヶ所余の誤読があり、また活字化する際の形式上にも問題があって、かならずしも、原形態を正確に伝えていない点も多かったので、改めてその全文を紹介し、その内容を検討してみたいと思う。

本書はすでに、明治四十二年に一応の紹介がされていたにもかかわらず、その後の幾多の京都史研究、および織田信長研究においても、全く利用された形跡がなく、本書の史料的な価値評価の決定もまったく放置されたままであった。こうした点からも、その内容的検討を試みて、本書の正確な位置づけをし、その上で多方面の研究史料として利用すべきであると考える。そのための手がかりとして、本書について若干の考察を試みたいと思う。

一、形態および本文の紹介

まず、その形態を確認するために表紙を示すと、左記のようである。「元亀四年六月十八日　下京中出入之帳」（縦二六・五×横二〇・五cm）。表紙ともで十三丁であり、表紙も本文と同一紙である。現状では、その前後に二枚（裏二枚）の同質の遊び紙が入れてあり、その上に雲紙の厚手紙を仮表紙として後補している。本文の各紙とも、早稲田大学中央図書館に収蔵される前から裏打ちが施されており、やや厚手にみえるが、もとは薄手の楮紙を袋綴じにした、極めて簡略な装丁であったと思われる。

問題は、本書が原本、つまり元亀四年（一五七三）六月十八日に、下京中において記録されたものであるか、あるいは一定期間後に、何らかの必要があって、それを書き写したものであるかの判断である。この点は、筆勢、筆法などから判断するほかなく、一、二の研究者の意見では、原本らしいとのことであった。

次に、その本文を示し、可能な範囲での補注を加えてみたいと思う。ただし、文中の」は改丁を示し、傍注の（　）

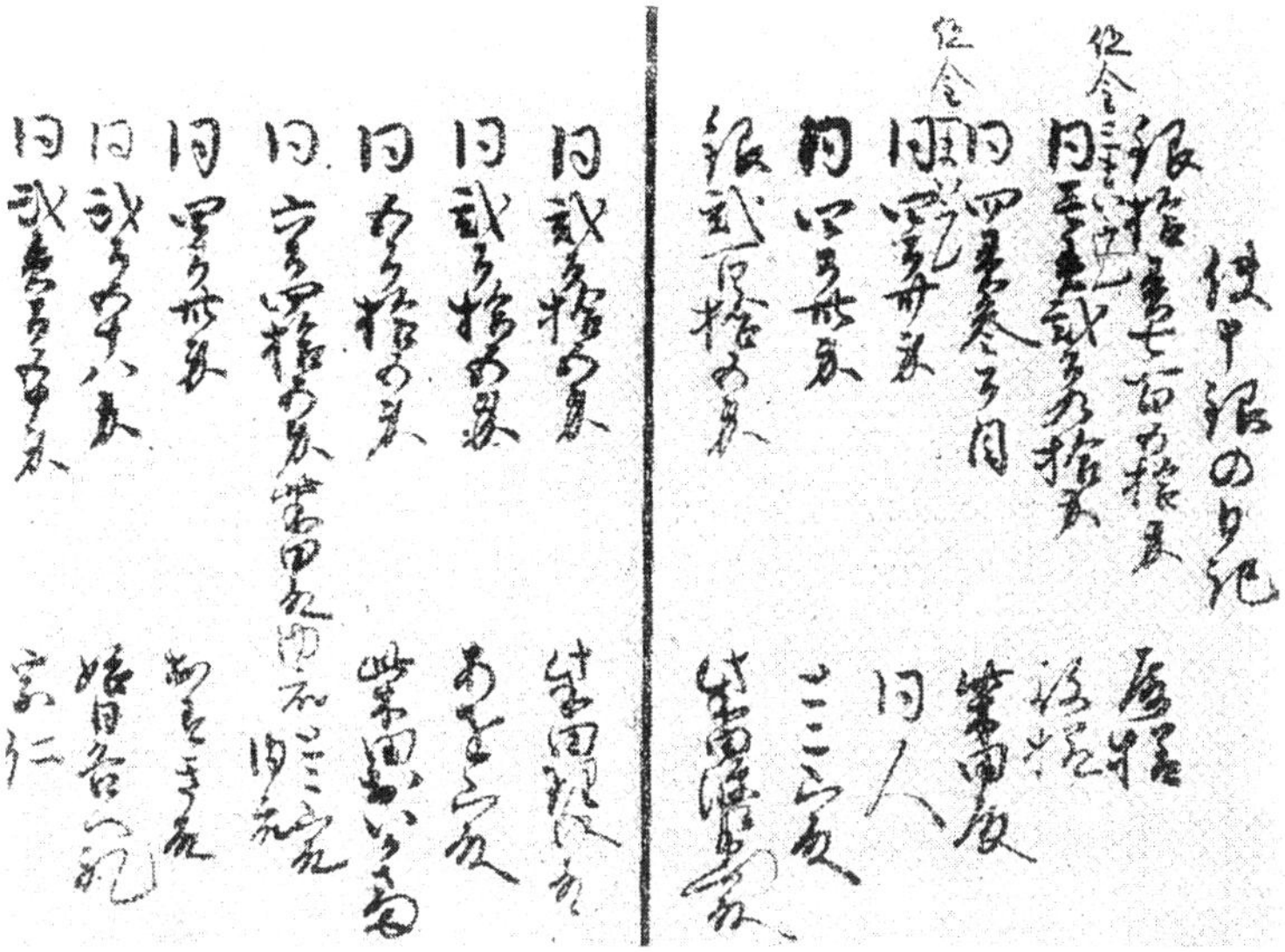

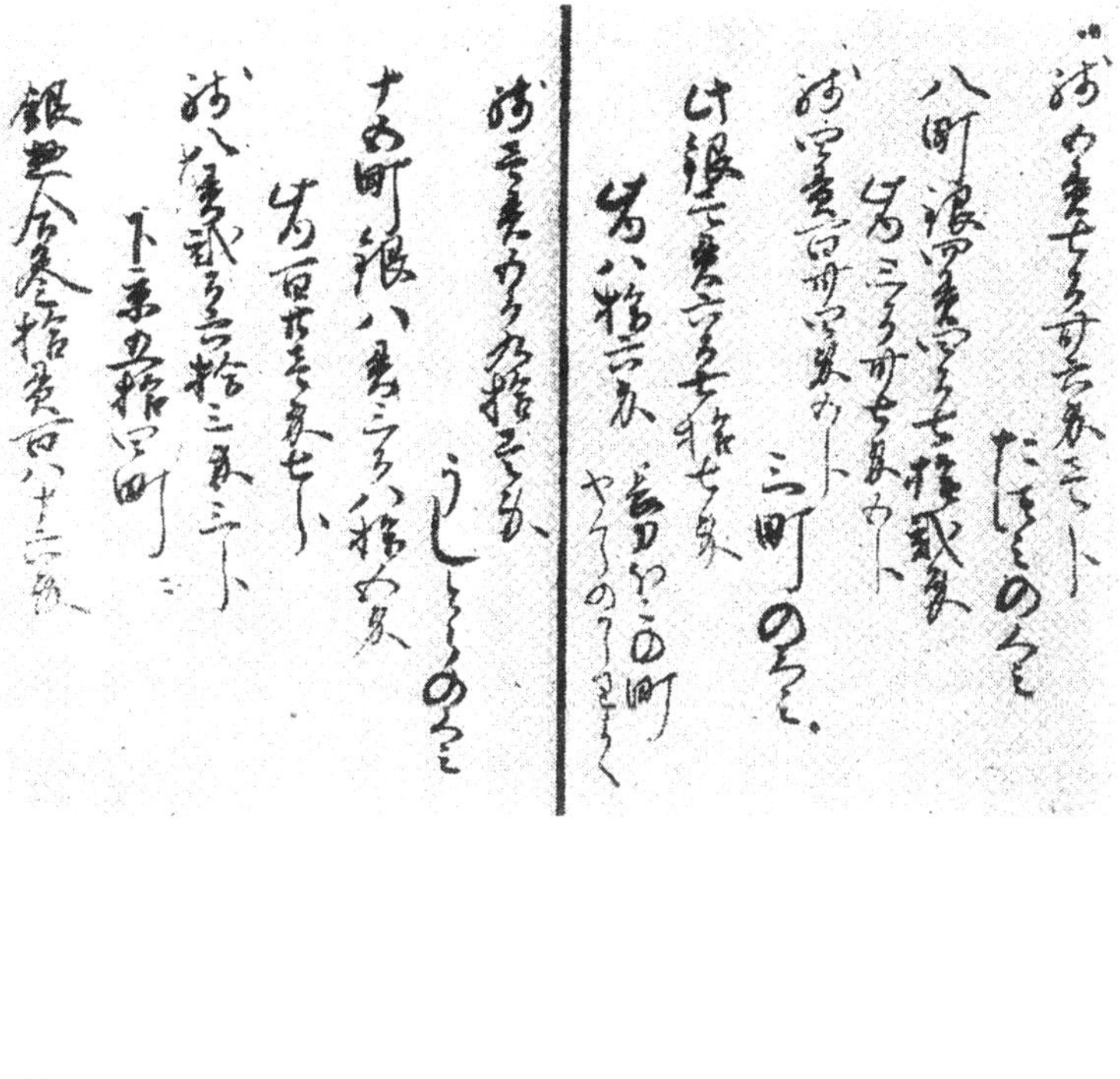

は、筆者が付記したものである。さらに、各事項の下に付した［　］内の数字は、末尾にまとめて示した補注である。

　五くミ（組）のより（寄）銀日記

壱町ニ拾三まい（枚）つゝ　中のくみ（組）

十七町分此銀　九貫五百三匁

　　　矢田町

　此内廿壱匁五分わび（侘）事すし

残九貫四百八拾壱匁五分

　　　西のくミ

十一町銀六貫百四拾九匁

　此内四百十二匁九分侘事

残五貫七百卅六匁壱分

　　　たつみ（巽）のくミ

八町銀四貫四百七拾弐匁

　此内三百卅七匁五分

残四貫百卅四匁五分

三町のくミ

此銀壱貫六百七拾七匁

此内八拾六匁

長刀ほこ（鉾）の町

やくらのかうりょく（合力）」

残壱貫五百九拾壱匁

うしとら（艮）のくミ

十五町銀八貫三百八拾五匁

此内百廿壱匁七分

残八貫弐百六拾三匁三分

下京五拾四町ニ

銀惣合参拾貫百八十六匁

但銀七百弐まい（枚）也

此内九百七拾九匁六分

五くミのわひ（侘）事ニ引

残而銀弐拾九貫弐百六匁四分

下京かまへの内寺銀之分

銀弐百拾五匁　妙覚寺［1］

同弐百拾五匁　ほんのうし（本能寺）［2］

同百七拾弐匁　りうほん寺（立本）［3］

同八拾六匁　ようほう寺（要法）［4］

同四拾三匁　妙傳寺［5］

四条とうもん［妙泉］

同廿壱匁五分　めうせん寺

同九匁五分　秋の野の道場［6］

同拾四匁　ちやうとくし（長徳寺）

同廿壱匁五分　一連社［7］

同廿五匁　いなはたう（因幡堂）［8］

代弐貫文　同所

代五貫文　きよし

代弐百文　ミやうけいし（妙経寺）

銀廿壱匁　あんやうし《安養寺》〔9〕
同八匁六分　ミようしん《妙心》寺〔10〕
同四拾三匁　ミゑいたう《御影堂》〔11〕
同四拾三匁　ほんかくし《本覚寺》〔12〕
銀廿壱匁五分　かまのさくらの寺〔13〕
同八拾六匁　にしき《錦》の小路あをや
以上壱貫四拾五匁六分
惣以上合参拾貫弐百五拾二匁

使申銀の日記
銀拾貫七百五拾匁　殿様《織田信長》
但金三まい《枚》ふん《分》
同壱貫弐百九拾匁　殿様
同四貫参百目　柴田《勝家》殿
但金一まいふん
同四百卅匁　同人
同四百卅匁　とこ山殿

銀弐百拾五匁　柴田源左衛門尉殿」
同弐百拾五匁　柴田理介殿
同弐百五匁　あお（青）山殿
同五百拾五匁　柴田おいかさま（伊賀守勝豊）
同六百四拾五匁　柴田殿内衆とこ山殿　内衆
同四百卅匁　こすき殿
同弐百五十八匁　始日各へ礼
同弐貫百五十匁　宗仁（長谷川）
同八百六十匁　丹羽五郎（長秀）左衛門殿
同八百六十匁　蜂屋（頼隆）殿
同弐百拾五匁　細川兵部（藤孝）大輔殿
同弐百十五匁　あらき（荒木村重）殿
同六十四匁五分　宗仁へまつの取かへニ
返申候
同弐百拾五匁　佐久間（信盛）殿
同弐百拾五匁　夕庵（武井）

同弐百十五匁　ゆうかん（松井友閑）」
同弐百拾五匁　しま田殿（嶋田秀順）
同弐百十五匁　塙九郎（直政）左衛門尉殿
同弐百十五匁　明智殿（光秀）
同弐百十五匁　村井殿（貞勝）
同百廾九匁　金森殿（長近）
同八百六拾匁　上意様
同拾匁　とこ山殿振舞
同三百拾四匁五分　今度の入め但西院
山のうち方へ樽日記あり
同廾壱匁五分　殿様の
いく田殿
同百廿九匁　御小人衆三人
同四拾三匁　をくらのふん
久大夫殿
同四拾二匁　ふきへり
同四拾九匁　西のほりのほりちん

同七拾五匁　西四条口かまへの入目」
同八拾六匁　芥川殿
同八十六匁　道八与介両人
同六拾四匁五分　かいかう《（会合）》内衆まて
同百六拾五匁　西洞院会所銀あつめ申入め
同百卅匁　方々へ飛脚
同四拾六匁　今度柴田殿湯入の御状にて馳走の入め
同百廿九匁　上使衆さいしやう入め
同四百卅め　永加
同百廿九匁　やすい殿
同弐百目しゝら拾端　殿様
同百め　同　御きミやう《（織田信忠）》様
同百目同五たん　柴田殿
同五百目同廿五たん　各々日記あり
同百六拾壱匁　ゐちこ拾たん各へ」

同卅八匁　扇　　百五十本
同四拾五匁　　柴田殿たる入め
同卅五匁　帯五たけ日記あり
同拾七匁　　杉原三束
同四拾三匁　とこ山殿今度ちやうかうし各御下之時
同廿壱匁五分　米田殿
同廿壱匁五分　助三郎
同八拾六匁　湯入の御衆へ取かへ
同三百目　今度下の使
惣以上合卅貫百七拾弐文匁
紙数八丁墨付也」
遣日記（中扉）」
銀子弐百五拾枚　殿様
金子参枚銀替卅枚　同
同　壱枚　同十枚　柴田殿

銀子百枚　又一枚　　同
同五十枚　又一枚　　宗仁
同五十枚　　柴田殿内衆
米五石（但銀子二枚五両）　　宗仁
銀子廿一枚　　丹羽五郎左衛門尉殿
同廿一枚　　蜂屋殿
同五枚　　荒木殿
同五枚　　大輔殿
同五枚　　佐久間殿
同五枚　　夕庵
同五枚　　ゆうかん〔友閑〕
同五枚　　嶋田殿　」
同六枚　　塙九郎左衛門尉殿
同五枚　　明智殿
同五枚　　村井殿
同三枚　　金森殿

同八拾枚　　　　　　御馬廻御小者迄
　以上六百六拾五枚五両
銀子　小遣日記、
五斗徳山殿めしの人目　銀十文め
拾四石六斗参升　但銀子七枚参両六匁
　以上七枚五両一文目
都合六百七拾参枚二文目
弐拾枚　　　公方衆
　惣以上六百九十三枚　　一町十三枚宛
　　紙数二丁墨付也　　　　　　　　」

（補注）

［1］日蓮宗三具足山の一。延元四年、衣棚押小路に開創。天正十九年に現地に移る（『全国寺院名鑑』・『大日本寺院総覧』による。以下同じ）。

［2］日蓮宗。天文十四年、六角四条坊門油小路西洞院の間に造営。秀吉の時、現地に移る。

［3］日蓮宗。明徳四年、押小路堀川の西南に転じ、天正五年に今出川京極に移る。

［4］日蓮宗。天文十九年、綾小路堀川に再建して要法寺と改称。

［5］日蓮宗。天文六年に西洞院四条南に再興し、天正十九年に京極へ移る。

〔6〕吉亨軒蔵「応仁乱以前平安古図」に、二条押小路に秋野とみえているものと同一か。
〔7〕同右に、東洞院六角堂の南に一連社あり。
〔8〕新義真言宗。平等寺、因幡薬師という。下京区松原通烏丸東の現地にあり。
〔9〕浄土宗。天永年間に現地（中京区新京極通蛸薬師下ル）に移る。
〔10〕浄土宗。下京区裏寺町。
〔11〕時宗。新善光寺。享禄二年五条新町北に移り、天正十五年に現地に移る。
〔12〕浄土宗。天正十九年、高辻烏丸より移る。
〔13〕真言宗。福勝寺。「応仁乱以前平安古図」に、要法寺の東隣りに並んでいる。

二、内容的検討

本文をみても明らかなように、本書は三つの性格の異なる部分によって構成されている。一つめは、最初の「五くミのより銀日記」の部分であり、これは、下京中の五つの町組と「下京かまへの内寺銀之分」として、町方で徴収した入銀の覚書である。この部分を仮に〔イ〕としておく。

その二は、「使申銀の日記」の部分であり、これは、町方より〔イ〕で徴収した銀を種々な用途で支出した出銀の覚書である。これを〔ロ〕としておく。

その三は、後半二丁の「遣日記」の部分であるが、これは〔ロ〕の部分を再集計して、整理しなおしたものとみることができる。これを〔ハ〕としておく。この点は、数字的なものと内容的なものを逐一比較した結果、〔ロ〕と同一内容であったからである。しかしながら、〔ハ〕をあえて作成した意味は、充分に考えなければならない。

内容的な検討に入るまえに、従来の研究史を手がかりに、この期の京都および織田信長の動向にふれておきたい。永禄十一年（一五六八）九月の信長入京、および元亀四年（天正元年）四月の再入京に関しての記事は、断片的ではあるが多くの文献にみられ、すでにその紹介もなされている。(1)

それらの文献は大別して、『言継卿記』や『信長公記』などの国内の記録と、『耶蘇会士日本通信』・『キリシタン大名史』などの外国人の手になった記録とになる。双方とも細部においては、若干の認識の相違がみられるが、大筋においては、この期の信長の入京、および京中のそれへの対応の様相をかなり具体的に伝えている。

ここで問題としている、元亀四（天正元・一五七三）年四月の信長の再入京の場合に限ってみても、『信長公記』によると、(2)

東山智恩院に至って信長御居陣、諸手の勢衆白川・粟田口・祇園・清水・六波羅・鳥羽・竹田在々所々に陣取り候（三月二十九日）。

先洛外の堂塔寺庵を除き御放火候、此上にても上意次第たるべき旨、御扱ひを懸けられ候へども、御許容なきの間、御了簡及ばれず、翌日又、御構を押へ上京御放火候、爰にて抱え難く思食され、御和談あるべきの旨上意候（四月三日）。

今度上京御放火に付いて、町人迷惑仕るべきと思食され、地子銭・諸役儀等指をかせられ、忝きの由申候て、即時に町々家屋元のごとく出来了（七月十八日）。

とみえており、信長の出陣の様子、将軍義昭への示威的な軍事行動および上京放火の経過などを記している。これを『日本西教史』（史料的には問題があるようであるが）では、次のように伝えている。(3)

千五百七十三年第五月四日（三月二十九日）に当て、信長は軍を進め京都に入るに、一人の之に抗する者あらず、信長は諸兵に命令を下して曰く、下京の人家は之を一も焼滅せしむ可らず、上京は焼滅するも妨げなしと、是に於て上京の地は奪掠の財貨及び屠戮の男女其数幾許なるかを知らず、而して後、所々に放火し、市街の大半は遂に灰燼となり、焼失の戸数六七千、或は焼失し、或は破毀したる殿堂大なるもの二十、小なるもの八十に及べり、

ここに、信長入京に際しての上京焼き打ち事件の経過が記され、下京については「人家は之を一も焼滅せしむ可らず」といった対比がされている。その理由も、従来多く説かれてきたように、上京と下京との歴史的な町の性格、および信長への対応の相違といったことに起因するものであろう。『京都の歴史』（第四巻九〇頁）のように、上京焼き打ちが、将軍義昭への威嚇ともみられるし、それ以上に、下京の経済的な利用価値を信長が考慮してのことだとも考えられよう。

上京・下京の信長に対する対応が相違していく経過は、『耶蘇会士日本通信』に、かなり詳細にわたって記されているが、(4)その中で、とくに本書の〔イ〕の部分と直接的な関連をもってくる下京中の信長に対する献銀のことについては、

上及下の都の住民は日本六十六ヶ国の頭にして、又名誉たる都を焼く時は、被害全国に及ぶが故に、極力之を焼払はざらんことを信長に請ひ、上の都は之が為め銀千三百枚を、下の都は五百枚を信長に、三百枚を其部将に贈りたり、

とあり、下京は合計銀八百枚を信長に献ずることにしたのであるが、

信長は遂に下の都の希望を容れ、之を焼かざるべしとの書付を与え、其軍隊に対しては、若し害を加ふる者あらば、厳罰に処すべしと達し、又被等を困懲せしめず、信長去りたる後、公方様圧迫を加ふることなからん為め、銀八百枚を免除せり、

と、上京との対比において、下京は焼き打ちをまぬがれ、かつ献銀も免除されることになった。

これらのことは、『キリシタン大名史』、『日本西教史』などでも、ほぼ同一の記述をしているが、残念ながら、日本側の史料では、これほどの具体的な記述をしたものは、従来みあたらなかった。これが、元亀四年四月二日の時点である（上京は翌三日に焼き打ちされた）。

ところが、本書によると、その年時は、元亀四年の六月十八日とあり、この時点で、下京中から信長側に七百三枚余の銀が実際に届けられたとしている。一見して両者の間に事実関係の相違があるように思えるが、さらに『耶蘇会士日本通信』を読み進んでいくと、信長が義昭と一旦講和して、近江に引きあげた五月二十二日以降（原本信長公記）と思われる時点のこととして、

其後、都の住民の年寄等協議し、信長は銀五百枚と部将に対する二百枚（前には三百枚とある）を免除したけれども、市の将来の安全の為め及び下の都を焼かざりし恩恵に対する感謝の為め、之を美濃国に持参すること然るべく、又住民より徴集すべき銀の残額は市内の堀を一層深く又広くする為め、並に他の防禦工事の為めに使用すべし決し、之が為め大小の各町に銀十三枚を課したり。

とあり、右のように、下京中の年寄らが協議して、改めて信長対策として銀七百枚を献銀しており、そのために惣町

に一町ずつ十三枚の銀を割り当てたことが知られる。この事実が全く本書の内容と一致するものであることは、その数値的なものを比較すれば、一目瞭然である。

つまり『耶蘇会士日本通信』では、下京の献銀の総額を七百枚とし、それを各町十三枚ずつに課したとするのに対し、本書では〔イ〕の部分にその総額を七百三枚とし、各町十三枚ずつとしている。

さらに、この総額の中には、市内の堀を深くするとか、他の防禦工事に使用する経費も含まれていたとしているが、この点も、本書〔ロ〕の部分に、たとえば「西のほりのほりちん」とか、「西四条口かまへの入日」といった出銀項目があることと一致する。ただ、信長に銀五百枚、その部将に二百枚を献じたという点に関しては、その数値は本書と大きく異っている。この点は、本書の方をとるべきで、『耶蘇会士日本通信』の方に、事実関係の誤認があったと考えるべきであろう。

このようにして、本書の歴史的な位置づけは果たされたわけであるが、本書の作成された元亀四年六月十八日という時点が、下京中が信長に対して、自主的に最終的な意志決定をしたという意味において、その後の織田政権に京町組が吸収再編成されていく過程をみるうえでの起点になったと思われるのである。

次に、本書の〔イ〕～〔ハ〕の各部分について、若干その内容的検討を試みたい。まず、〔イ〕の部分にみえる下京の町組の問題であるが、下京には、この時点で五組五十四町があったことがわかる。この数字は、たとえば、『京都の歴史』（第四巻一〇八頁）では、五組のうち、元亀二年段階の史料には、巽組と七町半組の二つがみえないことを問題にしているが、本書によって、この二つの存在もはっきりするし、七町半組が、すでに三町組といっていたことも明らかとなる。

また、各組の町数についても、同書では、中組十八町、艮組十五町、川西組（西組）十一町としているが、本書では中組が十九町である他は、すべて同数であり、巽組は八町、三町組は三町としている。下京の総町数についても、町組制度の延長として、明治二十二年（一八八九）の市制実施後に再結成された公同組合が、昭和十五年（一九四〇）の解体時において、その記念として編集した『公同沿革史』（上巻七四頁）によると、[5]後代の記録ではあるがとして、「下古京三町組由緒書」（占出町有記録）の記事をあげている。

信長公御上洛京都町人も離散し、こなたかなたと相残る在家も上京下京とわかり、上京は新在家に住み、下京者自二条五条坊門迄、東は従東洞院、西は油小路まで、漸く町数五十九町なり。五組にわかり、艮組・仲組・三丁組・川西組・巽組と相成る。

と、五十九町であったとし、これに類する他の二、三の記録でも、五十九町としている。

これらの記録は、いずれも十七世紀半頃のものと思われるので、元亀四年段階の状況を正確に伝えているとは限らない。本史料のもつ「下京中入出之帳」といった性格から考えれば、出銀は下京五組の惣町に均等に課されたとみるべきで、その総数は、五十四町であったと考えるべきであろう。

次に、この五組五十四町の位置については、『京都の歴史』（第四巻一一一頁）の挿図で確かめることができる。参考として、次頁に掲載しておく。

五組のうち、この図にみえない三町組については、その中心の町が長刀鉾町であるところから、現町名としても挿図の〔A〕地区内に確認できる。巽組の八町が挿図中の〔D〕の地域に相当するものであろう。ともかくも、これらの町々は、かの著名な祇園祭の山鉾の町に相当し、京町衆の生活の場であった。そうした下京町衆の変遷や、その経

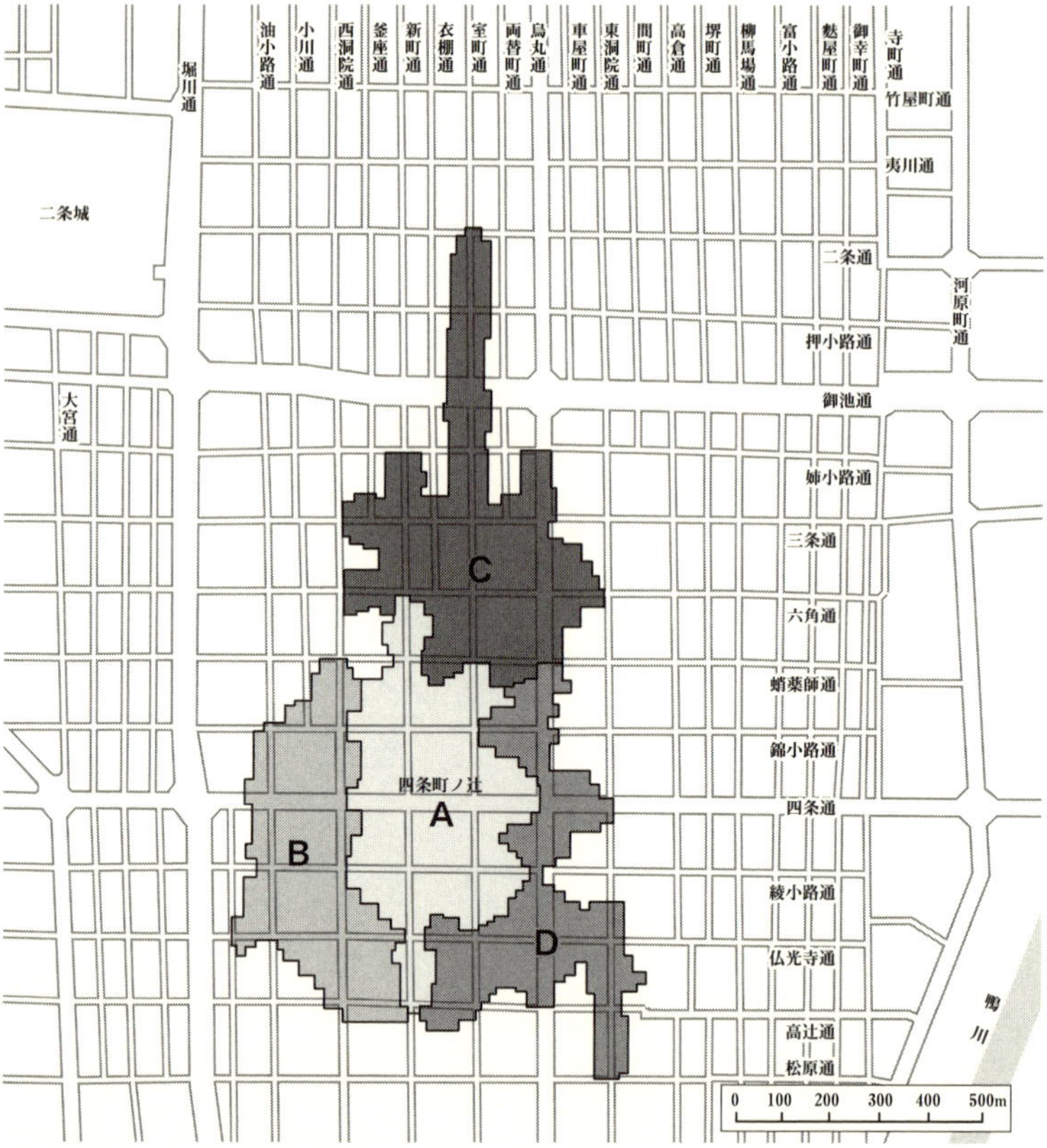

元亀３年ころの下京「町組」　下京においては「四条町ノ辻」が町並み発展の〈核〉であった。そしてその「四条町」の中心をなしたものは、中組という名の町組であった。この経済的実利の得やすい地域に結成された町組は、その後の町並みの発展のなかでも、上京におけると同様、下京の「親町」として各町組の上に君臨したのである。なお、これらの地図では示されないが、洛中の堀や小河川、さらには土地の高低などの条件が予想以上に働いて、各町組の結合のありかたを規制していたことも考慮に入れておかねばならない。この点は上京・下京いずれの場合にも共通するものである。

A．中組所属の町々　　C．川西組所属の町々

B．牛寅組所属の町々　　D．町並みがあったと推察される地区

(『京都の歴史』第４巻所収の図を参考に作成)

済史的機能などについては、林屋辰三郎・村山修一・高尾一彦氏らが詳しく述べられているし、(6)祇園祭との関係も、脇田晴子氏が詳しく述べているので、(7)ここでは省略する。

この五組五十四町の寄銀の総額が、三十貫百八十六匁＝銀七百二枚となっており（銀一枚は四十三匁の換算）、その内九百七十九匁余が「五組の侘事ニ引」かれている。「侘事」の意味は不明である。この他に、下京中に所在した有力寺院からも、十八ヶ寺から合計一貫四十五匁余＝銀二十四枚余を徴収している。

ここにみえる寺院については、すでに本文中の補註に示したように、現在地とはかなり異なっているが、それは、天正十九年の秀吉による町割制度の実施によって移動したものが多く、この時点では、下京中にあったことが確認できる。町組分と寺分とを合わせた惣銀三十貫二百五十二匁＝七百三枚余が、この時集められた銀の合計額である。

次に〔ロ〕・〔ハ〕の部分の検討に移ると、これは、その冒頭に「使申銀の日記」・「遣日記」とそれぞれあるように、〔イ〕で集めた銀をどのように使ったのかの明細書である。〔イ〕の三十貫二百五十二匁＝七百三枚の全部が、信長側に渡されたのでないことは、〔ロ〕の後半部にみえる雑多な用途項目をみれば明らかである。〔ロ〕の部分のどの項目までが信長側に渡され、どの部分が町方の諸経費として使われたのかは、〔ハ〕部分の再集計の部分と比較してみれば明らかとなる。つまり、〔ハ〕によれば、信長側に渡された銀の合計は、六百六十五枚余とある。

この額を〔ロ〕の諸項目中より摘出すると、最初の「銀拾貫七百五拾匁　殿様」から、二八項めの「同拾匁　とこ山殿振舞」までの合計が、これに相当することが明らかとなる。したがって、二九項めの「同三百拾四匁五分　今度の入め」以下が、町方で使用した諸経費ということになり、その中には、絨十端を銀二百匁で購入し、それを殿様（信長）に贈った費用をはじめ、〔ハ〕の部分の最後にみえる「弐拾枚　公方衆」といった、将軍義昭側の諸将への少額ずつの出銀や、前述したような、町方の防備のための「西のほりのほりちん」・「西四条口かまへの入目」や、「ふきへり」・「西洞院会所銀あつめ申入め」・「方々へ飛脚」といった諸雑費までが詳細に記されている。

しかしながら、〔ロ〕の支出の合計が三十貫百七十二匁＝七百一枚余となっているのに対し、〔ハ〕の合計が六百九十三枚となっているといった計算上の不一致もみられる。この点は、〔ロ〕の方がより基本的なものであって、〔ハ〕の方に集計上の誤りなり脱落なりがあったと思われる。とくに、その最後の部分の「銀子　小遣日記」以下は、その意味が解せない。

以上、〔ロ〕・〔ハ〕の部分について、その支出の概要をみてきたが、ここでとくに注目すべきことは、殿様（信長）はともかくとしても、それ以外の柴田勝家以下の諸将に対して、かなりきめの細かい献銀の割当を、下京町衆がしていることであろう。こうしたことは、さきの『耶蘇会士日本通信』に、これらの銀を岐阜へ届けたとあるが、その神経の使い方に異常なものがある。

いうなれば、南北朝期頃から形成され始めてきた、京町組を中心とした都市共同体が、応仁・文明の乱をへて、とくにその自治的要素を拡大し、天文初年頃までには、その組織もかなり固定化したものとなり、町―親町―（組）―上下京衆といった系列で、月行事・寄合衆などを中心として、領主の地子銭徴収をも拒否するような組織体に発展していたのである。しかし、統一政権としての信長の入京によって、上京・下京ともに完全に屈伏し、近世的な封建都市民として再編成されていくのである。

三、歴史的意義

次に、中世の京都および信長入京後の封建都市化について、従来の主な研究史によりながら、本史料の歴史的意義にふれてみたい。前述したように、信長の入京後の京都の変化、および町衆の対応についての研究は、従来、比較的多くあるが、とりわけ、前述した『公同沿革史』（二冊）は、もっともその経過を実証的に記述している。それ以前においても、たとえば魚澄惣五郎氏は、京都の商業都市的な発展経過と、それを担った町人の性格にふれ、鎌倉期にすでに本座町人（主に上京）と、祇園社神人（下京）といった地域的な性格の相違がみられ、南北朝期には、はっきりと、上京・下京に分かれていたとする。(8)

そして、「下京に至っては、住民が比較的下層階級に属するものが多く、主に京都市民の消費生活をささえていた。これに対し、上京は、朝廷・幕府と密着した酒屋・土倉などの初期特権資本が多く、下京とは対象的な町として発展していた」という。

こうした京都と信長政権との関係を、最初に問題としたのは三浦周行氏であり、町組の自治的性格の指摘と、信長入京に際しての矢銭の賦課に対する、上京・下京の対応の相違が述べられているが、(9)その叙述は『信長公記』を中心としたもので、詳細なものではなかった。しかしながら、上京焼き打ち後の信長の京都支配の諸政策については、地子銭の免除・関所の撤廃・精銭令の発布・楽市楽座令の施行といった封建都市化の諸政策にふれ、それが秀吉に継承されていく経過を述べている。

この二つの研究をうけて、藤田元春氏の『平安京変遷史』（昭和五年）は、上下京の町組の組織化は、応仁・文明の乱後であり、上下京の境は二条通であったこと、「天文頃になると、京都には上京や下京に於ての町が、座組合の外に町それ自身で有力な組合を持つようになっていた」ことをあげ、信長入京後に関しても、初めてキリシタン宣教師関係の記録を使用して、やや詳細な経過を述べている[10]。

また、天正十八年（一五九〇）の秀吉による町割制度の整備についても、下京地域は古町として手をつけなかったことを述べ、「今も祇園の氏子の中心たる三条と五条間、東洞院油小路の町並は、方一町の町割である」としている。

戦後になって、前述した林屋辰三郎氏の研究において、京の町衆の形成が、南北朝内乱以後の周辺部の農民の動きと対比した型で、中世都市民に転化していく過程が明らかにされた。とくに、町衆の宗教として法華宗の問題がとりあげられ、土一揆との対抗関係において、町衆と法華一揆が反動化し、封建領主に対しては独自に反封建斗争を組んでいったとしている。それが信長の入京のまえに、「町衆は専制君主の前には全く無力」であり、「かくして町は新しい封建的専制支配のうちに組入れてしまう。」（前掲「町衆の成立」二一三頁）としている。

これに対して、村山修一氏の町衆に対する規定は若干異なっており、町衆は、その内部に富裕層と下層階級といった階級的対立をはらみながらも、室町幕府の権威失墜という政治的空白に対処するために、「勢いみつからの防衛力を強化し、団結を固める必要に迫られ、かくていままでは統一なくみえた町人層の、富裕層を中心とする積極的な自衛行動によって、政治的な秩序が漸次明確となり、町々連合による都市自治の政治的階層関係が樹立されてくる。いわゆる町衆の言葉はここにおいて、そうしたブルジョワ的自治体に組み込まれた町人の総称たる意味をただよわせている。」（前掲『都市生活の慷流』二九七頁）という見方をしている。

以上のように、町衆の規定については両者間に相違があるにもかかわらず、信長入京後の町衆の封建都市民としての再編成過程の把握は同一である。この点、高尾一彦氏も「京都・堺・博多」（前出）において、全国的な市場形成および商品流通の観点から京都をとりあげているが、信長政権に対しては「都市の圧伏と再編成」という評価をしている。

近年の研究としては、前述した『公同沿革史』をまとめられた秋山国三氏の研究が総括的であり、信長の町組支配に関しては、幾分かの自治を許して町内を統制し、治安の責任を負わせ、町組の組織を利用することによって、その政令の徹底を期したので、町組は大いに発達をみるにいたったという[11]。高橋康夫氏は、戦国期の下京中組や上京六町組などの景観と構造から、町組復元による「戦国期京都都市図」を作成しているが、信長期については、元亀二年九月に洛中洛外に賦課した段別米の負担状況の実態究明が中心であって、元亀四年七月の下京負担金についての言及は少ない[12]。

五島邦治氏は、上下京惣町文書を紹介した中で、元亀二年六月十八日付けの「下京中出入之帳」（善長寺・長刀鉾）二冊を取り上げているが、元亀四年六月の本史料は取り上げられていない。二冊についても説明がないので詳細は不明であるが、本史料に類似したもののように思われるものの、未調査である。また、下京が焼打ちを免れた要因として、「石井筒町記録」によって従来説とは異なるものとして、下京町人が兵力として信長陣に参陣したからとの説を紹介している[13]。

仁木宏氏は、京都にみられる都市共同体としての「町」は、自生的に成長してきたものであり、都市共同体は自らの自律性により、権力側からの法令を遵守する制度が進展していたとする。また、織田政権は法令を確実に遵行できるように、町共同体の自律性展開を奨励し、都市共同体と、武士を包括する洛中「平和」の統轄者として立ち現れたともいう[14]。以上、近年の研究成果について、その概略をみてきたが、いずれも本史料には言及しておらず、気になるところである。

　ここでは、以下に本史料との関連から、信長入京前後の状況に限って、信長の京都支配および下京のそれへの対応について述べておきたい。

　前出の『公同沿革史』（上巻五六頁）によると、下京に「年頭御拝礼参府濫觴之控　下古京仲之組六角町古帳之写」という記録があって、それには、

　天文六年正月三日
公方様年頭御礼ニ罷出申候
室町御殿江五組より五人出ル
此入め弐貫八百文　中組より出ス
　西ノ組へ渡ス
畠山殿江巽の組より　わり八百文出ス
但し大割六角堂ニ而寄合申候　（下略）

といった記録がみえ、この時点で、下京町組から幕府側に一定額の礼銭を献上するといった慣習があったことがわかる。その費用の町割別の徴収方式も、本史料に記されている信長への献銀との同一点が看取される。また、同書には、後に野田只夫氏が詳細に紹介された、この期の下京関係の古文書も多く収録されており[15]、永禄十一年九月以降の信長の京都支配の状況を、かなり詳細に伝えている。

それらのうち、本史料と関連する元亀四年時点の史料をみると、まず、永禄十二年三月の信長の撰銭令に対する請書として、次のような史料がある。

精銭の御制札并追加御文言の旨をもって料足之取遣の段、為年寄町中へ可申付由、被仰出候間、不可有油断候、此儀相背候ハヽ、日本大小神祇、殊ニハ法華三十番神御罰を蒙申者也、

組定

一、信長御折紙可有御取候事

一、其町々ノ年寄衆連判申せらるへき事

一、諸口より米上候様ニ御佗言事

（元亀四年）夘月八日の寄合也

この史料では、法華三十番神に起請し、「組定」なるものが付記されており、この時点においても、なおその自治的結合の強いことがうかがわれるのであるが、一方において、その「組定」の第一条にあるように、「信長御折紙」（朱印状のことか）を受け入れようとしている。(16)

さらに、本史料で明らかなように、六月十八日に信長側に多額の献銀を済ませた後、信長が最終的に将軍義昭を追伐する過程の七月の段階で、下京は信長の朱印状を手に入れるべく、徳山秀綱に斡旋を頼んでいた。それが次の文書である。(17)

尚以急如何候哉、早々御下尤候、六日之御上洛ハ必定候以上、御朱印之事御金子入たる躰候、目出度存候、我等まで満足此事候、以上、

急度令申候、仍来六日ニ御上洛候、然者弥々下京中之儀、無異儀諸事御免除之旨、対柴田被仰出候、其比より御朱印之儀を御訴訟之事、此砌猶以被下候様ニと、一昨日廿九日ニ被申上候、則翌日昨日晦日ニ被成御朱印候、下京中諸除事候、此者ニ可進候へ共、大事之御書物之事候、御礼旁々誰にても御下可有候、可被相渡之由候、千秋万歳目出度斗候、柴修以木札可被申入候へ共、従我等如此候、早々御下奉期候、恐惶謹言、

（元亀四年）
七月一日　　徳山　秀綱

下京中

その結果、同日付けで、次のような信長の朱印状を得ている。(18)

従最前理申候条、陣取并不可有新儀、諸役非分等、於有違背之族者、可加成敗、地子銭之事、如前々万此方奉行人収納可令馳走状、如件、

元亀四
　七月朔日　　御朱印
下京町人中

これによると、下京に対する新儀諸役は免除されているが、地子銭は、これ以前からその奉行人（村井貞勝）が確実に収納していたことが明らかである。これ以後においても、地子銭が免除された可能性は少ないとみなければならない。この点は、この時の軍事行動の中心であった柴田勝家からも、「下京中陣取、并新儀諸役有之間敷旨、被成御朱印上者、聊相違不可有之条、可被得其意候、若非分儀申懸族有之者、押置可被申越候、重而得御意、急度成敗可申付候、恐々謹言、七月四日、柴田修理亮勝家、下京中」といった書状をもらっていることでも明らかである。(19) ところ

が、従来よりよく引用されている文書であるが、信長の京都奉行・村井貞勝に与えた定書に、[20]

定

一、京中地子銭永代令赦免畢、若従公家寺社方地子銭之内収納有来る分者、替地を相計り以可致沙汰事
一、諸役免許之事
一、鰥寡孤独の者見計、扶持方可令下行之事
一、天下一号を取者、何の道にても大切なる事也、但京中諸名人として内評議有て可相定事
一、儒道学之学に心を砕き国家を正さんと深く志を励す者、或忠烈之者、尤大切なる事候条、下行地他に異ニ相計べく、又其器の広狭能尋問、可告知之事
右条々相計可申付者也、
元亀四年七月吉日　　信長
村井長門守

とあり、この第一条にある「京中地子銭赦免」の意味が、下京をも含んだ地域と理解されてきている。この点をどう理解するか問題であるが、『京都の歴史』（第四巻一〇八頁）にみえる「元亀四年下京五組地子銀帳写」（原史料を実見していないが）などが伝存することを考えれば、従来の考えとは異なって、地子銭免除は上京のみに限られたものであって、下京に対しては地子銭免除の措置は取られていなかったと思われる。この点に、信長の京都支配における下京の特異な位置が浮きぼりにされるのであって、それは入京以来一貫した態度であった。下京を焼打ちしなかった理由も、本史料で明らかにされた多額の献銀の意味も、そうした下京のもつ歴史的性格、つまり京都市民の日常生活と密着し

た形での商業活動に従事していたという点や、織田政権の都市政策およびそれを中核とした領国制的な商品流通機構の整備補強といった経済政策の点からも、まっさきに織田政権に吸収再編成されていったものと思われる。

註

(1) ①藤田元春『平安京変遷史：都市研究』(スズカケ出版部、一九三〇年)、②京都市編『京都の歴史』(第4巻、一九六九年)。
(2) 『信長公記』(奥野高広ほか編、角川書店、一九六九年)。
(3) 『日本西教史』(洛陽堂、一九一三年)。
(4) 『耶蘇会士日本通信』(下巻、異国叢書本) による。これもエヴォラ版書翰集と比較した場合、問題があるようである。
(5) 秋山国三編『公同沿革史』(元京都市公同組合連合会、一九四四年)。
(6) ①林屋辰三郎「町衆の成立」(『中世文化の基調』東京大学出版会、一九五三年)、②村山修一『日本都市生活の源流』(関書院、一九五三年)、③高尾一彦「京都・堺・博多」(『岩波講座日本歴史』近世一、一九五三年)。
(7) 脇田晴子「中世の祇園会―その成立と変質―」(『芸能史研究』一三号、一九六四年)。
(8) 魚澄惣五郎「室町時代における京都の商業」(『歴史と地理』第一五巻六号)。
(9) 三浦周行「信長秀吉の都市政策」(『歴史と地理』第二五巻一号、一九二八年)。
(10) 藤田元春、註(1)著書。
(11) 秋山国三『近世京都町組発達史』(法政大学出版局、一九八〇年)。
(12) 高橋康夫『京都中世都市史研究』(思文閣出版、一九八三年)。
(13) 五島邦治『京都町共同体成立史の研究』(岩田書院、二〇〇四年)。
(14) 仁木宏『京都の都市共同体と権力』(思文閣出版、二〇一〇年)。
(15) 野田只夫「下京文書―三条烏丸饅頭屋町文書」(『日本史研究』三五・三六号、一九五八年)。
(16) 信長の撰銭令については、下村信博「『熱田町旧記』所収の信長文書について―永禄十三年尾張熱田宛撰銭令―」(『名古屋市博物館研究紀要』一八巻、一九九五年）があるが、本文書にはふれられておらず、本文書については問題が残る。
（17）秋山国三、註（11）著書によれば、本文書は京都・饅頭屋町所蔵文書という。
（18）『信長文書』補遺一三一号。
（19）『信長文書』補遺一三二号参考文書。
（20）『信長文書』補遺一三四号。

【補記】本稿は約三十年前の論考であり、本文の最小限の修正と、最近の研究史については、最小限の補記をしたにすぎない。なお、本史料との関連として、個別に京中の寺院から銀子ほかを徴収した記録として、天正元年七月分として、東寺より信長ほかに献銀した記録のあることに気付いたので付記しておく。『教王護国寺文書』（巻十の二八一二号文書）の「銀子進物日記」を参照。

第四章　織田政権下の堺と今井宗久

はじめに

十六世紀半ばに国際港湾都市として発展していた堺に関しては、すでに『堺市史』をはじめとして多くの研究蓄積がある。(1)とりわけ豊田武氏による商業都市としての堺についての著書は、概説書として現在でも高く評価されている。(2)その後の研究史についても、昭和六十二年（一九八七）にまとめられた、堀新氏の論考に詳細にまとめられている。(3)したがって、研究史の詳細はここでは省略して、本論の中で必要としたもののみ言及することとする。というのも、その後に新しい史料の発掘や研究はほとんどみられず、もはや新しい論究の余地はないかの感さえしている。

この時期の堺の状況を具体的に記録したものとして、従来より宣教師らが本国に報告した書簡などが多く紹介されている。代表的なものは、永禄五年（一五六二）八月に、実際に堺へ入った宣教師のガスパル・ビレラの、以下のような報告がある。(4)

日本全国当堺の町より安全なる所なく、他の諸国に於て動乱あるも、此町には嘗て無く、敗者も勝者も此町に来住すれば皆平和に生活し、諸人相和し、他人に害を加ふる者なし。市街に於ては嘗て紛擾起ることなく、敵味方の差別なく皆大なる愛情と礼儀を以て応対せり。市街には悉く門ありて番人を付し、紛擾あれば直に之を閉づることも一の理由なるべし。（中略）町は甚だ堅固にして西方は海を以て、又他の側は深き堀を以て囲まれ、常に水充満せり。

この外にも堺はベニスのように、執政官が治めていたなどとの同類の記述は数ヶ所あり、これより数年の間、宣教師が堺を拠点として、京都をはじめとした畿内での布教活動の様子も記録されている。この執政官とは町を代表する豪商たちであり、会合衆といい、十人あるいは三十六人との記録がある。堺南庄の氏神である開口神社の天文四年（一五三五）の「念仏寺築地修理料差文」によれば[5]、町別に屋号をもった商人名が百十四名書き上げられており、その中には武野紹鴎（皮屋）や、後の千利休の名もみえている。

堺が貿易港として発展する画期となったのは、応仁の乱後の幕府による遣明船の発着所となってからであった。実際には幕府に代わって日明貿易を掌握していた大内氏に対抗するため、管領細川氏の肝煎りで開かれた港である。その航路も瀬戸内海を避けて土佐沖の南海路から直接、堺港に入るものであった。これ以降、日明貿易の主要港の地位を確保していく。しかし十六世紀に入り、幕府の弱体化と細川家の分裂抗争などの政治情勢を反映して、公的な貿易やその統制は弛緩しており、代わってその運営は、実務を担当していた会合衆ら有力商人衆の自立的な活動へと移っていった。

会合衆については、十会合として、三宅・池永・湯川・和泉屋・富那宇屋・能登屋・ベニ屋・我孫子屋・河内屋・奈良屋・薬屋などの名が上げられているが、中でも能登屋とベニ屋は主導的な役割を果たしており、三好長慶や三好三人衆・松永久秀らの政権と緊密な関係を保っていた。これらの伝統的な豪商である会合衆に対して、天王寺屋宗達・

宗及父子や今井宗久などの新興商人である納屋衆も、茶会などを通じて組織化されつつあり、時には会合衆と利害が対立する場合もあったという。

しかし、対外貿易の縮小化に代わって、都市化した堺には、国内各地から各種の営業を営む商人が多く流入してきており、その商圏が飛躍的に拡大していったとされる[6]。こうした商業都市化した堺が、町の防衛のために堀や土塁を築いて自由都市化した時期や規模については、明確な史料は残っていないようである。しかし前述したように、宣教師らが堺へ入ってきた時期には、その状況はすでに完成した姿になっていたことは明らかである。

町の防衛体制が強化されていったのは、応仁の乱後に、幕府や守護の細川・畠山氏の弱体化にともなって、新興勢力として三好一族や松永久秀が堺に進出してきたことによる。そのために、対立する周辺権力との間で頻発してきた戦乱に対処するためであったと思われる。町では自衛のために多くの浪人を雇い、町人も武器を持って戦うこともあったという。天正九年（一五八一）のことになるが、『イエズス会士日本年報』によれば、商人の日比屋了珪は、部下三百人に火縄銃を持たせて港での海賊船の襲来に備えたという[7]。

永禄十一年九月末に、織田信長が足利義昭を奉じて入京した時、畿内の権門寺社や都市に矢銭を課したことはよく知られている。堺には二万貫文が割り付けられたが、まだ三好氏との関係が強かったためにそれを拒絶し、能登屋・べニ屋を大将として堺津庄の諸人が一味し、諸浪人を集めて対抗の構えをとったという。

信長は、この時には河内の三好勢と対陣中であったために、それを放置していたが、翌年正月に三好勢は敗走し、信長は改めて堺に対して「三好同罪ノ逆徒」として、「近日速ニ数万ノ勢ヲ差遣わシ、堺ノ南北一宇モ不残、悉焼払テ、只一推ノ赤土トナシ、男女老若一人モ不残薙切ニ首ヲ刎テ」と恫喝したため、堺衆は信長の軍門に下り、二万貫文の矢銭を支払っている（「重編応仁記」『改訂史籍集覧』収録）。

この信長との和睦交渉を担ったのが、新興商人の納屋衆を代表する今井宗久と津田宗及であったという。とりわけ今井宗久の働きが顕著であり、ちょうどこの時期に関連して「今井宗久書札留」を書き残しているので[8]、その経過が具体的にわかる。この記録を利用しての論考については、すでに、『堺市史』（続編）をはじめ、朝尾直弘氏の論考[9]、前述した堀新氏の論考があるが、まだ研究の余地が残されている問題もあると思われたので、再度の検討を試みたいと思う。詳しくは後述したい。

ついで、今井宗久の略歴を見ておくと、生没年は永正十七年（一五二〇）～文禄二年（一五九三）で、天文二十年代から堺での茶会記などにその名が見え始めている。彦八郎・彦右衛門・大蔵卿法印・昨夢斎・寿林などの称と、兼員・久秀の諱が知られており、その出自に関しては、近江国高島郡今井郷の地侍説と、大和国今井庄の商人説があるがはっきりしない。青年期に堺にきて豪商の納屋宗次に仕え、後に独立して納屋業のほか薬・武器や運送業にも関わり、納屋・薬屋とも呼ばれていた[10]。その間に茶匠の武野紹鷗の茶の湯の弟子となり、ついでその女婿となって、自ら茶会も主催するほどになっている。

早い時期での興味深い史料は、天文二十三年六月、「今井彦右衛門入道宗久」の書名で、京都の大僊院（大仙院）宛に入牌料百七十貫文を寄進している点であり、すでに「入道」と称し、花押も武家様のものを用いている[11]。これによれば、この時期には、すでに宗久が堺で一定の立場を築き上げていたことが明らかである。翌弘治元年に紹鷗が死去すると、その秘蔵の茶道具類を受け継ぎ、紹鷗の嫡子新五郎（宗瓦）の後見人となった。さらに、この時期に堺を掌握していた三好三人衆や松永久秀らとの親交を深め、それらの政治権力と提携した政商として、新興の豪商に成長していった。三好氏の堺退去後の状況については、信長との関係で後述する。

本稿は、この今井宗久の動向を通して、織田信長と堺との関係を可能な限りに詳細に追ってみようとするものであり、先行する『堺市史』や、前述した朝尾直弘・堀新両氏の論考と重なる部分も多くなるが、主にそれらでは触れられていない点を問題にしていきたいと思う。

一、織田政権と堺

最初に、この時期での堺の庄郷やその支配状況をみておくと、堺はその地名の由来となっている摂津・和泉・河内の三ヶ国の結節地域に立地しており、そのため歴史的にはその支配関係が複雑な展開をしている点が特徴といえる。荘郷としては、摂津国住吉郡内榎津郷の南端に堺北庄があり、かつては皇室御領であった。大覚寺統に伝領されていたが、鎌倉末に領家職・地頭職が住吉神社に与えられ、南北朝期に南朝方の楠木正儀が北朝方に屈した後は、住吉郡の分郡守護である山名氏・大内氏・細川氏の管轄下へと変遷し、現地代官は細川京兆家被官の香西氏であった。一時的には、河内に本貫をもつ畠山氏の代官も庄内にいて対抗していた。大阪湾に面した港湾地域は堺津と称し、早くから商業地域として発展しており、菅原神社が鎮守社として地域の中心にあった。

現市域内中心部の中央を東西に横断している竹内街道（旧高野道）を境界として、その南側が和泉国大鳥郡であり、その北端部の塩穴郷を中心とした地域が堺南庄域である。かつては国衙領であり、ついで摂関家領・天王寺遍照光院領・

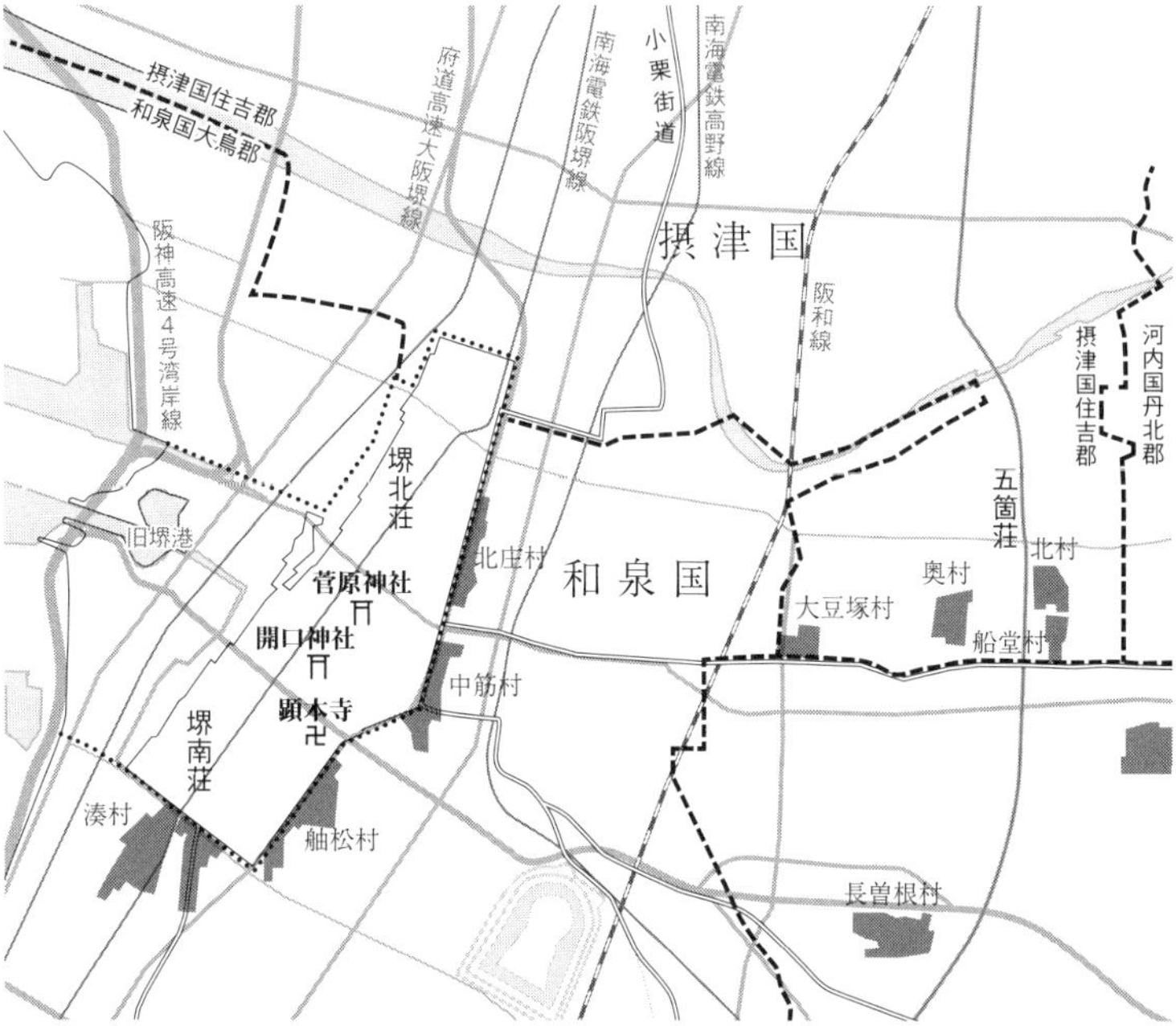

十六世紀の堺関係図（『堺市史』続編付図Ⅲを参考に作成）

住吉神社領などの後、応永二十六年（一四一九）より、京都・相国寺崇寿院領となり、地下請所となった。

その後、室町幕府直轄領となり、十人の納屋衆が地下請して実務を執っていたが、嘉吉元年（一四四一）には細川氏の守護請となり、年貢は崇寿院に納められていた。応仁・文明の乱後には幕府直轄領に復し、奉行人の伊勢貞宗・安富元家らが代官となり、又代官を小坂安秀・神坂氏・納屋宗信らが務めている。開口神社（念仏寺）が鎮守社としてその中心にあった。

大永七年（一五二七）三月、管領細川高国と対立した細川晴元が、三好元長らとともに足利義維を奉じて堺に入り（堺幕府）、堺南庄の顕本寺を拠点として、勢力を拡大していった。この時期にはすでに北庄と一体化した町となっており、いわゆる環濠都市・自治都市堺の中心部を構成していた。

上掲の略図でも明らかなように、隣接する摂津国東南部には五箇荘に属した郷村部があり、後述するように、堺南北庄とは異なった支配形態であった。文明三年（一四七一）に、堺の豪商の我孫子屋次郎が大徳寺養徳院に寄進したことが知られており、買得した小規模田地の散在所領の集積地とされている（『日本荘園大辞典』）。朝尾直弘氏は、「堺に東接する五箇荘の花田・奥・庭井・杉本・我孫子・苅田・大豆塚・船堂諸村」としている。[12]この地域には美原町から移住してきた丹南鋳物師が多く居住していたともいう。

織田信長と堺の最初の接触は、堀新氏によると、永禄二年（一五五九）二月であるという。しかしそれは、信長の最初の上洛時に信長が堺まで足を延ばしたといった程度のことであり、この時に町衆と具体的な接触をもったというような記録はみあたらない。しかし、これによって信長が堺に特別な関心を抱いていたことはわかる。

永禄十一年九月末の入京時に、信長が畿内の権門寺社や都市に矢銭を掛けたことは前述したが、寺社は別として、都市としては堺の外には、京都・奈良・平野が知られているにすぎない。年月日を欠いているが、堺会合衆から「平野庄年寄御衆中」に宛てた書状に、[13]同じく自治都市的な平野に対して、同心して双方がその境界まで出向いて防衛したいと要請している。これは同年十月初旬頃のものと推定されている。

しかし、信長は矢銭を拒否した堺や平野を攻撃することはなく、その代わりに将軍職に復帰した足利義昭より恩賞下賜を打診された際に、近江ほか河内までの五ヶ国の知行宛行の代わりに、堺・大津・草津に代官を置くことを望んだとの記録がある（『足利季世記』）。これを根拠に、堺が信長の直轄地になったとの説が多い。

その前提になると思われる信長宛の義昭御内書が、『信長公記』（巻一、角川文庫版）に収録されている、永禄十一年十月二十四日付けの、その宛名が「御父織田弾正忠殿」となっている著名なものであるが、それと比較すると、『足利季世記』の恩賞の内容が現実的なものではない点は一目瞭然である。したがって、この記録は後世の創作であろう。

とくに大津と草津が直轄領になったという事実は、その後も確認できない。ちなみに、信長が義昭の副将軍か管領への就任要請を断ったのは、永禄十二年三月になってのことである。

では、信長と堺との関係が具体的になるのは何時であろうか。この点に関して、堀新氏は、今井宗久が三好三人衆と提携していた会合衆に対抗して、三好氏に代わって堺を掌握した松永久秀に接近し、その仲介によって永禄十一年十月、久秀とともに信長に面会したことが端緒になったという。その直前での矢銭賦課の時に、宗久がどういった動きをしたのかを明確に示すものはないが、従来の推定では、抗戦派の会合衆に対して和睦調停の働きをしたとされており、そうした前提があって信長への謁見が実現したとされている。

宗久と松永久秀との関係を示すものとしては、同年十二月十六日付けで、松永宛に信長奉行人の木下秀吉ほかの連署状があり、(14)その内容は、宗久が武野紹鴎の遺品相続に関して、その嫡男の新五郎と訴訟になっていたことにつき、宗久の全面的勝訴を久秀に伝達したものである。あるいは宗久の信長謁見は、この件を依頼するためだったのかもしれない。いずれにしても、これらの動きは宗久独自の対応であって、まだ堺を代表したものではなかったと思われる。

三好勢が再起して京都の本国寺に義昭を急襲したのが、翌十二年正月であり、信長の再度の入京によって三好勢が敗れて、堺から阿波に退去したのは同月中旬であるから、宗久の最初の信長謁見はそれ以前のこととなる。

三好勢の全面的な退去により堺は混乱し、豪商たちは大坂や平野のほか、根来・粉河・槇尾方面にまで、家財ほかを避難させたという（「細川両家記」）。堺は松永久秀の支配下に入り、今井宗久の発言権も増大したと思われる。ついで信長は、堺に佐久間信盛ほかの重臣を譴責使として送り、再度、矢銭の供出を要求している。「己行記」という地元の記録などによると、(15)今度は承諾して二万貫文を納入した上、信長に対して浪人などを召し抱えないよう誓約させられている。堺の信長への屈服をこの時とするものが多い。

ついで同十二年八月に、宗久が岐阜を訪問していることは、「宗久書札留」の冒頭部分の八月十七日付けの宗久書状案の複数のものに、「岐阜」より帰津とみえているほか、『言継卿記』（永禄十二年八月条）にも、坂井文助・武井夕庵ほかとともに、宗久以下四人も山城に赴き、信長と晩餐を共にしたとあるから、この時期には、信長と宗久との関係がかなり緊密になっていたことが確認できる。

堀新氏は、この「宗久書札留」の冒頭掲載の永禄十二年八月十七日付けの三渕大和守宛の宗久書状案にみえる「従去年、公方様並信長御台御料所、拙者被　仰付候付て」の部分の解釈を問題にされ、これは旧説のように、信長夫人の領地とか、信長の直轄領を任されたとの意味ではなく、将軍の命を受けた信長の副状により、幕府料所の管掌を任されたとすべきであるという。その方が実状にあっていると思われる。

しかしこれだけでは、幕府御料所の実態や堺との関係、さらには宗久がその代官になったのかも明らかでない。堀氏は堺五箇荘内の代官のこととするが、五箇荘については、前述したように、堺の南北庄とは状況が異なっており、御料所の代官とすれば、それまでの経過からみて、五箇荘よりは堺南庄の可能性の方が高いと思われる。しかしここで注目しておきたい点は、同書状案に「従去年」とある部分であって、つまり永禄十一年十月段階で、すでに宗久がそうした権限を得ていたかという点である。

通説では、信長が堺を接収したのは、永禄十二年二月とするものが多い。つまり前述したように、堺が再度の矢銭要求を受け入れた時期とするものであるが、前出の「宗久書札留」の冒頭書状の「従去年」をどう解釈するのかは、まだ問題が残されている。宛名の三淵藤英は幕府の奉公衆であり、この時期には義昭の側近として、信長との折衝の前面に立っていた。

この今井宗久の書状案の趣旨は、その冒頭にみえる「前十河存知之塩合物過料銭」の扱いのことであって、幕府御料所全体に及ぶものではないとみるべきである。しかも続けて、京中が不安定なので「致遠慮候」とあるように、その折衝さえも実現していなかったようである。

つまり「従去年」信長に訴えていたのは、宗久がすでにそれ以前から獲得していた「塩合物過料銭」の収納保証である。よってこの段階では、先の相続訴訟の依頼と同様に、宗久の個別案件の要請であって、これを御料所の代官と解釈するのは適当ではないと思われる。

この「前十河存知之塩合物過料銭」の実態を、「宗久書札留」の中で関連するものから検討するために、まずその書札留の全貌を整理した一覧表を章末に提示しておく。(16) 以下の「No.～」は章末の一覧表のものである。

その後も「塩合物」に関するものはいくつかみられ、別表No.3には、「堺五ヶ庄ニ相付過料之事」とあり、No.10には、塩御座衆中・塩魚座・淀塩座中宛てに、「従信長、我等被仰付候」として、過料銭を届けるよう催促している。No.48でもNo.10と同様の催促をしており、No.63では、宗久が八木八郎次郎に対して、塩合物過料の「馳走祝着」とあり、ようやくこの件での一定の進展があったようである。これらによると、淀の塩座ほかに課されていた過料銭の徴集権がすでに堺五箇荘に与えられており、その五箇荘を宗久が知行していたことによる催促であったかと思われる。

五箇荘に関しては、No.11の丹羽長秀の池田勝正宛の書札案に、「今井宗久知行堺五ヶ庄善珠庵分（摂津天王寺）」とあり、この地については池田勝正と係争中であり、宗久へ年貢ほかを納入するよう督促しており、No.12では、善珠庵領の百姓中にもそれを命じている。同じように、No.13・14では、丹羽長秀が「宗久知行堺五ヶ庄ニ相付冨田分（摂津梶嶋）」について、やはり係争している伊丹親興と、その地の名主百姓中に通達している。

これらの「宗久書札留」にみられる「相付」の意味について、朝尾直弘氏は、五箇荘は宗久の知行地ではあったが、一円的・排他的なものではなく、私領部分と蔵入地部分が未分化の状態を示したものとされている。「蔵入地部分との未分化」という状況がわかりにくいが、「相付」の意味は、単純に歴史的な経過から五箇荘に「付随」していた権益ではないであろうか。

さらに五箇荘については、No.35で、「寺社本所皆一職、従御公方様并信長、我等ニ全可致知行旨、被仰出候」と、宗久が住吉神社に通達しているものが、知行地としてわかりやすい。また、No.20の花田村ほか七ヶ村宛の宗久禁制により、宗久の知行地に対する領主的規制もうかがえる。「宗久書札留」は、そうした宗久の知行地化していた五箇荘内での所務に関するものが大部分を占めており、章末の別表の備考欄に△印を付けたものがそれに該当している。

これらの点より、従来は宗久が五箇荘の代官に任ぜられたとするものが多いが、基本は永年にわたって買得集積していた知行地であり、その安堵を得たということであろう。

「宗久書札留」には、以上のような五箇荘に関するものとは別件と思われる案件もいくつかみられる。まず「御料所」について、No.46・47・53・54がある。その中のNo.47には、以下のようにある。

当所御料所、前々以筋目、従和田殿被渡下候間、為代官、宗珍・林二介差遣候、被得其意、急度指出収納肝要候、
八月二十九日　（今井宗久署判）
五百住百姓中

これも永禄十二年のものであり、宛名の五百住は現在の該当地を特定できないが、堺北庄内にあると思われる御料

所である。和田殿は摂津三守護の一人の和田惟政である。宗久がこの地の代官として二名を派遣するので、年貢を納めるようにというものである。他にも№103では、「西九条縄之内御料所分」とあって、年貢・地子銭・諸物成以下の納入を伝達している。

これらによると、五箇荘とは別に、永禄十二年八月段階で、宗久が堺南北庄内の幕府御料所の代官を請負っていたことが明らかである。それが信長の意向によるものであった点は、№18の佐久間信盛の堺北庄端郷中宛の書状案によってもうかがえる。こうした代官の職務に関係するものとして、地頭詰夫（№18）や、役銭（№19）、当庄月別の当番役・兵糧米・上使銭（№24）、運上銭（№69・70）、御公納（№92）、棟別（№94・96・97）などの諸役徴収の役務があった。

朝尾直弘氏は、こうした宗久の堺南北庄との関わり方には相違があったとし、南庄については依然として三好氏一族の安宅信康が代官的な管掌を保持しており、別表№56・57の二通の宗久書札案によって、「南庄を存知した安宅氏が、政所をおいて北庄を支配するかたち」と解釈している。[17]

この時期の堺支配の政情が不明な部分もあるが、この解釈では、前述してきたような、宗久による両庄にわたっての代官的職掌とは相容れなくなる。したがって№56・57の二通は、安宅氏より宗久への引き継ぎ経過の中での交渉文書と理解したい。この点は、同年十月に宗久の子の久胤が、南庄に属する南材木町・甲斐町から運上銭を受け取っていることなどによってもはっきりする（№69・70）。

ちなみに堀新氏は、宗久が堺において果たした役割は、織田政権の堺代官であったとしており、元亀元年（一五七〇）四月頃に、松井友閑が堺政所として入津した後も、多忙で在京していた友閑に代わって堺支配を任されていたとする。[18]

宗久と織田政権との関係については、詳しくは次節で述べるが、信長と堺との関係でもう一人検討すべき人物がいる。従来からもしばしば検討されている津田宗及であり、この時期の堺を代表する豪商である。天王寺屋の屋号をもち、父宗達をはじめとして、一族が豊後大友氏や兵庫・伊勢などとの交易によって栄え、堺の納屋衆として伝統的な会合衆に対抗する新興商人であった。

宗及の代には、三好一族や松永久秀との関係を背景とした政商に発展しており、今井宗久とは対抗する存在であった。本願寺との関係も強く、当初は反信長的な立場であったとされている。すでに堺を代表する茶匠としての立場も築いており、その活躍の様子は、宗及が開催した茶会の記録をまとめた『天王寺屋会記』に詳しい[19]。青柳勝氏はこの記録をもとに、津田宗及が信長に従属した時期を検討されている[20]。

それによれば、永禄十二年正月初旬の三好勢の京都での敗退に関連して、『天王寺屋会記』に、「堺中従十二日、サワキ(騒ぎ)出候也、昨年十月比ヨリ、堀ヲホリ、矢倉ヲアケ、事外用意供イタシ候事」とあり、当初から堺は信長に対して抗戦的であったが、その状況を説得して信長の要求に応ずる交渉をしたのは、前述したように今井宗久である。この時点での津田宗及の動向は、同年二月十一日の信長上使である佐久間信盛らを招いて終日茶会を催していたとあるから、会合衆らの抗戦派であったとは思えない。しかし宗久と行動を共にしたともいえず、その後の茶会記では、本願寺関連の大坂衆や三好衆との接触が目立っているという。

その後も宗及は、旧守派である会合衆と新興勢力である今井氏との中立的立場にあったといい、宗久との接触が頻繁となるに従って、元亀二年(一五七一)頃より、次第に信長への接近を強めていったとする。そして、天正元年(一五七三)には信長に従属したといい、その画期となったのが、同年十一月二十三日に催された、信長主催の妙覚寺茶会である（「今井宗久茶湯日記抜書」[21]）。その後の宗及は、宗久・千利休と共に信長の茶道を務めており、堺もこれら三人の主導によって安全保障が保たれていくこととなる。

その後の織田政権と堺との関係で明らかになっている点を、以下に列記しておく。前述したように、元亀元年四月頃、松井友閑が堺政所に任ぜられ、その代官が引き続き宗久に任せられていた。天正元年十一月十三日、信長は堺の引接寺に陣取・寄宿の永代免許状を与えている（『信長文書』四二一号）。翌二年三月、信長は堺の会合衆十人を、京都・相国寺の大茶会に招いている。

天正三年十月二十日には、信長の和泉五社府中神主宛の保護朱印状を宗久が取次いで副状を出しており（『信長文書』、五六八号と参考文書）、同五年三月二十六日、松井友閑に命じて、堺津来航の塩飽船の保護を命じている（同前、七〇四号）。同六年九月、九鬼嘉隆に命じて甲鉄船を造らせ、それを堺で見物した後、宗久の居宅に立ち寄っている（『信長公記』）。翌七年三月二十八日、堺南北馬座の当座人に対して、その既得権を保護している（『信長文書』八二〇号）。

天正八年四月、石山本願寺攻めに際して、十万余の軍勢で堺近郊の遠里小野に陣し、新堀に出城を構えた十河・香西氏らを討ち取っている（『信長公記』）。翌九年四月、堀秀政に命じて、和泉国中に指出検地も行っている（同前）。

二、織田政権と今井宗久

次に、織田政権と今井宗久との関係をもう少し詳しく検討しておきたい。知行地である五箇荘との関わりについては、不十分ながら前述したが、それについても、前代からの複雑な所有関係の経過があったようで、それ自体が一円的・一職的なものではなく、主に買得によって集積したものとの点や、「宗久書札留」の中で「相付」と表現されていた、散在する各所の得分も付随していた。

また、これらは宗久が信長によって新規に宛行われたものではなく、信長に帰属する経過の中で安堵されたものと推定した。さらに堺南北庄での請負代官の状況についても、その業務の一端を述べておいた。

ここではそれ以外の事項として、宗久の織田政権内での政治的な戦略や、経済的な開発事業に関与していた点と、それらの経過の中で獲得していった職掌や流通・商業活動に関する特権などを中心に、「宗久書札留」ほかによって、その政商としての側面をみておきたいと思う。

永禄十二年（一五六九）八月二十三日付けの寺田越中入道・長曽祢安芸守入道宛の宗久書状案（別表No.26）によると、織田勢の和泉方面出陣に際して、佐久間信盛の要請によって、その軍勢を堺に逗留させているが、それが長引いていて迷惑であるといい、「信長御諚旁於預御馳走者」ありがたいと伝達している。宛名の両名は別表No.9・66にもみえており、寺田氏は岸和田城主のようである（『織田信長家臣人名辞典』）。

ほぼ同時期に、摂津伊丹城主の伊丹氏に対して、正月以来、鉄砲・玉薬以下の銀子が滞っていると催促し（同前、No.43）、同日付けで家人と思われる道安に対して、「具足之儀並算用等不審深重候」は、「落度歴然」とたしなめている（同前、No.44）。同じく十一月十九日付けの伊丹氏一族の雲松軒ほか宛のものによれば、織田勢の播磨進攻に際して、宗久が鉄砲・玉薬を売り渡したが、その代金が未納であり、米で決済するとの約束もいまだ果たされていないと督促している（No.84）。

これらの点は、従来からも指摘されているように、宗久が織田政権内で武具などの戦備調達に深く関与していたことを示すものであろう。なお、鉄砲調達に関しては、元亀元年（一五七〇）六月、木下藤吉郎より昨夢斎（宗久）宛に、姉川合戦での鉄砲・薬・鉛硝などの調達を依頼されているものもある（岩淵家文書）。さらに年未詳十一月十日付けの宗久宛の霜柱軒伊蔵書状では、鉄砲・玉薬代の支払いについて協議しているものもみられる（今井家文書）。

ついで、直接織田政権の戦略に関係したものとして、同年九月三日付けの木下藤吉郎宛の宗久書状案では（同前、No.52）、

今度就御出勢、御伴可申候処、殿様（信長）御諚次第令帰国候、其表早速可属御本意候、乍恐珍重存候、仍而備前従宇喜多泉守殿（直家）、殿様へ之御奏者奉頼由候、先以飛脚被仰上候、於御入魂者、御同名衆不替身以仁躰、得尊意、御馬繋申度旨、従我等相心得可申旨候、先々其様奉頼度之旨、為御案内被申候、殿様並貴所へ之御礼、追而可被申内儀候、御馳走所仰候、恐々、

九月三日

木下藤吉郎殿　まいる　御宿所

これは、永禄十二年八月より始められた、信長による播磨への秀吉進攻に関わるものであり、この中で宗久が宇喜多直家への奏者を務めていた点が注目される。これは、宗久が早くからの商業活動によって宇喜多氏との交渉ルートをもっていたためであろう。同じように、No.77では、備前の浦上宗景との交流を示すものもみられる。

また、永禄十二年十月二十六日付けの松浦孫八郎宛の宗久ほか連署状案によれば（No.72）、この頃に義昭と信長が進めていた安芸毛利氏と豊後大友氏との和睦調停に関与しており、進物の太刀以下を持参して渡海するのに際して、

小嶋関での取り成しを依頼している。ついで十一月二十一日には、阿波の三好勢が淡路に攻め入った事件について、その状況や安宅信康のそれへの対応を、三淵義英・上野秀政らの義昭側近や、佐久間信盛に通報している。そうした情報を、宗久が幕府や信長よりも早く入手していたことがうかがえ、自らの交易活動に関連して、その情報網が広域にわたっていたことが推定される（№88～90）。

前述したように、永禄十二年八月、信長は秀吉に播磨・但馬を攻めさせ、その属城の垣屋城（篠山市）を攻略した。山名韶凞は堺に亡命し、宗久は韶凞の信長への赦免願いの取次を行い、礼銭の立て替えなどもしている。その経過の中で、宗久は生野銀山の知行権を得ている。この件に関しては、「宗久書札留」を駆使しての永島福太郎氏の詳細な論考があり、[22]同年十一月頃には、宗久が但馬の経営を任せられていたとし、宗久が山名韶凞の復帰のための信長への礼銭を融通し、十二月頃には韶凞の但馬復帰が実現した。但馬支配には坂井政尚と長谷川宗仁とが当たることとなり、宗久は生野銀山支配の代官に任ぜられたという。

また、信長の但馬経略の主目的は、生野銀山の接収にあり、直轄化されたその経営は宗久に一任されたともいう。それらの経過を示すものが、「宗久書札留」の№98・105～107・111～118・131・132と多くみられ、なかでも注目されるものが、永禄十三年四月の信長発給の二通である。そのうち№132のみ全文を示すと（『信長文書』二二四号）、

旧冬韶凞有下国、無事之様子申談候、並太田垣兄弟進退、同領知方一決之次第、顕紙面候キ、其外之事、去年破口当知行之分、不可有相違之処、于今所々相滞之由、無是非題目候、急度可被究申候、為其今井宗久・長谷川宗仁差下候、若猶違乱様候者、速可申付候、此等之趣、各へ被相届、尚以韶凞事、無疎略馳走肝用候、恐々、

卯月十九日　　信長

太田垣土佐守殿
八木但馬守殿
垣屋播磨守殿
田結庄左馬助殿

宛名の四名は山名韶凞の家老衆であり、山名四天王と称された但馬の有力国人衆である。前年の韶凞の信長への帰属に際して、決定した事項の履行を糺した内容である。この中の「破口当知行分」とは、奥野高広氏の解説によると、銀山の開坑であるという。長谷川宗仁と共に宗久がその折衝の前面に立っていたことが明らかである。

流通や商業活動に関連して、幕府や信長から与えられていた特権として、永禄十二年六月に淀過書廻船中に宛てた幕臣の飯川信堅証文案がある（№15・16、『信長文書』一八六号）。これは、宗久が上京する際に公事船を今井船と称して自由に使用できるという内容である。それが自家の商業活動とも関連してのものであった点は、淀の塩座中・魚座中宛の宗久書状案（№10、『信長文書』一九三号）によっても明らかである。そこでは塩合物の過料銭の徴収権が与えられていた。

経営面でのもう一つの特権として、前述した但馬・生野銀山の代官任用とは別に、知行地である五箇荘内での公用吹屋の組織化と支配権とがある。永禄十二年八月二十三日付けの金田寺内中宛の宗久書状案（№27）によれば、我孫子吹屋の惣官であること、被官の鋳物師に新規の吹屋を立てさせることなどを断っている。

また、翌永禄十三年二月十七日付けの湊村惣中宛の書状案（№122）によれば、湊村中の吹屋を五箇荘内の我孫子に移動させることについて、信長の上意を得ているとして催促をしている。これらは前述した鉄砲製造と販売に関わるものである。

そのほか、虎皮や豹皮を堺の寺院に寄進したものがあり、それには「南蛮従唐之廻船、当年は不参候」とあって（No.60）、対外交易にも関与していたことも明らかとなる。

まとめとして

以上、織田政権と堺との関わりと、その経過の中で重要な役割を担った今井宗久の動向をみてきたが、その要点のみを再説しておく。

まず、堺が信長に制圧された経過については、ほぼ通説の理解でよいと思うが、堺が信長の直轄地となったという点に関しては、その時期や背景に関して、今井宗久の堺代官への任官時としているが、この時点で堺を信長の直轄地とする後世の記録類には問題がある。

堺の中心部である堺南北庄は前代より室町幕府の御料所であり、当初は宗久がその代官となったのであり、信長との関係では、宗久がすでに獲得していた五箇荘の知行権と、それに付随する散在していた各所での得分権を安堵されたものであって、その関係は五箇荘の代官ではなく、信長への被官化の実現とみるべきと思われる。

堺の信長への屈服は、通説のように、永禄十二年（一五六九）二月の信長の上使らの入堺の時としてよいであろう。その交渉に宗久が主要な役割を果したことも、直接的にそれを示すものはないが、容易に推定される事柄である。

その結果が堺南北庄での御料所代官への任官であり、これは信長の意向によるものであった。

元亀元年（一五七〇）四月頃には、信長は松井友閑を堺政所に任命し、本格的な直轄地化を進めることとなり、その現地実務は引き続き宗久に請負わされていた。当初は、伝統的で保守的な会合衆と新興の政商であった今井宗久との中立的な立場を堅持していた有力豪商の津田宗及も、織田政権の堺掌握の進行とともに宗久と連繋するようになり、幕府崩壊の天正元年（一五七三）八月以降には、この二人に千宗易（利休）を加えた三人によって、織田政権下での堺の安全保障が保たれていくことになる。

宗久に関しては、その後も織田政権下での被官・政商、あるいは茶頭として、各種の特権や職掌を与えられ、織田領国の財政基盤の維持拡大や、武具や戦費の調達や、敵対大名との外交交渉などの戦略にも深く関与していくこととなる。

宗久書札留内容一覧

No.	年月日	差出人	宛名	書止	内容	堺市史	使者	備考
1	(永禄12年)8月17日	(今井宗久)	三渕大和守殿まいる人々御中	恐惶	十河存知之塩合物過料銭を仰せ付けらる	1714		△
2	(永禄12年)8月17日	(今井宗久)	観世与左衛門尉殿御宿所	恐々	塩合物過料銭徴用を三渕殿より許容	1773		△
3	(永禄12年)8月17日	(今井宗久)	歳阿弥陀仏雄弥陀物御宿所	恐々	堺五箇荘塩合物過料銭分別頼み入り	1827		△
4	(永禄12年)8月17日	(今井宗久)	池田筑前守殿まいる人々御中	恐惶	濃州へ罷下帰津、今度但州出勢	1838		
5	(永禄12年)8月17日	(今井宗久)	荒弥まいる御宿所	恐々	天王寺善珠庵分不納催促依頼	1840	黒崎式部丞	△
6	(永禄12年)8月17日	(今井宗久)	伊丹兵庫助殿まいる人々御中	恐惶	丹羽の書状により厳重に申付け依頼	1849	黒崎式部丞	△
7	(永禄12年)8月17日	(今井宗久)	雲松軒伊藏伊一御宿所	恐々	梶嶋豊田分未だ渡し下されず催促依頼	1850	黒崎式部丞	△
8	(永禄12年)8月17日	(今井宗久)	木藤吉まいる御宿所	恐々	池田・伊丹よりも仰せらる、取合い頼み存ず	1857		△

9	（永禄12年）8月17日	（今井宗久）	寺田越中入道長曽祢安芸守殿	恐々	当庄瑞泉庵分買得地を野原宗恵に安堵	1873	草壁新右衛門尉	△
10	（永禄12年）8月12日	（今井宗久）	塩御座衆中又塩魚座・淀塩座中	恐々	塩合物過料銭催促	1884		△
11	（永禄12年）8月8日	丹羽長秀拝	池筑御宿所	恐々	今井宗久知行堺五箇荘善珠庵分を渡す	1886		△
12	（永禄12年）8月8日	丹羽長秀拝	善珠庵百姓中	謹言	善珠庵分年貢を宗久に納めよ	1889		△
13	（永禄12年）8月8日	丹羽長秀拝	伊丹兵庫助殿御宿所	恐々	今井宗久知行富田分を渡されたい	1942		△
14	（永禄12年）8月8日	丹羽長秀	梶嶋名主百姓中	者也	富田分年貢を宗久に納めよ			△
15	（　）6月8日	（飯川）信堅	淀過書廻船中	如件	船渡以下馳走	1951		
16	（　）6月19日	（飯川）信堅	守渡又八殿	謹言	宗久公事船の折紙返却曲事	1960		
17	（永禄12年）8月8日	津掃	荒木弥助まいる	恐々	今井宗久善珠庵分を相渡すべし	1964		△
18	（　）8月18日	佐久間信盛	さかい北庄端郷中	恐々	地頭詰め夫・諸役以下難渋	1968		
19	（　）8月21日	（今井宗久）	野尻備後守参人々御中	恐惶	役銭御意、難渋迷惑		駒又八・田嶋甚右衛門	
20	永禄12年　8月日	宗久在判	花田村奥村庭井村ほか五ヶ村	仍如件	禁制	1972		△
21	（　）	（今井宗久）	方寸斎	謹言	道碩無曲次第、下地進退	1989		
22	（　）8月22日	（今井宗久）	松井三位法印御坊まいる御旅所	恐々	法印名誉、御釜見せたく	2049	宗才	
23	（　）8月22日	（野原）宗恵	万代百姓中	候	瑞泉庵買得分の地子納入	2078	草壁新右衛門尉	△
24	（永禄12年）8月22日	（今井宗久）	富左入	恐々	当庄月別の当番役、兵糧米・上使銭精入れ	2079		
25	（永禄12年）8月22日	（今井宗久）	日乗上人まいる御同宿中	恐惶	摂津梶嶋へ禁裏御人足懸けは迷惑	2088		△
26	（　）8月23日	（今井宗久）	寺田越中入道長曽祢安芸守殿	恐々	和州表出陣、佐久間より折紙到来	2109		
27	（　）8月23日	（今井宗久）	金田寺内中	謹言	被官鋳物師吹屋相立て	2119		
28	（　）8月23日	（今井宗久）	野備（野尻備後守）参	恐惶	御訴訟迷惑、一廉の奉公	2120	駒又	△
29	（　）8月23日	（今井宗久）	駒又入	恐々	野備一義仰せつけられ	2122		
30	（　）8月23日	（今井宗久）	花田村我孫子村ほか三ヶ村	者也	為私米出し停止			△
31	（　）8月23日	（今井宗久）	花田村我孫子村ほか二ヶ村	者也	物指出無沙汰曲事			△
32	（　）8月25日	（今井宗久）	金田寺内中	恐々	源左衛門被官、我孫子吹き進退			

33	（　）8月26日	（今井宗久）	田中一右衛門尉・同与三右衛門尉	謹言	武野紹鴎被官下地馳走			△
34	（　）8月26日	（今井宗久）	岡山寺内中他に中深井宛ほか二通	恐々	武野紹鴎被官下地馳走			△
35	（　）8月24日	（今井宗久）	住吉社僧中御宿所	恐々	五箇荘寺社本所皆一職			△
36	（　）8月26日	（今井宗久）	金田寺内中	恐々	彼両人・吹屋御用馳走	2109		
37	（　）8月27日	（今井宗久）	清貧（池田一孤）	恐々	天王寺善珠庵分勘介殿より渡し下されたく	2109	黒崎式部	△
38	（　）8月27日	（今井宗久）	勘介殿	恐々	分別かしこみ入り			
39	（　）8月27日	（今井宗久）	池田覚右衛門私岡甚兵へ殿	恐々	天王寺善珠庵分仰せ付けられたく		黒崎式部	△
40	（　）8月27日	（今井宗久）	荒弥（荒木弥助）	恐々	天王寺善珠庵分馳走、欠郡了郡代へ引合		黒崎式部	△
41	（　）8月27日	（今井宗久）	雲松軒伊藏伊一	恐々	梶嶋豊田分を渡し下されたく		黒崎式部	△
42	（　）8月27日	（今井宗久）	伊兵（伊丹親興）	恐々	梶嶋豊田分を渡し下されたく		黒崎式部	△
43	（　）8月27日	（今井宗久）	伊藏雲松	恐々	鉄砲・玉薬の銀子未着、年貢納め取る			
44	（　）8月27日	（今井宗久）	道安進之	謹言	具足・算用など不審			
45	（　）8月28日	（今井宗久）	西村一衛門	恐々	公事五六ヶ年絶え、他所へ売り申す	2078	草壁新右衛門尉	△
46	（　）8月29日	（今井宗久）	富右		五百住御料所仰せ付けらる			
47	（　）8月29日	（今井宗久）	五百住百姓中	候	五百住御料所仰せ付けらる、代官二人遣す			
48	（　）8月29日	（今井宗久）	塩合物座衆・淀合物魚市塩合物座中	恐々	塩合物過料銭納めよ			△
49	（永禄12年）9月2日	（今井宗久）	野備（野尻備後守）まいる	恐惶	借物の儀迷惑	2120	田嶋甚左衛門	
50	永禄12年　9月3日	（今井宗久）	（欠）	仍如件	一せう寺山竹木盗み伐取り成敗	2088		△
51	（　）9月3日	（今井宗久）	万代百姓中	謹言	瑞泉庵買得分野原宗恵へ知行			
52	（　）9月3日	（今井宗久）	木下藤吉郎殿まいる御宿所	恐々	今度出勢、宇喜多より信長奏者依頼			△
53	（　）9月5日	（今井宗久）	北又大まいる御宿所	恐々	五百住料所、富右へ仰せ出し代官派遣		林二介	
54	（　）9月5日	（今井宗久）	代官西村まいる	恐々	五百住料所、北又大より競望		林二介	
55	（　）9月	（今井宗久）	安宅神太郎とのまいる人々御中	恐惶	堺五箇荘拝領			△
56	（　）9月4日	（今井宗久）	安宅石見守殿ほか4名	恐々	堺五箇荘拝領、政所仰せ付けらる			△
57	（　）9月6日	（今井宗久）	佐久右・木藤吉ほか8名	恐々	ご出陣見舞い			

58	「永禄12年」9月6日	（今井宗久）	田中源七郎ほか2名御返報	恐々	神楽所・加地子寄進	2120		
59	（　）9月6日	宗久代官西村	歳阿弥陀仏・祐阿弥陀仏御代官まいる	欠	虎皮・豹皮ほか寄進			
60	（　）9月7日	（今井宗久）	歳阿弥陀仏御宿所	恐々	虎皮・豹皮ほか寄進		奥西弥七	
61	（　）9月12日	（今井宗久）	龍雲院まいる御同宿中	恐々	地頭土居・門前屋敷寄進			
62	（　）9月12日	（今井宗久）	龍雲院まいる御同宿中	恐々	寄宿免除		今井宗助・野原	
63	（　）9月14日	（今井宗久）	八木八郎二郎殿進之	恐々	塩合物過料馳走祝着			△
64	（　）9月16日	（今井宗久）	牧郷名主百姓中	恐々	野尻備後借銭、催促難渋			
65	（　）10月13日	（今井宗久）	野備参御宿所	恐々	借銭催促			
66	（　）10月13日	（今井宗久）	長安・寺越（寺田）	恐々	信長伊勢存分に任す大慶			
67	（　）10月13日	（今井宗久）	勘兵衛尉殿	候	野尻備後借銭、牧郷其方へ納む			△
68	（　）10月14日	（今井宗久）	一色式部少輔殿参人々御中	恐惶	堺下津、土佐将監身上儀意得			
69	永禄12年　10月15日	安原・今井久胤	南材木町参	仍如件	運上銭受取	2078	草壁新右衛門尉	
70	永禄12年　10月17日	今井久胤	甲斐御町参	欠	運上銭受取			
71	（　）10月23日	（今井宗久）	池田周防守・荒木や介殿ほか2名	恐々	天王寺の百姓打擲、善珠庵分覚悟			△
72	（永禄12年）10月26日	宗久・跡部・梶原	松浦孫八郎殿参人々御中	恐々	毛利と大友和睦、塩飽船進物小嶋関で取る			
73	（永禄12年）11月3日	（今井宗久）	佐久右参貴報	恐惶謹言	野備借銭、牧郷百姓当納	2120	田嶋甚左衛門	△
74	（　）	（今井宗久）	鳥羽源右衛門尉	欠	但馬国諸寺庵大徳寺へ申合条	2088		
75	（　）11月7日	（今井宗久）	天王寺北村惣中	恐々謹言	善珠庵分当納、代官置く			△
76	永禄12年　11月11日	（今井宗久）	宗左右衛門尉殿まいる	恐々	播州英賀衆名字表挙			
77	（　）11月	（今井宗久）	浦上遠江守殿参貴報	恐惶	御意心底		林二介	
78	（　）11月14日	（今井宗久）	伊源	恐々	梶嶋一円職拝領、与兵衛違乱		林二介	△
79	（　）11月11日	丹羽長秀	池田筑後守殿御宿所	恐々	天王寺善珠分今井へ渡すべく			△
80	（　）11月11日	丹羽長秀	伊丹兵庫助殿御宿所	欠	梶嶋豊田分今井へ渡すべし			△
81	（　）11月19日	（今井宗久）	池田周防守・荒木弥介殿ほか2名	候	天王寺善珠分今井へ渡すべく			△

82	（　）11月19日	（今井宗久）	伊丹兵庫助殿	恐惶謹言	梶嶋豊田分今井へ渡すべし	2120		△
83	（　）11月19日	（今井宗久）	荒木弥介殿	恐々	善珠庵儀馳走			△
84	（　）11月19日	（今井宗久）	雲松軒伊藏伊一	恐々	鉄砲・玉薬代未納		奥西弥七	
85	（　）11月19日	（今井宗久）	雲松軒伊藏伊一	恐々	梶嶋豊田分今井へ渡すべし			△
86	（　）11月19日	（今井宗久）	天王寺北村惣中	者也	善珠庵分当納		今井宗助・野原	△
87	（　）11月19日	（今井宗久）	高岡備後とのへ	謹言	梶嶋豊田分今井へ渡すべし			△
88	（　）11月21日	（今井宗久）	三大（三渕）・一式・細兵	恐惶謹言	敵渡海、安宅神外聞実儀			△
89	（　）11月21日	（今井宗久）	上中太（上野秀政）	恐惶謹言	淡路衆乱入、御加勢待ち入り			
90	（　）11月21日	（今井宗久）	佐久右	恐惶謹言	野備の間の儀肝煎り、阿波衆乱入			
91	（　）11月26日	（今井宗久）	高岡備後とのへ	謹言	馬舟の助四郎被官につき諸公事免除			
92	（　）12月4日	（今井某）	竹内下総守殿	恐々	公納・藏口之儀意得			
93	（　）12月22日	（今井宗久）	伊源入	恐々	高岡与兵衛儀分別			
94	（　）12月22日	（今井宗久）	土居寺	候	棟別儀難渋			
95	（　）12月22日	（今井宗久）	丹紀	候	借銭返弁請求		咲清軒	
96	（　）12月22日	（今井宗久）	信証院	候	棟別儀難渋		半井宗寅	
97	（　）12月22日	（今井宗久）	真宗寺	恐々	棟別儀難渋			
98	（　）12月22日	（今井宗久）	佐久間殿	恐惶	山名礼物進納、千貫他借し馳走			
99	（　）12月24日	（今井宗久）	住吉新坊	候	同居庵領売地本銭買返	2078		
100	（　）12月24日	（今井宗久）	荻野悪右衛門尉・別所孫右衛門尉殿	恐惶	隣国儀馳走			
101	（　）12月	（今井宗久）	米田殿	恐々	梶嶋代官高岡預かり、過書船馳走			△
102	（　）12月26日	（今井宗久）	深江九郎右衛門尉殿	謹言	五箇荘買得田畑所務			
103	（　）12月27日	（今井宗久）	西九条名主百姓中	謹言	西九条料所分当知行	2120		
104	（　）12月29日	（今井宗久）	竿助	欠	飯米ほか宛行	2088		
105	（永禄13年）正月6日	（今井宗久）	坂右（坂井政尚）まいる御報	恐惶	信長と山名殿無事、当津料足厳重			

106	永禄13年正月5日	宗久・長谷川宗仁	（欠）	仍如件	金子借用証文			
107	（永禄13年）正月6日	（今井宗久）	宗仁まいる	候	坂井但馬下向、金子調え			
108	（　）正月10日	（今井宗久）	伊帙美作守殿	恐惶	年甫の祝儀			
109	（　）正月10日	（今井宗久）	田結庄肥後守殿	恐惶	年甫の祝儀			
110	（　）正月10日	（今井宗久）	森本出羽入道殿	恐々	太刀・鳥目進上			
111	（　）正月10日	（今井宗久）	伊帙美作守・下津屋・宮美濃守殿	恐々	坂井に同道、諸事御意		山本彦兵衛	
112	（　）正月10日	（今井宗久）	東禅院床下	恐々	才覚本望、御用脚・礼物馳走	2120		
113	（　）正月10日	（今井宗久）	坂右まいる人々御中	恐惶	下国辛労、持病再発		安原甚大夫	
114	（　）正月10日	（今井宗久）	別所孫右衛門尉殿まいる人々御中	恐惶	山名殿入国、肝煎簡要、拙者下国		安原甚大夫	
115	（　）正月10日	（今井宗久）	長谷川宗仁公	恐々	但馬国御越辛労、殿様へ礼物馳走		安原甚大夫	
116	（　）	（今井宗久）	欠	かしく	屋形様下国、女房ともりも文参らせ			
117	（　）正月13日	（今井宗久）	伊帙美作守殿	恐惶謹言	子守へ着城、		安原甚大夫	
118	（　）正月13日	（今井宗久）	伊美・下安・宮下	恐々	子守へ着城、人質・礼物入魂、渡辺預銭		安原甚大夫	
119	（　）正月15日	（今井宗久）	布施式部丞殿御報	恐惶謹言	青銅御意、			
120	（　）正月17日	（今井宗久）	光明寺同門前中まいる玉床下	恐々	薬師院借銭催促			
121	（　）2月11日	（今井宗久）	祢寝右近大夫殿まいる人々御中	恐惶	信長へ使札披露、内裏修理		蜂須賀藏丞	
122	（　）2月17日	（今井宗久）	湊村惣中	恐々	吹屋召し置く			
123	（　）2月18日	（今井宗久）	欠	也	具足織田信重に遣わす		竹屋半衛門	
124	（　）2月19日	（今井宗久）	湊村惣中	謹言	吹き屋馳走			
125	（　）2月19日	（今井宗久）	野備まいる人々御中	恐惶	借銭催促	2078		
126	（　）2月19日	（今井宗久）	上野秀政ほか重臣多数	恐々謹言	淡路へ早船押し申す			
127	（　）2月19日	（今井宗久）	祐阿弥陀仏まいる御報	恐惶	当津牢人集め、淡路表			
128	（　）2月22日	（今井宗久）	清貧斎（池田一孤）床下	候	近日上京、石原一右衛門堪忍			△
129	（　）4月4日	（今井宗久）	田代源八郎殿	謹言	五箇荘他諸事覚え書き	2120		

130	（　）4月25日	（今井宗久）	南室坊御同宿中	恐々	住吉領手日記分社納	2088		
131	（　）4月19日	信長	山名入道殿進覧之候	恐々	銀山・要害・諸知行、相滞る		今井・長谷川	
132	（　）4月19日	信長	太田垣土佐守・八木但馬守殿ほか2名	恐々	銀山・要害・諸知行、相滞る		今井・長谷川	
133	（　）5月25日	（今井宗久）	偸閑斎まいる	恐々	借用銀子・質物算用返済			
134	（天正元年）7月3日	（今井宗久）	伊帙殿・下安・宮下	恐々	公用吹き屋銭返却願い			

註

（1）『堺市史』旧版第二巻（堺市、一九三〇年）。『堺市史』続編第一巻（堺市、一九七一年）。

（2）豊田武①『堺―商人の進出と都市の自由―』（至文堂、一九五七年）、②「封建制の確立と堺の豪商」（『一橋論叢』二八巻四号、一九五二年）。

（3）堀新「織田政権と堺―今井宗久を中心として―」（『比較都市史研究』六巻二号、一九八七年）。

（4）『耶蘇会士日本通信』上巻（聚芳閣、一九二七年）。

（5）『開口神社史料』（同社編刊、一九七五年）。

（6）『博多と堺』（堺市博物館、一九九三年）。

（7）泉澄一『堺と博多―戦国の豪商―』（創元社、一九七六年）。

（8）『堺市史』続編第五巻収録（一九七四年）。この記録は、永禄十一年（一五六八）九月末の織田信長入京直後に、信長に近侍した堺商人の今井宗久が備忘録として記録しておいた書札書留である。信長入京直後のわずか数年分のみのものであるが、その原本が現存（堺市立博物館寄託）しており、宗久自筆のものという。本稿でも多用するが、同書については「宗久書札留」と略称する。

（9）朝尾直弘「戦国期の堺代官」（『赤松俊秀教授退官記念　国史論集』同記念事業会編刊、一九七二年）。後に「織豊期の堺代官」と改題して、著書『将軍権力の創出』（岩波書店、一九九四年）に再録した。

（10）永島福太郎『茶道古典全集』第一〇巻（淡交社、一九六一年）所載の「今井宗久茶湯日記抜書」の解題による。

(11) 今井宗久寄進状（大仙寺文書、『堺の文化財』改訂版所載）。
(12) 註（9）論文。
(13) 「末吉文書」（奥野高広『増訂　織田信長文書の研究』上巻、吉川弘文館、一九八八年、一五四頁収録）。
(14) 奥野高広『増訂　織田信長文書の研究』上巻、一三八号文書。以下、同書については『信長文書』○○号と略記する。
(15) 「己行記」は、堺の日蓮宗の妙国寺の日珖上人が記した同時代の年代記であって、永禄四年から天正十三年までの記録がみられる。原本は堺市立博物館に寄託されており、その全文が矢内一磨氏によって、『堺市博物館報』（二六号・三〇号、二〇〇七・二〇一一年）に紹介されている。信長の堺での浪人排除に関しては、永禄十二年二月二十七日付けで、三木良頼が上杉輝虎に送った書状にもみえている（『上越市史』別編Ⅰ、六六六号文書）。
(16) 『堺市史』続編第一巻（堺市、一九七一年）収録のものによる。以下、同書収録書状案については、別表の番号（No.○○）で表示する。
(17) 註（9）論文。
(18) 註（3）論文。
(19) 永島福太郎編『茶道古典全集』第七・八巻（淡交社、一九五九年）収録。
(20) 「織田政権下における堺衆―津田宗及の従属をめぐって―」（『國學院大學大学院紀要』一七号、一九八四年）。
(21) 註（10）に同じ。
(22) 「織田信長の但馬経略と今井宗久、付生野銀山の経営」（『関西学院史学』五号、一九五九年）。

【補記】信長の和泉支配に関して、天正三年十月二十日付けの泉州五社府中神主宛の信長朱印状と宗久の副状（奥野編著『信長文書』五六八号・同参考文書）を見落としていた。これは信長の府中総社宛の社領安堵状を受けて、宗久が同社神主の田所氏に対して、大和守護の原田直政と相談して朱印状を調進したとあり、これは堺代官として取次いだものである。

第五章　織田政権の津湊支配

はじめに

織田信長の政権基盤に関しては、統一過程の中で権力が拡大してくる天正期以降に関しては、関連史料が増加してくる背景もあってか、研究成果は多岐にわたって精緻なものが蓄積されてきている。それらの研究成果の一覧に関しては、平成十年（一九九八）までについては、三鬼清一郎氏のまとめたものがあり、近年までのものについては、谷口克広氏作製の精緻な文献目録によって、研究動向の把握が可能になっている[1]。

これらによってみても、政権論や権力構造論に言及した研究は枚挙に遑ないが、最近では王権論や領域支配論が検討されている[2]。それらでは織田信長の政権構想や地域支配が問題にされており、従来の中世的な支配関係を中心とした政権構想や政策が問題の中心となっている。

一方で、この時期に急成長してきている商工業や交易・流通などの二次産業の権力的な掌握に関しては、先駆的な研究はいくつかみられるものの、楽市楽座令の評価をめぐるものを除いて、最近では本格的にとりあげたものは少ない。信長の実施した諸政策に関しても、津湊や港湾地域の掌握や、それとの関連で流通機構の構築や支配についてまとめたものは少なく、さらに従来の研究でも、堺や伊勢大湊などの一部に関するもののみであって[3]、支配領域の拡大にともなって接収していった各地域の津湊の支配実態や、交易・流通問題などについての領国経済構造上での位置づけなどについて言及したものが少ないといった状況がある。

しかし、概説書ではあるが、池上裕子氏は近著の中で、「信長は伊勢湾・太平洋沿岸、瀬戸内海、日本海の三つの物流の大動脈の掌握を早くから視野に入れ動いたのである」と書かれている。(4) はたしてそこまでいえるのかどうか、小論ではその実態の検証を試みたいと思う。

一般論では、織田氏は尾張西部の津島の海浜地域を基盤として領主化をとげ、信長の父信秀の代に、尾張・熱田からさらに内陸部に進出したが、まだ尾張さえ統一できていなかったといわれている。信長の代になっても津島・熱田との関係は濃密に保たれており、これらの海浜部の地侍や商人層の経済力が、初期の信長政権を支えていた点はすでに明らかにされている。(5) 具体的には後述するが、津島・熱田の支配実態が、その後の進攻地での主要な津湊支配の原型になっていたと思われる。

小論では、出発点となった尾張国内の代表的な津湊である津島・熱田の支配状況を改めて検討するとともに、信長の政権拡大にともなって支配が実現していった畿内周辺地域での津湊支配について、史料の許す範囲での検討を試みたいと思う。

一、信長以前の状況

信長は天文三年（一五三四）五月に尾張西部の津島に近い勝幡城で出生しており、祖父信定（信貞）の代に尾張守護代の清洲織田大和守家の三奉行の一人として、尾張西部の中島郡・海西郡・海東郡域を支配領域として領主化し、勢力を拡大させていったという。勝幡城を拠点としていたため、この系統を勝幡系織田氏という。

家祖とされる家信以下、信定に至る時期での発給文書はほとんどなく、その支配状況は具体的ではない。しかし大永四年（一五二四）には、すでに信定が津島を掌握していたといわれ[6]、小島広次氏が明らかにされているように、この時期には連歌師の『宗長手記』（大永六年条）や、山科言継の日記である『言継卿記』（天文二年条）などによって、その当時には津島が宿駅・津湊として殷賑を極めていた状況が紹介されている[7]。

その子信秀に代替わりした時期については、明確な記録はみられないが、天文元年には、信秀が主家の大和守達勝らと戦い和睦しており、信秀単独の発給文書も、翌二年十二月からみられるので[8]、遅くともこの頃までには家督を継承していたと思われる。

天文四年には、尾張東部に進出してきた三河の松平清康が、守山城（名古屋市守山区）で家臣に謀殺されるといった事件（守山崩れ）もあり、この頃から尾張国内は戦国争乱の状態となり、何家かに分かれていた織田氏一族内でも分裂抗争が加速していった。

そうした状況の中で、信秀は、天文七年に尾張東部愛知郡の那古野城から城主の那古野氏豊を追放し、那古野城に拠点を移して熱田地域に進出している。那古野城の奪取を同四年十一月頃として、「守山崩れ」と関連した動きとする見解もあるが、[9]同時期とするのは無理があると思われる。天文七年九月に那古野城下の天王坊の民部卿に相伝の坊跡や買得田畑を安堵した判物を与えている点などからみて、天文七年説の方がよいと思われる。[10]

信秀は同九年六月に、伊勢神宮の外宮の造営修復費の要請にも応じており、同十二年五月には、家老の平手政秀を派遣して、京都御所の築地修理料も寄進している。したがって、この頃までには守護代を越えるような存在になっていたと思われる。

さらに天文十一年には、九歳になった信長に宿老を添えて、接収した那古野城を与え、自らは古渡城を築いて移ったといわれている。この点に関しても、横山住雄氏はこれを同十五・十六年頃とし、古渡城の築城は十七年であったとする。しかし天文十二年二月には、守護代の大和守達勝が熱田の加藤図書助らの商人に商売安堵をした判物を与えており、信秀はその添状を同日付けで発給しているので、[11]これは那古野城掌握後の間もない時期とみる方がよいかと思われる。

天文十七年三月には、小豆坂の戦いで今川義元に属していた松平広忠を破り、西三河への攻勢を強めており、安祥城（愛知県安城市）がその拠点になっていた。なお、この小豆坂の戦いについては、天文十一年八月に第一次の戦いがあったとの説もある。

この安祥城の攻略に関しても、攻略年次には諸説があり、天文九年とするものが多いが、他に十三年・十四年説もある。しかし、関連して天文十七年との注記のある二通の信秀宛の北条氏康書状写があり、十七年説がよいと思われる。[12]そこでは信秀の三河への進攻打診に対して、氏康は駿河の今川義元とは和談中だが、まだ疑心暗鬼の状態なので、安祥城に引き続いて岡崎城を相押さえるよう伝えている。

これによれば信秀は、それまで断続的に継続していた美濃への進攻とともに、三河へも出兵するといった東西両面戦略を展開させており、同年十二月には清洲衆の離反を招くこととなった。これを契機として斎藤道三とは和睦することとし、翌十八年二月には、信長に道三の娘を正室として迎えている。しかし同年十一月には、安祥城が今川勢に奪還され、城主であった信長庶兄の信広が捕縛され、今川氏の三河への攻勢が強まってくる。

天文十九年に入ると、信秀の発給文書は十一月朔日付けの津島郷士の祖父江金法師宛の跡職安堵状を最後としてみられなくなり、代わって信長発給のものが十二月二十三日付けで、笠寺如法院座主宛に別当職を安堵したものから見られるようになる。(13)すでにこの時期に信秀は病床にあったと思われ、信長への実質的な代替わりが行われていた。

信長は天文二十一年三月、父の病死により家督を継承するが、それ以前の同十八年十一月に、熱田八ヶ村中宛てに「藤原信長」の署名で五ヶ条の制札を出していることはよく知られている。これによれば、織田氏がこの段階ではほぼ完全に熱田社およびその社領地域の村々を掌握していたことが明らかであり、東部愛知郡進出が急速に進展していた状況を示している。

さらに信長は、天文二十三年五月には、叔父の信光と謀って守護代の織田彦五郎を殺害し、尾張守護の斯波義銀を擁して清洲城に入城している。これによってそれまで尾張上四郡の守護代であった伊勢守系織田氏の岩倉城攻めが具体化し、永禄二年（一五五九）三月には攻略している。これによって尾張一国の統一が実現されたことになる。

ついで永禄四年四月には、守護斯波義銀らをも追放し、下村信博氏の指摘によれば、(14)信長の清洲進出によって劣勢となった西部の海部郡下の石橋忠義と服部左京亮は、守護の斯波義銀・三河の吉良氏らを巻き込んで反信長連合を結成したが、その家臣より情報がもれて三人ともに追放となり、これによって信長は室町幕府・守護体制下の伝統的勢力を一掃するとともに、残されていた海部郡域をも完全に手中にしたという。
以下、永禄三年五月の桶狭間合戦勝利後の経過や国外進出状況などについては、信長関連の詳細な年譜などによって明らかなので省略する。

二、津島・熱田の津湊支配

津島は津島牛頭天王社の門前町で、天王川によって伊勢湾の海上交通と連結しており、鎌倉末頃より津島衆と称する富裕層が水運を利用した商品流通によって経済力を持ち、その財力をもって在地で土地集積を進め、地侍化していた。彼らはその経営の拡大とともに被官人を雇用して武士化をはかり、津島社の下級社家（祢宜・御師）をも兼ねた地侍・商人集団として存在していた。

その津島衆については、神主氷室家をはじめとする社家衆とは別に、津島湊での交易活動によって財をなし、地域で地侍化していた「四家」（大橋・岡本・山川・恒川）、「七党」（堀田・平野・服部・鈴木・真野・光賀・河村）、「四姓」（宇都宮・宇佐美・開田・野々村）の十五家が知られている。

その各家の由緒は、『張州雑志』（巻六八・六九・七七・七九）に載せられており、中には平野・服部・堀田・真野氏のように、後には豊臣期に大名となっている者もいる。いずれも津島神社の下級社家を務め、早くから津島社の御師として諸国への旦那廻りや勧進活動を展開しており、地域の地侍・商人として津島湊を拠点に船運による交易活動を担っていた。

こうした津島衆とは別に、神主の氷室氏ほかの有力社家衆についても、同書には詳しい記録が載っている。とくに氷室氏に関しては、天文九年（一五四〇）十二月に、信秀より借銭・質物の破棄を保証するから帰宅するように督促されており、同日付けで「津島五ヶ村中」にも、氷室氏の借銭・質物を破棄するように要請している（『張州雑志』巻六八）。この時期の神主をはじめとする社家衆の指導力は低下しており、実権は社領の村々の年寄衆でもある津島衆が握っていた。

こうした状況は信長の代になっても変わらなかったようで、同二十二年十二月には、信長が津島社神主宛に同内容の判物を与えており、元亀二年（一五七一）十月にも、借銭に関して十ヶ年猶予の判物を与えている（同前）。神主氷室氏については、天正十八年（一五八二）段階の神主領は、神社領とは別に二百五十二貫文の本領と九十貫文の加増地があったというが[15]、それは豊臣期になって再編された後の状況であって、信長期には神官系の諸氏は衰微しており、かつて同族であった社領町方の商家諸家の経済力が神社経営でも主導権を握っていたと推定される。

前述したように、勝幡系織田氏は信長以前からこれら商家で地侍化していた津島衆や社家衆を従属させ、その一部を家臣団として組織化していった。これら地侍・商人の居所としては、信長の代には「津島五ヶ村」とあり、「津島年寄衆」とか「津島御宿老中」の表記がみられる文書もあり、それには印文「津島」とある黒印も用いられており、自治組織的な惣を形成していたといわれる。

これらの津島衆に支えられた「天王祭」は、水上船祭として盛況を極め、長年にわたる詳細な祭礼帳を残しており（『張州雑志』巻七四）、この時期には頻発した洪水などによって中止することが多かったという[16]。

小島広次氏によると、こうした津島衆の多くは信長の代になると、明らかに織田家家臣として組織化されており、地域武士集団として軍役をも務めている。また、その一部は信長の戦線拡大にともなって戦功をあげ、その恩賞として遠隔地で新知を与えられて津島を離れていった氏族も多く、さらにその一部は交易活動で成功して津島を離れていったといわれる。

以下、氷室氏に続いて『張州雑志』にみられる神官・社僧・商人について、信秀・信長期に限定して受給文書の概要をまとめて表示しておく。

	（年　月）	（差　出）	（宛　名）	（内　容）
1	大永4年5月	信秀判物	河村慶満	祢宜九郎大夫跡職安堵
2	天文7年6月	信秀判物	河村八郎	祢宜九郎大夫跡職安堵
3	天文11年5月	信秀判物	御輿虚空蔵坊	白山先達五ヶ村中進退
4	天文19年11月	信秀判物	祖父江金法師	祖父跡職安堵
5	天文22年5月	信長判物	九郎大夫	山本方借銭の代弁
6	天文23年11月	信長判物	祖父江五郎右衛門	俵船諸役免許
7	永禄8年12月	信長判物	天王右馬大夫	遠山への旦那出入りの保証
8	永禄4年5月	信長	河村久五郎	西美濃での軍忠により美濃で三千貫宛行
9	永禄9年11月	信長判物	服部小藤太	新規諸役外免許
10	元亀2年8月	信長朱印	祖父江五郎右衛門	新規宛行知行地の保証

11	元亀2年10月	信長朱印	真野善三郎	跡職一職進退安堵
12	天正2年4月	信忠	**天王嶋藤兵衛・其外衆中**	天王嶋大網外申し付け
13	(天正2年) 7月	信長判物	見越空音坊	虚空蔵坊譲状安堵
14	天正2年8月	信忠判物	津嶋三輿観音坊	虚空蔵坊譲状安堵
15	(天正3) 3月	信長判物	蓮台寺	道場堀外屋敷寺領裁許
16	天正3年3月	信忠判物	蓮台寺	道場堀外屋敷寺領裁許
17	天正4年11月	信忠判物	大隆寺・末寺	禁制
18	天正5年8月	信長朱印	祖父江五郎右衛門	知行方・家来・買得安堵
19	(年未詳) 3月	信忠判物	実相坊	造営筏川次諸役免許
20	(年未詳) 7月	信長判物	見越空音坊	虚空蔵坊譲状安堵
21	(年未詳) 9月	信長朱印	実相坊・神主・五ヶ村年寄中	造営勧進許状
22	(年月未詳) 22日	滝川一益	**大橋源七郎**	加勢鉄砲集め馳走

これらの社家や商家については、その由緒が混然としていて系譜的には一族関係や婚姻関係によって、この時期については明確な区別を付けがたいように思われる。ちなみに、前表の宛名を太字にした三例のみが『張州雑志』の編纂時には町衆の部に収録されているが、神官の部でも、例えば№８の河村氏の軍忠に対する知行宛行とか（要検討）、№11の真野氏に対する貸付財宝以下の保証など、神職を越えた活動をしていたものも多い。

とりわけ、No.4・6・10・18にみえる祖父江氏は、信秀・信長の代を通して蔵入地の代官も務めており、神楽方の社家である五郎右衛門秀重は、天文十八年十一月に、信秀より玉野ほか七ヶ所の代官職を申し付けられており[17]、天文二十三年十一月には、信長より「俵子船一艘の諸役免許」の判物を与えられている。これは津島湊での船を擁しての商品流通に関与していたことを示すものであり、この点は他の津島衆の場合でも確認されている。

津島衆のこの時点での活動範囲や交易内容を具体的に示すものはみられないが、桑名や知多半島の諸津湊との交易を示したものはいくつか確認されている。とりわけ、隣接する桑名との関係は強かったと思われ、十楽の津として早くから自由都市化して領主権の介入を許さず、地子・諸役・営業税も免除され、借銭・借米も破棄され、自由通行権も保証され、徳政も適用されない場であったという[18]。

強力な権力のいなかった桑名は例外的な事例とされているが、そうした桑名との日常的な交流の過程で、津島衆も同じような自由都市化を志向していたと思われる。しかし前述したように、早い段階での織田氏の権力的な介入によって、そうした動きは封じ込まれて被官化していったものが多い。

以下に、同じく『張州雑志』より、この時期の津島衆の動向と関わりのある記事を抽出しておく。津島には早くから馬津湊と船港があり、馬津の居森防堤の外には十二城という政所や地頭の居城もあり、津島の渡しによって、陸路は墨俣や萱津・熱田・鳴海に出られ、海路は長生（桑名市）を経て伊勢・京方面に出られた（巻六六）。社家は戦国期には毎家ともに沈淪し、豊臣秀吉の命により神官来歴の調査が行われた。

それによると、地士神民四家（大橋・岡本・恒川・山川）、七家（堀田・河村・真野・服部・平野・鈴木・光賀）が神事を司っていたが、それは本来の由緒ではないとして、以下に神主のほか二十九家の社人・社僧四坊・祠官寄人らの名を書き上げている（六八巻）。こうした調査は信長によってもなされていることが、永禄二年四月付けで堀田孫右衛門正定が、坂井右近宛に出している文書に「此度四家七名之者、筋目一ツ書上之旨、依仰渡承候」とあることによっても明らかである（七七巻）。

さらに四家・七党については、個別にその来歴を記述しており（七九巻）、天正十八年に四家・七党に連なる諸家は、秀吉によってすべて所領は没収され、地元に残った者は神職になったとあり、四家の祖は武家であり、七党の多くは他国の豪族の末裔であったとする。

四家の内の大橋家は布屋に城を構えていたというが、それ以上に当時の具体的な活動の記述はなく、とくに地侍・商人としての経営に関する具体的な記述はみられない。この点は他の諸家についても同様である。しかし、秀吉によって再編成される以前の津島衆については、その商業活動によって得た経済力を背景として、信長との関係を強めていった状況は確認できる。

次に熱田湊の場合であるが、津島とほぼ同じような状況であったことがわかる。織田氏が熱田へ の最初の発給文書は、天文八年三月の賀藤隼人宛の信秀判物であり、すでに豪商として成功していた西加藤家に、商売に関する諸役や徳政を免除している。

また、同十二年二月にも加藤氏は、信秀より先判安堵の判物を得ており、それには追加して「俵物質出入事」と「海陸共往反不有煩者也」とあって（以上、西加藤家文書）、加藤氏が早くから広域にわたる商業活動を展開していた状況を保証している。これら二通には、同内容の守護代の大和守達勝判物も残っており、那古野城へ進出した当初は、信秀が達勝に代わって実務の担当者となっていたことが明らかである。

この熱田加藤氏については、早くから注目されており、関説したものは多いが、それらを総括したものとして下村信博氏の論文がある。(19) それによれば、加藤氏と熱田との関係が確認できるのは、信秀・信長の代であり、具体的には、後に二家に分かれた順光（東加藤）・延隆（西加藤）兄弟の父である景繁の時からであるという。

この加藤氏は、美濃岩村城の加藤一族の分かれとして、熱田への新規参入者であった。それが三代の間に熱田を代表するような豪商に急成長した背景として、伝統的な熱田社の門前町という性格に加えて、この時期に進展した東海道の宿場としての開発や、熱田湊での流通・交易に関与して財をなしたという。

両加藤家ともに、居住地である熱田南部での宿の開発や、寺院建立などについての説明は省略するが、流通・交易に関わるものとして、東加藤家については「東の入海は、信長公の時代熱田の十人加藤図書介順正（盛）に仰せて新田に築しめたり」との記録を紹介している点が注目される。西加藤家の屋敷地のあった大瀬子は津湊であり、前述したような海運業務への保証を信長より受けている。

天文十一年に信秀が那古野城を信長に譲って古渡城に移ったのは、熱田の掌握のためであったという。前述した西加藤氏宛の信秀判物などがそれを証明している。下村氏は、信秀の代にこうした内容の買得地への諸役免除・徳政適用の免除・關所適用の免除のほか、さらに加藤氏の経営の拡大にともなって「俵物質出入・国中之札馬通交・海陸往反」の保証が追加され、同時に出されていた守護代達勝判物の存在によって、現存はしていないが、同時期に同内容のものが東西加藤氏にも出されていたと推定されている。

以上のような前提があって、信長の代に引き継がれたわけであるが、新たに加わった権利保証のみを摘記しておくと、（天文十九年）四月の加藤左助（元隆）宛信長判物では「大瀬子余五郎跡職座」を安堵し（『信長文書』二号）、天文二十一年十二月の西加藤の全朔父子宛の判物では、「国役・質物」免除の安堵が追加されている（同前八号）。加藤氏のこうした特権は、この地域の支配を担当していた末盛城主である信長弟の信勝（信行）によっても二重に保証されていた（『張州雑志』巻五八）。

その後も、加藤氏の熱田での土地集積と既得権益の保証を示す信長文書はいくつか確認されており（弘治四年正月・永禄六年十一月）、本能寺の変後には、豊臣・徳川政権下で町行政にも関与していたことが明らかにされている。また、熱田では加藤氏以外にも、信長が熱田社の座主坊や亀井覚阿弥宛に同様な既得権の保証をしているものもみられる（『信長文書』一九・四四号）。ただ残念なことに、両加藤家については、その出発点が商人であったにもかかわらず、地主としての土地集積に関するもののみで、津湊での交易や流通に関与していた商業活動の具体的な経営内容を示すような史料は皆無である。唯一それに関するものは、織田氏による質物規定と、永禄十三年（一五七〇）三月十六日付けの「精銭追加条々」であり、これが加藤家文書の中に残っていたことによっても、その商業活動の一端が推定される[20]。

以上のように、初期の織田氏が那古野進出後にこうした熱田の商人層の経営を保証した上で、権力的な再編成によって領国の戦費や経済的基盤を確立させていった状況を知ることができる。

ついで伊勢湾東岸の知多半島の津湊であるが、この地域には伊勢神宮の御厨が多くあり、早くからその輸送のための海運や交易活動が盛んであったことが指摘されている。

この問題に関しては綿貫友子氏の先行研究があり[21]、その経過と状況が報告されている。戦国期の動向に限定してその状況をみておくと、まず古代から広域にわたって搬出されている瀬戸・常滑・渥美などの焼物の販路が問題である

伊勢湾岸図（綿貫友子「尾張・参河と中世海運」の所収図を参考に作成）

という。さらに、この時期の紀行文などによって小廻船による日常的な海路が開かれていたとし、尾張での大野・常滑・野間・亀崎・成岩・緒川・刈谷・大高・篠島、三河での大浜・鷲塚・佐久島・今橋などの湊を上げている。

綿貫氏はさらに、伊勢大湊に残る永禄八年と天正二年の「船々取日記」を検討して、これらの湊から大湊に入湊した船の実態をまとめている。

織田氏と知多半島の関係は、尾張東部の緒川城と三河の刈谷城を拠点に領域支配を実現していた水野忠政が、天文十二年七月に死去した後、家督をついだ信元が、それまでの松平氏との連繋を解消して織田信秀と同盟したことに始まる。

しかしこれ以降、今川氏の西三河進攻が激しくなり、永禄三年五月の桶狭間の戦いで信長が勝利するまでは、不安定な領域支配を強いられることとなる。翌四年三月に清洲同盟が成立したことによって、ようやくこの地域は安定をみる。信元は信長の与力衆となり、一族が常滑に進出して織田氏との関係を強化していく。

信長は天文二十一年十月、守山の郷士である大森氏に、知多郡や篠嶋の商人が守山へ往来するに際しての国質・郷質・所質の免除を命じている（『信長文書』六号）。ついで永禄三年十二月には、大野の東竜寺に禁制を与えており（同前二八号）、さらに永禄六年十二月の瀬戸郷宛の禁制では、水野一族の所領と思われる瀬戸郷に対して、瀬戸物について諸郷商人の国中往還や「当郷出合之白俵物並塩合物以下出入」を保証している（同前四三号）。

また、天正二年六月五日付けの知多郡大野の佐治氏宛ての朱印状では、配下の商人に命じて遠江・高天神城への兵糧米を船送するよう命じており（同前四五三号）、その直後の七月の長島一揆攻めに際しても、知多半島の津湊に兵船の徴用が指令されている（『信長公記』巻七）。知多半島への進出も、この地域の津湊や流通組織を掌握していた商人や地侍の帰属によるものである。

三、堺と北伊勢の掌握

信長政権の津湊支配拡大の第二段階として、永禄十一年（一五六八）九月の上洛実現にともなう北伊勢や近江の掌握と、堺をはじめとする河内・和泉地域への進出が問題となる。

堺に関しては研究蓄積も多いし、別に検討したこともあるので省略するが[22]、元亀元年（一五七〇）には直轄領化が実現しており、政所・代官がおかれている。その後も本願寺をはじめとする敵対勢力への戦略上の基地になるとともに、国内物産の主要な流通拠点として、当時の一大商業都市に発展を遂げている。

伊勢への進攻は美濃と同じく早くから進められていたが、本格的な出兵は、永禄十年九月の滝川一益による北伊勢進攻である。木曽川・揖斐川を越えて員弁郡の一部に進出し、ついで翌十一年二月には、さらに南下して安濃津（津市）の長野氏を攻め、信長は弟の信包に長野氏を継承させるとともに、三男信孝を神戸具盛の養子として、北伊勢地域の掌握に成功している。

翌十二年八月には信長自身が出馬し、北畠国司父子の拠点である大河内城（松阪市）を北畠一族の木造氏の先導で攻略し、次男信雄を北畠氏の養子とした（『信長公記』巻二）。十月には大河内城に信雄が入り、安濃津に滝川一益、上野城（津市）に信包が配置された。この時、信長は伊勢国中の関所を撤廃し、自ら山田まで出張して伊勢神宮に参拝している（同前）。

その直前には、宇治の朝熊三村宛に三ヶ条の禁制を与えており（『信長文書』一九七号）、この段階で北伊勢地域の掌握をほぼ実現しており、南伊勢地域についても、後述するように天正元年頃には実質的支配が達成されていく。

これによって、まず北伊勢の桑名・四日市・安濃津などの港湾都市が支配下に入ったことになるが、いずれについても織田政権下での具体的な支配実態を示すような史料は残っていない。しかし、例えば交通の要地として早くから市場の発達していた四日市では、州浜の市浦が信長の進攻以前から、その後背地にあった伊勢神宮領からの貢納物の

積出港であったことや、近江今堀の四本商人らの中継基地になっていたことが確認されている。(23)

こうした状況は、織田政権下でも維持されていたものと思われる。ただし安濃津に関しては、明応七年（一四九八）の大地震と津波によって湊が壊滅的な被害を受けたため、従前のような機能は縮小されたというが、それでも天文末年の伊勢・大湊の記録には、「津之廻船中」や「津衆」・「津の網中」と見えるものがあり、大湊との物流は従前どおりに続けられていたようである。(24)

滝川一益に代わって安濃津に入った織田信包は、元亀二年二月に「津三郷」宛に諸公事を十三ヶ年免除しており（伊藤純太郎氏所蔵文書）、この時期には、この地域の掌握が進展していたことを示している。そうした背景もあって、天正二年七月の長島の一向一揆攻めに際しては、知多半島の津湊や熱田・桑名などとともに、安濃津からも兵船が徴用されている（『信長公記』巻七）。また、天正五年の伊勢外宮の遷宮に際しては、安濃津の津衆から各種の貢納物資が調進されている（「天正九年御遷宮日次」）。

ついで桑名の場合であるが、前述したように、津島とは木曽川・揖斐川を隔てた対岸に位置しているところから、権力とは無関係に日常的な交流のあったことが想定される。

前述したように、桑名は早くから禁裏御料所であった益田荘の津湊として「十楽の津」と称するような自由都市として栄えていたことが知られている。ここも安濃津と同じく近江商人の物流拠点になっており、木曽川などの河川交通によって、美濃や尾張の内陸部との流通のほか、陸路でも若狭方面と連絡しており、伊勢神宮との関係でも物資搬送の拠点になっていたという。(25)

とくに、遷宮の用材となる材木が木曽地域から搬出されるようになってからは緊密となり、信長期にも山田・大湊との物流を示す記録が多く確認されている（伊勢・大湊文書）。また、伊勢・三河湾岸地域から船で運ばれてきた海産物や農産物が桑名に運ばれ、それが伊勢道から京都・奈良・安土方面に送られていたともいう。

しかし、織田政権下での桑名支配に関わるような史料は皆無であり、桑名がこの時期でも「十楽の津」と称した時期の様態を維持していたかは疑問が残る。永禄元年十月の今堀得珍保内の商人中の書上によると、「桑名ハ既ニ上儀をさえ不致承引、被加御退治津にて候」とあるように（「今堀日吉神社文書」二二五号）、かつての自由都市的性格は後退していたようである。とりわけ長島の一揆勢力が一掃された天正二年以降については、桑名についても織田政権下での権力的な再編成が、実態は不明ながら一定度進行したものと推定される。

四、伊勢大湊と越前湊の掌握

第三段階として、天正元年（一五七三）七月の足利義昭追放後における南伊勢・志摩地方の掌握と、日本海側での若狭・越前への進出が問題となる。南伊勢の山田と大湊とが、伊勢神宮への諸国からの貢納物の集積地であったことはよく知られているが、とりわけ大湊に関しては、この時期の信長政権との関係や東国地域との遠隔地交易を示す関連文書がよく残っていることから、先行研究も多くみられる(26)。

大湊は宮川・勢田川・五十鈴川の河口にある小島上の湊であったといい、現状での景観とは大きく異なっているが、早くから伊勢神宮との関係で発展し、南北朝期には造船の発達もみられ、永享年間（十五世紀前半）頃から廻船衆や問屋衆によって都市の自治を担う年寄制が成立していた。彼らは東国への遠隔地廻船も担当しており、「大湊被官中」として伊勢国司北畠氏の支配下にあったという。[27]

小島広次氏によれば、大湊と信長との関係が生じたのは、元亀元年（一五七〇）正月が初見であるという。滝川一益の大湊中・浜七郷宛書状がそれであり、大河内城を接収した直後に「馳走」を要請したものである（「大湊古文書」22号）。より直接的な関係は、天正元年九月の信長による長島一揆攻めからとして、同年十月十九日付けの大湊会合衆宛の北畠具豊（織田信雄）の家老鳥屋尾満栄書状によるという。[28]

これには船材木板を用意して、志摩からの答志船の荷物とともに桑名の陣所へ届けるようにとある。しかし「大湊古文書」の中には、それより一月前の九月二十日付けの大湊中宛の北畠具豊書状があり（「大湊古文書」3号）、それには信長朱印状によって桑名まで船を届けるように、「本所（北畠具房）」よりも催促させるとある。

これとは別に、同日付けで塙直政が大湊惣中に宛てた書状には、「当湊へ伊豆之大船着岸由候」につき、検分のため津田一安を派遣するとし、あわせて日根野弘就が送ってきた足弱と船については、曲事なので船主共に成敗するので逃さぬようにと指令している（同前4号）。

これらによれば、長島一揆攻めに関連して大湊への織田政権による介入が強行されており、大湊側では北畠氏時代の先例や、老若・会合衆を中心とした自治都市的な結束によって、桑名陣への就航要請を拒否し続けている。その経過を示す一連の鳥屋尾満栄や北畠家奉行人の書状が、「大湊古文書」の中に残されている。その結末がどうなったかを示す文書はみられないが、信長は十月二十六日には岐阜に帰陣しているので（『信長公記』巻六）、大湊側の言い分が通ったようである。

この件とは別に、ほぼ同時期に今川氏真所蔵の茶道具を大湊衆の角屋七郎次郎が預っていた件で、天正元年十月二十四日付けで、信長が大湊廻船中に宛てた書状があり（同前10号）、塙直政の添状もあって（同前11号）、その探索のため関東まで大船を出すよう命じている。

その返答として大湊老分から織田氏奉行人に宛てた弁明状もあり（同前13号）、角屋の単独の取扱いであって大湊は関知していないという。氏真の茶道具を預かったという角屋七郎次郎元秀は、その由緒書によれば、五代前の先祖が信濃国松本より伊勢に移り、伊勢御師との関係から山田に土着し、柴を船で諸国に運送して財をなし、後に大湊へ移って主に駿河・三河方面への廻船事業によって急成長してきた商人である。しかし、大湊の年寄衆中には入っておらず、東国との独自の廻船事業を展開しており、天正三年四月の後北条氏の朱印状ほかを残している。[29]

しかし、『南紀徳川史』に収録されている「角屋文書」の中には、織田氏関係のものは皆無であり、後北条氏の三点の朱印状をのぞけば、すべて天正十年以降に関係を強めた徳川氏関係のものばかりである。

小島広次氏は、この両件に関しての大湊の対応を、従来からの公界・楽の地であるという立場から、廻船業者の通交自由権や問屋営業の自由権を主張して信長に抵抗したものであって、この段階では大湊の自立性は保たれており、信長の支配下に入るのは、天正三年四月か、遅くとも同四年十一月であるという。[30]

そして、その根拠を大湊の特権を保証していた北畠氏の滅亡に求めている。しかし、先の両件に関与した北畠具房奉行人の連署状がいくつか残っているが（同前6～8・12号）、それらにはすでに北畠氏側の主体性はみられず、織田方の代弁をしているにすぎない内容である。したがって、織田政権が大湊を中心とする南伊勢を掌握したのは、天正元年九月の長島の一向一揆攻めへの出船要請のあった時期頃からとみてよいかと思う。

とはいえ織田氏の支配下となって、大湊が長年にわたって培ってきた組織や自由都市としての諸特権が剥奪ないし制限されたか否かは難しい問題である。この点については、天正二年八月の「船々取日記」（同前36号）に、「大湊公界（花押印）」と署名・押印された文書の存在が認められ、基本的には従来の町方組織や営業形態は変わらず、自由都市的体制を維持し続けたとの見方が一般的である。(31)

その後の関連史料をすべて検討した上でなければ断定的なことはいえないが、小島広次氏が問題にしている年未詳五月の大湊老分中宛の沢井吉長書状（同前24号）は注目される。沢井は織田信雄の傳役から重臣となり、伊勢の行政担当者になったもので、それには「当月之番衆うつみ（内海）よりこし候」につき、落船を大湊老分衆が預かっていて渡さず、内海と訴訟になっており、「公事之儀ハ従此方相さはき可申候」とあって、他所との係争に関しては裁判権を行使している。

この他、同じく年未詳ながらこの時期のものとして、大湊中・浜七郷中や大湊七ヶ村老分衆中宛の滝川一益書状が数通残っており（同前22・26・27号）、体制的には織田氏の支配下に属していく。

大湊が注目される点は、すでに鎌倉末期に東国向けの廻船が始められていたことである。当初は伊勢神宮の御厨からの年貢や貢納物の輸送であったが、地方での大名領国制の進展にともなって交易を目的とする廻船業に発展し、伊勢湾内諸湊から大湊に運ばれた物資が「関東渡海神船」によって東国へ送られていたことによって、大湊の廻船業者の商人的自立が実現していったことである。

永原慶二氏はこうした大湊発展の要因を、伊勢湾を囲む生産地からの諸物資の集散地、東西交易廻船の拠点・兵糧供給の基地・大型船建造の基地とまとめている。(32)このうち東西交易廻船の拠点とする点に関しては、信長制圧以前での後北条氏の廻船に関する印判状が、「大湊古文書」（「大湊」２号）や「角屋文書」の中に数通残っていることでも明瞭であり、「大湊古文書」の中には、より具体的な着船状況を記した帳簿類が何冊か残されている。

伊勢大湊の掌握によって、それに連なる鳥羽・志摩半島の島嶼部を含めた津湊にも支配が及んだ。永禄十二年九月の信長による北畠氏の大河内城攻めに便乗する形で志摩半島に復帰した九鬼嘉隆は、その後、年代は確定されていないが、安濃津城主となった滝川一益の取次によって信長に帰属したという（「勢州軍記」）。

志摩半島を統一した九鬼氏は志摩衆を水軍として動員し、天正元年十月には長島の一向一揆攻めのために、桑名表に大湊衆より出した二艘のうちの一艘を九鬼氏に預けるとあり（「太田家古文書」二〇五号、県史資料編中世１）、さらに翌二年七月の長島一揆殲滅戦では、「あたけ舟」を用意して参戦している。[33]

九鬼氏は、鳥羽城（鳥羽市）と一体化した泊浦が拠点であり、その後における織田水軍の主力として、毛利氏の村上水軍に対抗していく状況については、他にも記述したものが多いので省略する。

以上のように天正元年頃までに、信長の支配領域になった尾張・美濃・伊勢について、藤田達生氏は「環伊勢海政権」と規定しており、[34]その政策の特徴として伊勢湾をとりまく流通支配に重きをおき、この地域の主要港湾都市を掌握したことによって、そこから得られた銭貨をもって領国内交通路の整備や戦費に充てたとする。さらに信長が東国と西国の境目の環伊勢海を政権基盤とした点は、近世へとつなげる意味でも注目されるという。

次に、大湊とほぼ同時期に織田氏の支配下に置かれることとなった越前・若狭の津湊の状況をみておきたい。この地域での海運に関しても永原慶二氏が言及したものがあり、[35]敦賀・小浜は畿内市場への日本海側の門戸として枢要な立地条件を保持し、河川による内陸輸送と中国大陸に及ぶ海運との結節点として発展していたという。

若狭では若狭武田氏の支配が、永禄十一年（一五六八）の越前朝倉氏の進攻によって終息し、元亀元年四月には、信長による朝倉氏攻めとなった。その前哨戦として若狭に進攻し、地元に残った武田氏旧臣の粟屋・内藤氏らを帰属させて若狭を掌握した。その際には京都西郊の豪族である革島氏に命じて、越前諸浦の賊船成敗の忠節を賞している（『信長文書』二二五号）。

これによって、若狭湾の小浜・高浜湊などが支配下に入ったことになるが、それを示す直接的な文書はなく、本格的な関与を示すものは、天正元年八月の朝倉氏滅亡後のものとなる。その朝倉氏攻めに際しても、若狭衆が先陣を務め、ついで天正三年八月の越前一向一揆討滅戦でも、帰属した若狭の津湊から動員された兵船が海上から越前に攻め込んでいる（『信長公記』巻六）。

若狭は丹羽長秀の領国となり、単独での発給文書が見られるようになる。その中で天正二年閏十一月、遠敷郡の金屋中宛の金屋職安堵状（福井・芝田家文書）や、天正七年四月の丹生浦百姓中宛の判物には、「当浦山海傍爾之事」についての争論で、今後何方より傍示を立てたとしても承認しないと、旧来の浦方の権限を保証している（『信長文書』八二二号参考文書）。ここからは、職人や浦湊にも実際的な支配が及んでいたことが確認される。

越前に関しては、敦賀・三国湊という早くから日本海流通の拠点となっていた良港があり、信長も進攻以来、特別な関心を抱いている。敦賀では川船座の道川氏などの廻船商人のほか、豊臣期に急成長してくる廻船商人の高嶋屋伝右衛門の存在が知られている。

三国湊では、天正元年八月、朝倉氏の下で北庄の諸座を統轄していた橘氏の権利を保証し（同前三八八号）、翌二年正月には改めて三国湊・一乗谷・端郷の唐人座・軽物座を橘氏に安堵し、往還商人らからの役銭徴収を命じており（同前四三九号）、翌四年十一月には、柴田勝家が三国湊と端郷の商人中に橘氏への役銭納入を命じている（同前六七四号）。

三国湊の廻船問屋商人の森田氏には、天正三年八月に忠節をつくしたので、改めて朱印を遣わして、従来の特権を安堵しており（同前五三二号）、それに先立つ七月の柴田勝家の森田氏宛書状によると（同前参考文書）、一向一揆攻めの対策のために、三国湊へ出入りの越後・越中・能登方面からの舟を留め置くよう指令している。

さらに翌五年七月には、信長から上杉謙信が一旦七尾城に退去したとの情報注進への感謝状も受けている（『越前若狭古文書選』森田文書）。これらによって新たに領国化の実現した若狭・越前においても、主要な津湊は主導的な商人を把握することによって差配しており、いち早く織田政権に帰属した豪商らは既得権を保証され、役銭の徴収などの各種の奉仕を義務づけられている。

五、大阪湾岸域での制海権について

最終段階となるが、永禄十二年（一五六九）に摂津を制圧した後の大阪湾岸地域への織田政権の進出状況では、まず和田惟政が摂津三奉行の一人として兵庫の代官となったといわれる(36)。それを証す豪商の棰井一族宛への徳政や課役免除の幕府証文もあり、兵庫が一時的にせよ幕府の直轄地であったことになる(37)。

しかし、翌元亀元年（一五七〇）には三好三人衆らの反攻によって和田氏は撤退しており、その対応として信長は播磨三木城の別所氏や、摂津で台頭してきた荒木村重らに支援を要請するが、成果は上がらなかったようである。その背景には摂津国内での国衆同志の対立抗争や、石山本願寺の信長に対する決起要請があった。

天正元年（一五七三）七月の幕府滅亡によって、信長は荒木村重に摂津の一職支配を認め、伊丹城を有岡城と改めてその城主とした。この後、摂津は荒木氏の支配となるが、石山本願寺や地域の一揆衆の勢力は温存されたままであり、不安定な状況が続いていた。天正四年になると信長と本願寺との対決が再燃し、加えて同年二月には備後鞆津へ入った足利義昭による毛利氏や本願寺・上杉謙信らへの働きかけもあって、本願寺は毛利氏と同盟して信長と対決することになる。

信長は同年五月に本願寺を包囲するが、その直後の六月十八日に荒木村重に宛てた書状は詳細な内容であり、この合戦への海からの対応が詳細に明記されている。(38) しかし、七月十三日の第一次木津川口の戦いでは毛利水軍に敗れ、本願寺に対する包囲戦は失敗する。翌五年十月、信長は羽柴秀吉に中国遠征を命じ、秀吉は姫路城に入る。これによって毛利氏との対決が本格的となり、播磨・西摂津が主戦場になっていく。

翌六年二月、三木城の別所長治が信長に造反し、十月には荒木村重までが謀反を起こし、兵庫津に近い花熊城には村重の一族の荒木元清を入れている。十一月初めには木津川口で第二次の海戦があり、今度は九鬼水軍の活躍で毛利水軍を撃退している。有岡城攻めのために信長自身も出陣し、十一月末には滝川一益らが花熊城を攻めて兵庫津も焼き討ちしている（以上『信長公記』）。第二次木津川口海戦に勝利したことによって、その後の本願寺や毛利氏との対戦を有利に展開させることになる。

しかし、まだ兵庫津や淡路島の津湊の支配が回復していたとは思われず、大阪湾岸地域での主要な津湊の支配に関しては、天正八年閏三月の本願寺の石山退去を待たねばならない。したがって、この時期での大阪湾岸地域での津湊支配に直接的に関わるような文書も残存しておらず、わずかに天正五年三月、塩飽船の堺への往復を認める朱印状（『信長文書』七〇四号）と、同年五月に紀州の雑賀攻めを行った際に、いち早く味方となった宮郷ほか「三組惣中」に宛てた戦功褒状（同前七一三号）がみられるにすぎない。

兵庫津であるが、三好氏の全盛時代には、堺津とともに本国阿波から畿内進出への拠点になっていた。その後の三好氏の内紛で不安定な状況になっていたが、天正七年十一月の有岡城開城により、織田氏の支配が回復している。

その直前の六月末には、内陸部の「淡河市庭」（神戸市北区淡河町淡河）に、秀吉が与えた市場定書が注目される。(39)これは交通の要所である本陣の村上家に伝わったものというが、五ヶ条の制札であり、第二条に『楽市』とするので座役を免除するとあり、第五条には「旅籠銭」は旅人の注文に従えとある、特異なものである。兵庫津から三木方面への街道の宿場であり、ここの市場を楽市とするという政策の背景には、兵庫津の掌握もある程度実現していたと推定される。淡河には翌八年十月の秀吉制札も残されており、これにも「町人商売」の条項が入っている。

また、秀吉とその指揮下にあった仙石秀久・桑原貞也は、同七年十一月に、有馬郡道場河原の年寄中宛に百姓町人の還住を保証しており、(40)この前後には、この地域に与えた秀吉禁制もいくつか確認されている。これらの状況から、兵庫津に関しては、有岡城が開城した天正七年十月頃までには支配権を回復したものと思われる。なお、荒木氏退去後の摂津は、同八年八月に池田恒興父子に与えられた。

ついで淡路島の津湊支配であるが、三好一族の阿波への撤退とともに、安宅神五郎信康が、天正元年七月の足利義昭の京都退去とともに信長に帰属し、洲本・由良湊を拠点に淡路衆の水軍を率いて石山本願寺攻めや、毛利水軍との海戦で信長方として戦っている。

安宅信康は一族の三好康長・十河存保とともに、早い段階から信長の与力衆であるが、その後、反信長の動きもしているようで、まだ不安定な部分が多い。通説では天正九年九月頃に、秀吉が淡路を平定した後に阿波へ進出したとされていたが、この点に関して尾下成敏氏は、関連文書の年代比定を誤ったものであり、再考の余地が多いとする。(41)天正八年段階での淡路は、織田方と反織田方の勢力が併存しており、信長方としては安宅氏のほかに野口氏などの名があげられている。

本願寺が石山を退去した頃から、秀吉による淡路進出の動きがあったとし、翌九年十一月には池田元助とともに淡路の岩屋城を攻略したという。また、これ以前の淡路に関しては、織田方が淡路周辺の制海権を掌握していなかったとも指摘している。

これに対して天野忠幸氏は、秀吉の淡路進出を天正八年九月とする。(42)従来、天正九年とされていた一連の黒田孝高宛の秀吉の無年号の書状の年号を見直した結果である。

では、大阪湾の制海権は毛利水軍や本願寺ないし雑賀衆が掌握していたということであろうか。制海権とは何なのかの問題もあるが、前述してきたような、信長の入京後における堺や伊勢、さらには晩年期になって実現した隣接する兵庫や明石での津湊支配などの状況をみると、淡路のみが天正九年末に至ってやっと掌握できたとは思われない。

地域に残存する関連文書を網羅的に検討した上でないと断定はできないが、安宅氏の動向などから、もう少し早い段階での淡路進出を検討すべきかと思われる。淡路には江井・岩屋などの良湊があるにもかかわらず、海戦記事のほかには津湊支配に関わるような文書を残していないので難しい問題であるが、少なくとも権力側の政治的動向にかかわらず、民間での交易・流通関係は日常的に営まれていたであろうし、そうした状況への織田政権の関与がどの程度であったのかの検討が必要になってくる。

まとめとして

以上、織田政権の領国拡大にともなっての海浜地域支配の拠点となった主要な津湊について、その掌握の経過と支配の実態を検討してきたが、尾張統一過程で領国化した津島と熱田の有力商人層が担っていた流通組織や経済力が政権の軍事的・財政的な基盤となっていたことは、具体的な数字で示すことはできないまでも承認できるかと思う。

その統治方針は、前代までに当事者が構築していた組織を安堵する代償として、御用商人化を進め、新たに一定の賦課を課すとともに、必要物資の調達や情報収集などの使役に徴用している。

つまり、地域支配を実現していた領主層を制圧することによって、彼らが保有していた権限の一部保証と同時に、その領域全般にわたる支配権限を剥奪しており、とりわけ織田政権の権力基盤の強化に繋がるような経済的な権限を剥奪している。

その典型的な事例が、検討を重ねてきた主要な津湊支配にみられると思われる。直轄領化した事例は、堺のほかには確認できないが、他の接収した津湊では、地域に根差して指導層となっていた地侍や豪商の個別的な直接把握によって、地域支配も実現していった。彼らが構築してきた前代からの経営や権利を当初はまず保証し、体制内への取り込みが終わった後に、順次、保証内容の改変や新規の役を設定することなどによって再編成を進めていったのである。

註

（1）①『織田・豊臣政権　研究文献目録』（名古屋大学文学部、一九九九年）、②『信長関係文献目録』（岐阜市歴史博物館、二〇一一年）。
（2）①堀新『織豊期王権論』（校倉書房、二〇一一年）、②戦国史研究会編『織田権力の領域支配』（岩田書院、二〇一一年）。
（3）代表的なものは、①豊田武『堺』（至文堂、一九五七年）、②朝尾直弘「戦国期の堺代官」（『赤松俊秀教授退官記念国史論集』一九七二年）、③小島広次「伊勢大湊と織田政権」（『日本歴史』三七二号、一九七九年）。
（4）池上裕子『織田信長』（人物叢書、吉川弘文館、二〇一二年）の二三三頁。
（5）①小島広次「勝幡系織田氏と津島衆―織田政権の性格をさぐるために―」（『名古屋大学日本史論集』下巻、吉川弘文館、一九七五年）、②下村信博「勝幡系織田氏と尾張武士―愛知郡戸部の水野氏の事例―」（三鬼清一郎編『織豊期の政治構造』所収、吉川弘文館、二〇〇〇年）、③同「勝幡系織田氏と尾張武士―海東郡松葉荘安井将監家三代―」（『年報中世史研究』二八号、二〇〇三年）、④同「尾張国海東・海西郡と勝幡系織田氏」（『名古屋市博物館研究紀要』二八巻、二〇〇五年）。
（6）『張州雑志』（巻七七）収録の大永四年五月三日付けの河村九郎大夫宛の織田信定判物写（『愛知県史』資料編10、収録の九八八号文書）。以下、『張州雑志』については、『津島叢書　張州雑志抄』（津嶋神社社務所、一九三二年）を使用し、その表記は『張州雑志』（巻〇〇）とする。
（7）註（5）の①。
（8）『愛知県史』資料編10、中世3（愛知県、二〇〇九年）の一一七〇号文書。以下、同書収録史料は『県史』10の〇〇号と表記する。
（9）横山住雄『織田信長の系譜―信秀の生涯を追って―』（濃尾歴史文化研究所、二〇〇八年）。
（10）『県史』10の一三二八号文書。
（11）『県史』10の一四六七・一四六八号。
（12）『小田原市史』史料編・中世二（小田原市、一九九一年）の二四一・二四二号文書。
（13）『県史』10の一七五四・一七七三号。

（14）註（5）の④。
（15）註（6）の巻六八。
（16）註（5）の①のほか、小島広次「津島とお天王さま」（網野善彦ほか編『海と列島文化』第八巻、小学館、一九九二年）。
（17）『県史』10の一七一三号文書。
（18）①網野善彦「中世の桑名について」（『名古屋大学文学部研究論集』史学25、一九七八年）、②同『日本中世都市の世界』（筑摩書房、一九九六年）。
（19）「戦国・織豊期尾張熱田加藤氏研究序説」（『名古屋市博物館研究紀要』一四巻、一九九一年）。
（20）「熱田町旧記」収録の本文書については、下村信博「『熱田町旧記』所収の信長文書について―永禄13年尾張熱田宛撰銭令―」（『名古屋市博物館研究紀要』一八巻、一九九四年）で全文紹介と検討がされている。
（21）「戦国期東国の太平洋海運」（同『中世東国の太平洋海運』東京大学出版会、一九九八年に収録）。
（22）「織田政権下の堺と今井宗久」（『信濃』六五巻八号、二〇一三年。本書第Ⅰ部第四章）。
（23）『今堀日吉神社文書』（日吉文書刊行会、一九七五年）の一四三・二一一号文書。
（24）伊藤裕偉『中世伊勢湾岸の湊津と地域構造』（岩田書院、二〇〇七年）。
（25）註（24）と同じ。
（26）①中田四朗「室町末期の大湊―大湊会所文書を中心として―」（『地方史研究』六二号、一九六三年）、②小島広次「伊勢大湊と織田政権」（『日本歴史』三七二号、一九七九年、後に『戦国大名論集17　織田政権の研究』吉川弘文館、一九八五年に再録）、③永原慶二「伊勢・紀伊の海賊商人と戦国大名」（『知多半島の歴史と現在』四号、校倉書房、一九九二年）、④同前「伊勢商人と永楽銭基準通貨圏」（同前五号、校倉書房、一九九三年）。
（27）註（26）の②。
（28）『三重県史』資料編中世2（三重県、二〇〇五年）の「大湊古文書」九号。以下、「大湊古文書」については、「大湊」〇〇号と略記する。

(29)「角屋由緒書」（『南紀徳川史』第七冊、同書刊行会、一九三一年）。
(30)註(26)の②。
(31)網野善彦『増補　無縁・公界・楽』（平凡社、一九八七年）。
(32)註(26)の③。
(33)小川雄「織田政権の海上軍事と九鬼嘉隆」（『海事史研究』六九号、二〇一二年）。
(34)「織田政権と尾張―環伊勢海政権の誕生―」（『織豊期研究』創刊号、一九九九年）。
(35)「戦国織豊期日本海海運の構造」（『知多半島の歴史と現在』八号、一九九七年）。
(36)『新修神戸市史』歴史編Ⅲ近世（兵庫県、一九九二年）。
(37)『兵庫県史』史料編中世一（一九八三年）収録の「棰井文書」四号文書。他に天正八年八月の正直屋安右衛門尉宛の秀吉判物（同前八号）でも徳政免除がみられる。
(38)奥野高広編『信長文書』七六七号。奥野氏はこれを天正六年としているが、内容から天正四年が妥当である。
(39)『新修神戸市史』歴史編Ⅱ中世（兵庫県、二〇一〇年）。
(40)『兵庫県史』史料編中世一（一九八三年）収録の「道場河原町文書」一～三号文書。
(41)「羽柴秀吉勢の淡路・阿波出兵」（『ヒストリア』二一四号、二〇〇九年）。
(42)「織田・羽柴氏の四国進出と三好氏」（『四国と戦国世界』岩田書院、二〇一三年）。

第Ⅱ部

織田政権の地域支配

第一章　柴田勝家発給文書と地域支配

はじめに

織田信長の家臣である柴田勝家の略歴については、谷口克広氏の『織田信長家臣人名辞典』がもっとも詳細である(1)。それによれば、勝家は大永二年（一五二二）に尾張国愛知郡上社村（名古屋市名東区）の生まれで、父祖はすでに地域の土豪として織田氏の家臣となっており、信長の父信秀の代には、勝家は信秀次男の勘十郎信勝付の家老に任ぜられていたという。天文二十一年（一五五二）三月の信秀没後における信長と清洲織田氏との抗争である萱津の戦い（あま市上萱津）では、勝家は信勝に従って参戦しており、坂井甚介を討取ったという。さらに信勝が信長に対抗するに及んで、弘治二年（一五五六）八月には、林秀貞らと共に信勝を擁立して、信長と対戦して敗れている（稲生の戦い）。これを機として信長に接近し、永禄元年（一五五八）十一月には、信長に与して信勝の謀殺に加担している。

信長の家臣としての初見文書は、永禄八年と推定される七月十五日付の尾張国寂光院宛の丹羽長秀・佐々主知との連署書状である(2)。これに関しては後述するが、すでに修理進と称しており、丹羽長秀・佐々主知と連署で寺領安堵をしているから、尾張における信長の奉行の一人であったとされる。この後、合戦への出陣記事は別として、勝家の動向を示すものはみられなくなるが、永禄十一年九月の信長上洛後からは、『信長公記』をはじめとする記録や、文書にもその名が多見するようになり、その動向が明らかとなる。以下、その後の主な点を、前述した谷口氏の『家臣辞典』によって、略年譜的に列記しておく。

永禄十一年　九月二十九日、森可成らと共に、三好方の石成友通の勝竜寺城（長岡京市）を攻略。
同十二年　二月十一日、佐久間信盛らと共に、堺接収の上使役を務める。四月半ばより京畿支配奉行を明智光秀らと交替する。
元亀元年　五月、近江・長光寺城主（近江八幡市）となり、信長から蒲生郡内で知行と与力衆を与えられる。六月の姉川合戦に参戦後、九月、叡山で朝倉・浅井勢と対陣。十二月に和睦し、勝家嫡男を人質に渡す。
同二年　五月、伊勢長島に出陣、殿軍を務め負傷。
同三年　四月、松永久秀による河内交野城（大阪府交野市）攻めに際して、救援のため佐久間信盛と共に出陣。
天正元年　三月二十九日、信長に従って入京。四月三日に上京を焼き、下京より礼銭を受ける。七月十八日、槇島城に足利義昭を攻めて追放し、ついで八月、越前朝倉氏攻めに従軍。同月二十日、朝倉氏滅亡。
天正二年　正月十九日、越前守護代前波長俊、殺害される。三月九日、松永久秀の多聞山城接収後に、城番として入城。ついで正倉院での蘭者待切りの奉行を務める。七月、伊勢長島の一向一揆攻めに参陣。十一月、河内・高屋城攻めに参陣。
同三年　八月、信長の越前一向一揆攻めに参戦。九月、越前八郡と北庄城（福井市）が勝家に与えられ、府中・大野郡・敦賀郡は与力衆の他氏に与えられて、信長の越前支配が始まる。

同四年　三月三日、勝家、越前国中に掟書七ヶ条を発令。
同五年　八月、勝家を総大将として加賀に進攻し、九月二十三日、手取川合戦で上杉謙信に敗退する。
同七年　八月、勝家、加賀に進攻。
同八年　十一月、加賀の一向一揆を殲滅し、首魁の首を安土城に送る。
同九年　二月二十三日、勝家、一族の勝豊・勝政と共に上洛。馬揃えに参加。
同十年　三月、越中の神保長住を救援して、富山城を上杉方から奪還。六月三日、魚津城（魚津市）を攻略するも、本能寺の変により撤退する。六月二十七日、清洲会議に参加。十月十五日、羽柴秀吉が大徳寺で信長の葬儀を挙行。
同十一年　二月二十八日、北庄より先発隊が出陣。四月二十一日の賤ヶ岳合戦で秀吉に敗れ、北庄へ敗走。四月二四日、秀吉に北庄城を攻められて自害する。享年六十二歳。

以上、谷口克広氏の成果に従って、勝家の略歴を列記してきた。谷口氏は別に信長晩年期の家臣団を、連枝衆・部将・旗本・吏僚に区分しており、部将は譜代の中核家臣であって、勝家を部将クラスの代表としており、与力の部将も従えての北陸方面軍の司令官であったとする。(3)

従来の勝家研究では、天正三年（一五七五）九月の越前入国以後に成果が集中しており、それ以前の動向についてはほぼ皆無の状態である。それとは対照的に、勝家の越前入国後の領域支配に関しては、水藤真氏の論考を嚆矢として、(4)詳細は後述するように、『福井県史』（近世編）による概説をはじめ、最新の丸島和洋・長澤伸樹両氏の論考に(5)いたるまで、かなりの研究史がある。とりわけ、越前入国直後の天正三年九月に、信長が定めた「越前国掟」の理解に議論が集中しており、(6)その政策的な意図をめぐって、織田政権の歴史的評価論にまで発展している。

それらについての論評は、本文の中で言及したいと思うが、本章では、まずこれまで全貌のはっきりしていなかった勝家の発給文書について、その概要と特徴を整理し、併せてこれまで必ずしも明らかでなかった、越前入国以前の勝家の動向と位置づけを検討した上で、最後に越前支配の実態検討も行い、織田政権下での勝家の地域支配の位置づけと、その評価にも言及したいと思う。

一、柴田氏関係文書の検討

これまでに、柴田勝家およびその一族が発給した文書に関して、その全貌を検討したものはないようである。ややまとまったものとして、越前入国後については、前述した水藤真氏が、朝倉氏時代との対比で、勝家の越前での在地支配が進展していった状況を、その発給文書で検討している。(7)ついで松下浩氏の論考と、(8)前述した丸島和洋氏の論考がある。とりわけ長澤伸樹氏は、越前入国後の発給文書について、編年的整理を行い、五九点を表出している。(9)

松下氏は主に北庄商人頭の橘氏宛と、織田氏の氏神社とされる織田剣神社宛の文書を取り上げての検討であるが、その結論は、入国当初においては、信長の上意が強く反映されていたが、徐々に勝家の地域支配の自律性が確立されていったことが確認できるというものである。

丸島氏は、勝家発給文書の中での特徴的な内容のものと、印判使用のものとを取り上げ、それらに領域支配の独自性を読み取っている。これらは通説が、勝家の越前支配はあくまでも信長の上位権力下での委任統治にすぎないという見解への問題提起であり、その自律性を評価したものであって、織田政権の地域支配を考える上での論点の一つであることは確かである。この問題については後述するとして、ここではもう少し具体的な発給文書の全体像について検討しておきたい。

まず、勝家発給文書の現在の残存数であるが、他氏との連署のものと、柴田姓の一族の者や年未詳分も含めて一二七点が確認されているにすぎない[10]。その初見文書は、前述した年未詳の七月十五日付けの寂光院（愛知県犬山市）宛の丹羽長秀・佐々主知との連署状であって（「目録」1号）、これは写のみの伝存であるが、『信長文書』では本文書の前に、永禄八年（一五六五）九月日付けの信長判物による寺領安堵状写が収録されており[11]、その「添状写」との頭注が記されているから、これも同年のものとみてよいであろう。内容は同院領の一町五反の安堵である。この年七月には、信長が犬山城（犬山市）攻めを行っており、すでにこの時期には、勝家らが尾張での奉行人として行政の一担を分担していた点が確認される。

この後、数年の空白期間があり、発給文書が継続して確認出来るようになるのは、信長の入京後の永禄十一年（一五六八）からである。その初見は、永禄十一年十月一日付けの坂井政尚・森可成・蜂屋頼隆との連署制札であって（「目録」2号）、宛名は欠けているが、信長入京直後の摂津・河内方面の寺社宛のものであり、同年九月日に近江・京都市中に多く出されている信長朱印状による禁制に続くものであるが、それより一ヶ月後であることと、条文に「押買・押売・追立夫等之事」の一条があり、三好氏との対陣における最前線の場所宛のものであろう。次の「目録3号」も同様のものである。

戦時中のものなので発給者の職掌は明確ではないが、これに続く永禄十二年三月二日の連署状では、他に佐久間信盛ほか五名を加えた九名で、摂津の多田院宛に矢銭の免除を伝達している（「目録」4号）。これも戦時状況下での変則的な連署者構成であり、職制に基づいたものではないと思われる。それに続く同年四月一日付けの佐久間信盛ほか五名連署の堺両庄惣中宛の矢銭催促状も（「目録」5号）、同様の状況下のものである。この問題については、かつて別に検討したことがある。(12)しかし、戦時体制下のものとはいえ、これらの連署者が政権の中枢にいたことは確かであり、入京直後の政権初期の状況として注目される。

前述した谷口克広氏の『家臣辞典』によると、以上のような連署状署名者は京畿支配を担当する奉行であったとし、それが永禄十二年四月半ば頃より、明智光秀・木下秀吉・丹羽長秀・中川重政らに交替したとしているが、確かにこの時期には政務担当重臣として佐久間・柴田らの連署したものと、明智・木下らの連署したものとの両様が確認される。しかし、これらは京畿支配奉行といった職制によるものではなく、軍事に関わる政務担当重役としてのものと判断され、京畿支配奉行としては、永禄十二年三月二十八日付けで法金剛院宛に当知行安堵している村井貞勝・明智光秀連署状が初見としてみられるように、(13)この両名が京畿支配を任されたと思われる。

入京後の勝家単独署名文書の初見は、元亀二年（一五七一）三月十八日付けの、長命寺宛の判物であって、(14)それには冒頭に「当寺之儀、我等拝領之内候」とあって、元亀元年五月十二日に、近江で信長が六角氏・浅井氏や門徒衆との対抗経過の中で、勝家が長光寺城主（近江八幡市）となり（『信長公記』）、その周辺で領地を与えられていたことの反映である。この時に近江国蒲生郡全域が勝家に与えられたとするものもあるが、その領域や規模の確認はできていない。同様に元亀三年十一月二十八日付けの、南山城の地侍である狛氏宛書状では、「上狛延命寺之儀、拙者為与力、殿様江申上召置」とあり（「目録」12号）、信長の南山城掌握に関連して、同地での被官召抱えを許され、その被官の還住と知行安堵を狛氏に通知しているから、この方面でも勝家の知行地の存在が確認される。

　元亀四年（天正元）には八通がみられるが（「目録」13～20号）、そのうち六通が単独署名であり、しかも従来よりも格式が一段と上がっていた様相を示す書式と内容のものである。この点はまず書式上で付年号のものが見られるようになり、例えば、尾張清洲の商人で、尾濃の商人司でもあった伊藤惣十郎宛の一連の唐人座・呉服方商人司の安堵に関連して、まず元亀三年十二月二日付けで信長の朱印状が出され(15)、ついで六日付けで、成田長重以下七名の美濃・尾張担当奉行連署の副状が出された後(16)、翌四年正月四日になって、勝家単独の副状が出されている（「目録」13号）。その文面は奉行衆連署状と全く同文であるが、末尾に「令裁許尤候」と付記されている。これは、勝家が奉行衆よりも上位の格付けを示すものであり、すでにこの段階では、佐久間信盛と共に家臣団筆頭の地位にあったものと思われる。続く同年四月の天竜寺・大徳寺宛の安全保障状などにも、信長の代行の様相が見て取れる（「目録」14・17号）。

　ついで蒲生郡内での知行地の獲得に関連して、同年六月に、近江・沖島の永田氏ほか宛の礼米徴収状では、柴田勝定と佐久間勝政が連署しており（「目録」18号）、現地掌握がそれぞれの家臣によって進められていたことが明らかである。この中では所領が隣接していた明智光秀・猪飼甚介との出入訴訟がある点にも言及しており、蒲生郡域が柴田氏ほかにも佐久間・明智・猪飼氏らにも分与されていたことが明らかとなる。

　さらに、この時期での勝家の立場を示すものとして、元亀四年四月二十七日付けで、将軍足利義昭の重臣宛に出した和睦交渉時の連署起請文が注目される（「目録」15号）。林秀貞・佐久間信盛・滝川一益・美濃三人衆との連署であり、信長の年寄衆として信長の起請文に副えたものであり、この四名が信長側近の「年寄」であったことを示している。

元亀四年四月三日の足利義昭との対決状況下での上京焼討ちに関しては、『信長公記』（巻六）ほかに詳しいが、同時に下京中に対しても矢銭の要求がなされており、『耶蘇会士日本通信』（下巻、異国叢書本）によれば、下京の献金は信長に銀五百枚、部将らに三百枚であったが、七月には義昭が槙島城を退去してこの争乱が一段落したので、下京からの献銀は免除されたという。関連して同年七月朔日付けの下京町人中宛の信長朱印状を受けて、(17)同四日付けで勝家が副状を出している（「目録」19号）。ここでも勝家が中心的な役割を果たしていたことが明らかである。

この下京の献金問題については、別に六月十八日付けで町方が作製した「下京出入之帳」があり、(18)それによると、下京五組と寺院から集められた銀と、実際に支出した銀の明細が書かれている。それには信長の二百五十枚に続いて、「柴田殿」とその「内衆」に合わせて百九十枚が支出されている。以下に織田重臣層への献金額も記されているが、勝家への額は突出している。これが前述した『耶蘇会士日本通信』の記すように、最終的には免除になったとすれば、この内容は予定されていたものにすぎないこととなるが、この点はさらに検討が必要と思われる。いずれにしても、この段階では、年寄重臣層の中でも勝家が突出した存在であったことは明らかである。

天正二年（一五七四）には、五月十六日付けで大和国衆の柳生宗厳父子宛の書状がみられるが（「目録」23号）、これは信長に敵対していた松永久秀の多聞山城を攻落させた後、同城での勝家の番役に際してのものであって、一時的な外交文書と思われる。しかし、十一月七日付けで山科七郷の名主百姓中に宛てた書状では（「目録」24号）、禁裏御料所である同郷の差配は自分の管轄であるが、信長より指令のあった公事・夫役の免除については、自分は病気故に金森長近・飯尾尚清に代行させるといい、同日付けで両人が同内容の副状を郷中に与えている。(19)これによれば、入京以来の京都行政に、勝家が依然として関与していたことが明らかではあるが、それは後述するように、禁裏御料所のみに関する特任的な関与に限られたものと思われる。

もうひとつ、この時期の特徴として、勝家一族の発給文書が見え始めてくる点がある。先の「下京出入之帳」にも、「内衆」として複数の柴田姓の者が見えているが、天正二年と推定されている十一月二十三日付けの与三左衛門入道宛の柴田勝定書状では（「目録」25号）、河内の天野山金剛寺よりの、勝家と自分への樽贈与の謝礼を述べている。

以上が、越前入国前までの勝家の発給文書の概要であり、その数は初期の連署文書を含めても一十五点にすぎない。したがって、この時期までの勝家の知行地の詳細や、信長家臣団内での職掌などの正確な位置づけなどは不明な点も多いが、この頃までには政権内で筆頭家老として、畿内支配の中枢を担っていたことは確かである。なお、この時期までの勝家発給文書に署された花押には全く変化がなく、この点は没年時まで一貫している。

以上のような状況とは対照的に、天正三年八月の信長の越前再進攻以後については、勝家発給文書が急激に増加している。越前支配の状況については、後述するように、すでにかなりの研究成果が得られている。越前での初見文書は、同年七月二十一日付けで、三国湊の廻船問屋であった森田氏に宛てたものであるが（「目録」28号）、その内容は、八月十二日の信長の越前出兵に先立って、森田氏に三国湊に出入りする越後・越中・能登の船の入港を禁ずるよう命じたものである。まだ越前へ出陣前のものであって、若狭方面からの水軍による進攻を準備したものと思われる。九月二日には一向一揆の制圧が一段落し、信長は北庄城へ入り、越前仕置を行っている（『信長公記』）。勝家には八郡が与えられ、帰陣前には、府中二郡を与えて勝家の目付とした不破光治・佐々成政・前田利家宛てに、いわゆる「越前国掟」を公布している。その内容については後述したい。

勝家はそのまま北庄城に残っており、九月十日には、北庄の商人である慶松氏に還住を促しているものや（「目録」

30号）、同二十九日に北庄商人頭の橘氏に宛てた座安堵状は、信長朱印状を受けてのものではあるが、従来の副状形式とは異なって、独自の判物形式を用いている（「目録」33号）。同時期に複数出されている九月日付けの三ヶ条の禁制も、信長の禁制と同時に渡されたものではあるが（「目録」34〜40号）、その条項には、「還住」・「可直奏」・「注進」の督促など、信長のものとは異なった具体的な内容が盛り込まれており、書止め文言も「下知如件」と判物形式になっており、その立場と意識に大きな変化が読み取れる。この禁制内容については後述する。[20]

ついで注目されるのは、天正四年三月に出された勝家による二通の「国中掟書」である。[21]①は三月朔日付けで余谷五村に宛てたもので、②は三月三日付けで宛名を欠くが、坂井郡芦原町の大連家に伝わるものである。ともに表題は「国中申出条々」とあり、内容は七ヶ条が全く同文である。この署判はともに方形黒印であり、この黒印はこれ以降の在郷支配文書にかなりの頻度で使用されている。大名家臣団が領域支配に独自の印判を使用する点は、他大名領でもみられる現象であり、織田政権下でも明智光秀などの例で確認されている。[22]

その内容については、信長の「国掟」とともに後述したいが、ここでは独自の印判状が創始されている点に注目しておきたい。ところでこの印判使用の初見は、天正三年十一月二十日付けの鏡乗坊宛ての田畑ほかの安堵状であり（「目録」49号）、先の「国中掟書」の直後からである点も重要である。つまり越前入国直後から、独自な領域支配を意図して創始されたものとみられ、領域の実質的支配が始められたと判断される。

こうした勝家の積極的な統治体制の進行とは相対的に、信長自身の越前への発給文書が減少している点も、すでに指摘されているように確かなことである。この点は勝家の独自支配の進展結果という見方もあるが、この点は信長政権内での権限委譲の拡大によるものとみるべきと思う。

以上のことは、その後のこの地域への信長の発給文書に関しては、一族の発祥時から特別な関係のあった織田剣神社と、戦略と流通上で直轄支配が必要な三国湊宛のものに限定されており、在郷宛ての支配文書は皆無である。したがって、ここでは勝家による領域支配以外のものとして宛てられているものの方が問題となる。そうした内容のものを検討しておくと、天正六年九月二十二日に、能登・穴水城の長連竜宛て書状がみられる。(23) 前年の越後上杉氏の加賀への進攻に対して、謙信の死を転機として信長が北陸方面で積極策に出た時期のものであり、当年内は海上が不安定なため、来春には出陣するので、城を堅固に保つように通知している。この「長家文書」の中には、この直後から信長の文書も数通残されており、天正八年閏三月三十日の長連竜宛書状では、勝家が加賀の凶徒を討ち果たしたと通告している。(24)

ついで同年閏三月二十三日の小笠原貞慶宛の勝家書状では（「目録」89号）、越中に滞在していた貞慶に、加賀への出陣を告げ、越中での計策を依頼し、国衆から誓詞が出されたと伝えているほか、信長の朱印状の取次を約束している。小笠原氏はこの直前頃に、河尻秀隆の調略によって信長に帰属していた。同年八月十日には、下国愛季宛てに鷹贈与の礼を述べているが（「目録」93号）、これは天正五年頃から始まった、北奥羽の安東氏が信長に接近して以来からの交渉に関係したものであり、その背景については、別に検討された小論がある。(25) これも織田政権内での勝家の存在感を示すものであり、同じようなものに、翌九年と推定されている五月三日と九月十九日付けで、伊達氏家老の遠藤氏に宛てた二通の書状がある（「目録」97・100号）。これは勝家の伊達氏との初めての通交であり、内容は北陸での情勢報告と、伊達輝宗との入魂取次を依頼したものである。

なお、こうした外交や政治情勢関係のものとして、本能寺の変後の発給文書も数点がみられる。とりわけ天正十年六月二十七日付けで、丹羽長秀・羽柴秀吉・池田恒興との連署で堀秀政に宛てた文書では（「目録」108号）、清洲会議直後の処置として、近江坂田郡二万五千石の台所料（三法師直轄領）の運上を命じている。また、同年九月三日付けの丹羽長秀宛勝家書状（「目録」110号）は、近年、加藤益幹氏によって紹介されたものであるが[26]、やはり清洲会議後の政治情勢を具体的に記したものとして注目される。その内容は三ヶ条にわたっており、第一条では織田信雄・信孝兄弟の領堺争いに関して、調停案が示されており、第二条では三法師の安土入城に関連して、同城の修築を命じており、第三条では家康をめぐる関東の政治情勢が述べられている。

さらに、同年十月六日付けの堀秀政宛の勝家覚書では（「目録」111号）、五ヶ条にわたって、清洲会議で秀吉と合意したことは「天下御分国中静謐之評定」であるから違背しないとし、徳川家康との対陣の実否を尋ねている。天正十一年にも七通ほどの発給文書が確認されるが、この内の五通は賤ヶ岳合戦に関わる内容のものであり、とりわけ三月四日付けで槙木島玄馬頭宛の書状（「目録」116号）では、伊勢での滝川一益の優勢を伝え、三月九日には自身も江北に着陣するといい、足利義昭に連絡して毛利氏の援軍とともに上洛するようにと要請している。

二、在京時代の勝家

まず、越前入国以前の状況を検討しておくと、関係文書は二七点しかみられず、従来も主な動向については『信長公記』によることが多かった。前述したように、入京以前の勝家に関する文書は一点しか確認されておらず、重臣の一人として尾張支配の奉行を担当していたということ以外、具体的な動向は不明である。

永禄十一年（一五六八）十月の入京後については、当初は坂井政尚・森可成・蜂屋頼隆との四名の連署状で、信長の文書を補完する形で、洛中の寺社宛の禁制や知行安堵状を出しており、京都支配の担当奉行として洛中行政に関与していたことが明らかである。谷口克広氏によれば、同じように奉行として洛中行政を分担した別組として、丹羽長秀・中川重政・木下秀吉・明智光秀があったという(27)。

しかし、この前後の家臣連署文書を並べてみると、この他にも佐久間信盛・村井貞勝・嶋田秀満・塙直政らも加わった連署状があり、この二組のみの組み合わせで、当初の洛中行政が行われていたとは思われない。ただし、勝家が光秀や秀吉と連署したものがみられないことも事実であって、この点はさらに検討を要する問題と思われる。

ついで検討を要する点は、勝家単独署名のものが見られるようになる元亀二年（一五七二）三月以降のことである。その前年の五月に近江・長光寺城主（近江八幡市）となって、蒲生郡域で知行を宛行われた結果といわれているが、比叡山焼打ち後には、近江国内での旧山門領が丹羽長秀・佐久間信盛・中川重政・明智光秀らにも分与されているので、勝家にも一定の所領が与えられたことは確かであろう。しかし、元亀二年十二月日付けの佐久間信盛宛の信長朱印状による「領中方目録(28)」を例外として、勝家を含めた他氏の場合も、この時の信長による知行宛行の実態は不明である。勝家に蒲生郡のどの地域がどれ位の規模で与えられたのかもはっきりしていない。しかし、長光寺城主となっていた点は確かであり、その膝下にあった長命寺宛に数通の文書が残されている。

初見は永禄十二年十二月一日のものであるが、これは坂井政尚との連署で、信長の嫡男奇妙（信忠）の意向を受けて、判銭徴収を免除しており（「目録」7号）、入京直後の信長による周縁地域からの一律の判銭徴収についてのものであって、まだ勝家独自の領主支配を示すものではない。しかし、続く元亀二年三月十八日付けの長命寺宛の判物では（「目録」10号)、前述したように、「当寺之儀、我等拝領之内候」と明記しており、在陣米や諸役の免除を行っているから、この周辺で知行地を得ていたことは確かである。この他にも、長命寺領に関しては、複雑な権利関係があったようであり、御中間衆の諸公事徴収をめぐって、中川重政や丹羽長秀と争っており、勝家代官の柘植実治が、長命寺に対して重政が提示した信長の朱印状に対して、その二重成りを譴責している。(29)

ついで、年月を欠いているが、元亀二年と推定される家臣である日比野三郎右衛門宛ての勝家書状では(「目録」11号)、蒲生郡内の薬師村と橋本村・鵜川村の山地境界争論について、帰陣するまで双方の争いを押さえ置くように指令している。この文書については、深谷幸治氏の言及があり、(30)勝家が信長直轄領で代官的職務として在地争論を裁定しており、すでに一職支配が実現されていたとする。しかし後述するように、この段階での近江での一職支配には疑問が残る。さらに、元亀四年六月十二日付けで家臣の柴田勝定が、佐久間勝政と共に島村・沖島の礼銭米の徴用について、両三人の現地奉行に宛てた証文があり(「目録」18号)、すでに勝家の側近が現地支配に関連して、佐久間信盛の代官と共に実務を担当していたことも明らかである。

また、天正三年(一五七五)八月十日には、勝家が「保内下四郷」宛てに、郷内社領が退転していたことに対して、返付することを通達しており、これを受けて代官の加藤景利は、保内からの愁訴に応じて納分を赦免している(「目録」29号)。この保内四郷は金屋(八日市市)・中野(安曇川町)・蛇溝(八日市市)・破塚(不明)・今在家(安曇川町)となっており、これが近江国内宛での最後の所見となり、勝家知行地の推定史料ともなる。

これらによると、知行地が蒲生郡の琵琶湖沿岸側に集中していたようであるが、それが領域的な一円知行地であった可能性は低いものと思われる。それはこの時期、隣接する安土城には中川重政、永原城には佐久間信盛、志賀城には明智光秀が入っていたことなどによる。これらによって、勝家が越前入国の直前まで、近江国蒲生郡の一部を知行地として支配していた点は確かめられるが、その範囲と規模や支配実態については依然として不明である。

この勝家の近江国内での動向については、谷口克広氏も言及しており[31]、近江の蒲生郡以外の地域割に関しては、有力家臣への分封支配体制となっており、その知行関係はかなり明確な区分がされていたが、蒲生郡については他氏との支配権が入り組んで錯綜していたとする。しかし、勝家には郡内の国衆を与力として動員する軍事指揮権が与えられており、蒲生賢秀ほかを動員していたとする。さらに、蒲生郡内での知行実態は他氏領と錯綜はしていたものの、自領部分については、信長よりの権限委譲が進行しており、一職支配権が実現していたとみてよいと結論されている。大旨には賛同できる見解であるが、結論の部分での勝家の蒲生郡支配に一職支配が実現されていたという点には、さらなる検討が必要である。しかし、こうした重臣層による分封体制方式が、元亀・天正初年段階に近江で展開されていた点は、それ以後の統一段階での分封支配体制のモデルであったと思われる。

この時期での勝家のもう一つの側面であった、入京時からの京都支配への関与の度合いであるが、入京当初の連署状の多さに比べて、元亀年間以降に関しては軍役関係のものを別とすれば、行政的関与を示すものは、前述した天正二年十一月の山科七郷宛の臨時諸役の免許状のみである（「目録」24号）。京都支配に関しては、村井貞勝の京都所司代任命などによって、重臣層の京都支配関与は限定されていき、勝家については禁裏御料所関係のみの差配権が残されたものかと思われる。

なお、この時期の特異なものとして、元亀四年正月の伊藤宗十郎宛の裁許状がある（「目録」13号）。これは前述したように、尾張・清洲時代から関係のあった商人司である伊藤氏の既得権を保証したものであって、信長朱印状や担当奉行人連署状などを受けて最終的な裁許をしたものであり、尾張時代からの個別な関係によるものかと思われる。

三、越前支配の検討

信長の越前支配に関して、まず問題になっているのが、天正三年（一五七五）九月日付けの「越前国掟」の解釈と評価である。その評価に関して、三鬼清一郎氏がいうように「国掟」を重視するのは、この段階での信長および勝家の越前支配そのものが過大評価されすぎた結果だという見解もあるが(32)、これ以後の研究史については、脇田修氏が示した「一職支配」論の理解を主軸とした論点の整理を、前述した丸島和洋氏が詳しくまとめているので省略する(33)。

しかしその結論として、相反する評価がいまだにある点は興味深い。つまり、信長はこの「国掟」を勝家らに示して越前支配を委任したが、知行宛行安堵権・諸役賦課権・上級裁判権などは信長が保持していたとする脇田氏ほかの見解に対して、松下浩氏は、信長の関与は入国当初に限られたもので、順次、勝家の領域支配の独自性が拡大しており、その支配実態は信長の委任した「一職支配権」を越えたものであるという見方である(34)。丸島和洋氏も松下氏と同じ立場で、勝家の発給文書を検討しており、「国掟」についても逐条的な検討をした上で、すでにこの時点で、勝家には前述したような諸権限が与えられていたとする。

しかし、この「国掟」自体が信長の指令であり、各条項にも信長の上位性を示す制約文言が多くみられる。この点は、丸島氏も言及しているように、「そもそも柴田勝家が信長の家臣であり、信長に任じられた領域支配者である以上、最終的な進止権を信長が保持するのは当然である」という認識が重要であり、以後の勝家の独自性の拡大も、委任統治権内での信任度拡大の結果とみるべきかと思う。

この「国掟」と同時期に、信長と勝家の双方による別々の内容の禁制が多数発給されているが、信長のものがそれまでの他の進攻地に出されていたものと全く同文・同内容の形式的なものであるのに対して、勝家のものは新たな統治者としての具体的な内容を含むものである。具体的には、還住促進と非分行為についての直奏の奨励と、山林竹木の保護である。これによってみても、入国当初から勝家には全面的な統治権委任が行われていたことがわかるが、こうした状況は、あくまでも織田政権内での権限委譲であって、こうした実態を他の戦国大名領内での支城領支配と同レベルのものとみるのか、統一政権をめざした織田政権の特徴とみるのかの判断が迫られることとなる。

この点から「国掟」と関連して、その半年後の天正四年三月に出された勝家による「国中掟書」が注目される[35]。前述したように、現存するものは二通のみであるが、この時期に支配領域内に他にも同文で相当数のものが出されていたと推定され、勝家が信長の「国掟」を受けて、当初の領域支配方針を示したものと判断される。その内容は、①人足徴用に際しては、この黒印を使用する。他からの雇いは許さない。「当城（北庄城）」の普請を申し付けるが、耕作期には考慮する。②名主百姓共に、手前の内徳（加地子）分の扱いは先例に従う。③上使の賄料は、立料として侍百疋・中間五拾疋。指令は印判状で示す。④国中反銭・諸納所銭は、三増倍とする。⑤土民百姓の新儀の主取りは禁止。御朱印衆の当方への被官化は停止。⑥山林竹木の切り取りは印判状のみで行う。違反すれば郷中も同罪。⑦百姓が諸役を逃れるために他郷へ移ることは禁止、といった内容である。

細かい在地支配の規定であり、これについても丸島氏の言及があり、黒印使用の意図を明確に示したものであるという。しかも「国中」とあるように、勝家管轄領域のみならず、越前八郡全域にも適用されたものであるという。黒印使用については、同時期に明智光秀や前田利家などでも使用事例があり、他の戦国大名領でも家臣クラスに用例はあり、勝家固有のものではないが、領域支配のために創始したことは確かであろう。

この「国中掟書」については、前述した長澤伸樹氏が、「越前国掟」との関連性や、とくに第六条の印判状を介した限定的な竹木徴発に注目しており、資材の徴発が、権力側の一方的・独占的なものではなく、在地における入会・用益権との相互依存関係が成立していたとする(36)。

ところでこれ以降、越前支配に関して信長の直接的な関与は行われなくなったかというと、確かにこれ以降の勝家発給文書には、かつてあった信長「御朱印」の文言をふくんだものは見られなくなり、その自律的支配権が一層強化されていることがうかがえる。しかし、従来からも指摘されているように、一方では勝家自身に対する天正五年四月の和泉国一揆への軍役動員や(37)、同八年閏三月の本願寺の降伏に関してのもののほか、前述したような北陸進攻に関わる外交文書や、三国湊の座役支配と織田氏氏神である織田剣神社領の権益保障などには、信長の直接的な関与を示すものが見られる。とはいえ、その他の越前の領域支配にかかわるようなものは見られなくなっているから、この段階では勝家の越前での一職支配は実現されていたと思われる。

そうした勝家の在地支配の強化を示した政策として、検地の実施が上げられており、この問題については、これ自体に研究蓄積が多くあり難しい問題であるが、松浦義則氏のまとめたものによると(38)、勝家は入国後、年貢諸役の収取体制構築のために検地を実施し、荒廃した村落の復興を図ったという。具体的には、天正五年二月の丹生郡天谷（越前町天谷）で実施した検地打渡状を検討し(39)、この検地は指出によるものではあるが、耕地は一筆ごとに登録されており、田畑・屋敷の区分と面積のみの記載であり、名請人名はなく、斗代は畑は種別での格差があるが、田は反別一・五石に統一されているという。この斗代は荘園制下での本役米・公事・加地子を合わせた額であって、これを収取の基準にしていたという。これらによって勝家検地の目的が、内徳（加地子）の検出による保留分の吸収と、村高の確定であったことが明らかであるという。とくに内徳分の吸収を意図した点は注目され、前述した「国中掟書」の第二条で示した内容と比べても大きく進展している。この他にも検地実施を示す史料はあるが、いずれも局地的なものであり、どれくらいの範囲で実施されたのかも明らかでない。しかしこれらによって、村落内の土地所有関係がかつての名体制から村規模の体制に変えられていった点は評価されており、織田氏による統一政権化への一段階を示すものとされている。この点は、前述したような柴田氏の越前支配での自律性が高ければ高いほど、織田政権の統一政権としての完成度を示すものと思われる。

まとめにかえて

織田政権内での重臣層による分国支配については、天正二年（一五七四）十一月段階の荒木村重への摂津国の一職支配権の付与をはじめとして、その後も本能寺の変によって政権が崩壊するまで、尾張・美濃・伊勢・越前・丹波・播磨・丹後・甲斐・信濃・関東などで、一族や重臣を配しての分国支配体制が進行している。その支配状況には、地域によって大きな格差があって一律には論じ得ない問題もあるが、一方では各個について、その実態についての個別の検討が必要な作業であることも確かである。その点で先年、戦国史研究会が催したシンポジウムの成果である『織田権力の領域支配』(40)は注目される成果であり、この問題の出発点に位置づけられるものと思う。

本論は、その成果を継承しようと思い立ち、柴田勝家による越前支配と、その前提となった越前入国前の支配状況について、検討を加えたものである。まず、勝家の発給した文書を集めて編年化し、その特徴から政権との関わり方の変化を検討した。永禄十一年（一五六八）の入京当初のものは他の重臣との連署状であったが、これらはいずれも信長朱印状の副状的な位置づけのものであり、その書式も書札様のものであった。ところが元亀二年（一五七四）三月頃から勝家単独署名のものが見られるようになり、その背景には近江国蒲生郡内で長光寺城とそれに付随した知行地を得たことがあり、初めて判物様式の文書が見られるようになり、その二年後の足利義昭追放前後には、織田政権内での格付けが最上級のものになっている。

天正三年八月の越前入国後については、一層この書式変化がはっきりしており、当初での信長朱印状の副状を除いて、すべて判物形式になっている。これ以降になると形式変化のみならず、内容的にも自律性を示すものとなっており、相対的に信長朱印状の必要性はなくなっている。さらに、領内支配専用書式として黒印状も創始されている。こうした点から、勝家の越前支配の自律性と独自性は確認されるわけであるが、それが織田政権内でどう位置づけられるのかについては、あくまでも政権内での委任統治であるといった見方と、勝家の自律性を強調して信長の「一職支配」を越えた領域支配であったとする意見に分かれている。

後者の立場からは、織田政権の統一政権的な評価には否定的となり、他の戦国大名領での支城領制支配と同じレベルの体制であったということになる。しかし、戦国大名領とは異なる状況もいくつか検討する必要がある。まず一つには、信長より委任された支配領域が国規模である点である。これはすでに指摘されているように、信長が室町幕府体制下での守護職を継承する意図での分国付与であったという理解でよいのかと思う。さらに織田政権自体が、不十分ではあったにせよ、すでにこの段階では中央政権とみなされており、近年問題にされている「天下」の意味も、この段階では全国統一を視野に入れたものであり、それと直結した分国支配体制であることからすれば、戦国大名領レベルの領域支配とは異質のものとみるべきである。

　したがって、この段階での政権内の分国主には、与力衆への軍事指揮権のみならず、内政諸権限も付与委託されていたことは当然の結果であり、その上で上級権力者としての信長の分国主に対する知行権をはじめとする統率権や裁許権、さらには朝廷や他大名との外交交渉権などの政治的な裁量権があり、本能寺の変によって未完成に終わったものの、統一国家を目指していたことは確かと思われる。ちなみに、仮に織田政権が戦国大名段階と同一であったとみた場合、統一政権としての豊臣政権への移行過程が不分明となり、秀吉の封建革命説となるが、この問題については、すでに議論は尽くされていると思われるので省略する。

柴田勝家発給文書目録（二〇一六年六月現在）

No.	年月日	官途名（署判）	宛名	（敬称）	書止	内容	出典（奥野）
1	（永禄8年）7月15日	丹羽長秀、佐々主知、柴田修理進、勝家判	寂光院	御同宿中	恐々謹言	寺領安堵	尾張巡行記
2	永禄11年 10月1日	柴田修理亮勝家、坂井右近将監ほか3名（花押影）	（欠）		如件	制札	京大博物館
3	「永禄11年」10月12日	柴田修理亮、坂井右近将監ほか2名（花押）	（欠）		如件	禁制	上附190P
4	（永禄12年）3月2日	佐久間・坂井・森・野間・蜂屋・柴田修理亮勝家・竹内・進斎・和田（花押）	多田院　役者	御中	恐々頓首	要脚免除	上261P
5	（永禄12年）4月1日	柴田修理亮勝家、坂井政尚、森可成、蜂屋兵庫助頼隆、佐久間信盛（花押）	堺　両庄惣中		恐々謹言	要脚催促	補18号

6	（永禄12年）	11月5日	柴田修理亮勝家、森可成、坂井政尚、蜂屋兵庫助、頼隆、（花押）	所々　名主百姓中		謹言	伏見荘年貢納所	補62号
7	（永禄12年）	12月1日	坂井右近尉政尚、柴田修理亮勝家（花押）	長命寺		恐惶謹言	奇妙様御意	補24号
8	（元亀1年）	2月16日	佐久間信盛、柴田勝家ほか、	本興寺役者	御中	恐々謹言	陣取り免	本興寺文書
9	（元亀2年）	3月朔日	柴修、勝家（花押）	河嶋市介	殿　返報	恐々謹言	堅田成敗	河嶋文書
10	（元亀2年）	3月18日	勝家（花押）	長命寺		如件	寺領安堵	長命寺文書
11	（元亀2年）	2月17日	修理亮（花押）	日比野三郎右衛門	とのへ	謹言	蒲生郡内争論	左右神社文書
12	（元亀3年）	11月28日	柴田勝家（花押）	狛左馬進	殿　御宿所	恐々謹言	家臣編入	上参595P
13	「元亀4年」	1月4日	柴田修理亮勝家御判、	伊藤宗十郎	殿　進之候	恐々謹言	夷子講の裁許	（上巻）603P
14	「元亀4年」	4月5日	柴田修理亮勝家（花押）	天竜寺惣寺中	床下	恐々謹言	制札	（上巻）622P
15	元亀4年	4月27日	林佐渡守ほか3名、柴田修理亮	一色式部少輔ほか6名		者	起請文	「座右抄」九
16	（元亀4年）	5月21日	柴修勝家（花押）	落五	返報	恐々謹言	秋備預物催促	個人蔵
17	（元亀4年）	6月4日	（柴田）勝家（花押）	大徳寺	尊報	恐惶謹言	長光寺に暇を開けて帰ることを伝える	上参636P
18	（元亀4年）	6月12日	佐久間勝政、柴田勝定（花押）	永形・妙観院・徳太郎	進上	以上	礼銭徴収	沖島共有文書
19	（元亀4年）	7月4日	柴田修理亮勝家	下京中		恐惶謹言	陣取り諸役免除	補132号
20	「天正元年」	11月28日	柴田　勝家（花押）	貴志寺内		如件	禁制	貴志宮文書
21	（天正2年）	1月11日	（柴田）勝家判	金剛峯寺・惣分沙汰所	御中	恐々謹言	宇智郡之儀肝要	興山寺文書
22	天正2年	2月17日	修理亮（花押）	高田専修寺		如件	専修寺建立につき条々	専修寺文書
23	（天正2年）	5月16日	柴田修理亮勝家（花押）	柳生但馬守　柳生新二郎	殿	恐々謹言	十市方へ入魂	補143号
24	（天正2年）	11月7日	柴田修理亮勝家（花押）	山科七郷　名主百姓中		謹言	竹木・臨時課役の免許	（上巻）789P
25	（天正2年）	11月23日	（柴田次左衛門尉）勝定（花押）	硯屋　与左衛門入道	殿　御返報	恐々謹言	御樽一荷の礼	上参760P

26	（天正3年） 1月11日	（柴田）勝家判	金剛峯寺・惣分沙汰所御中	御宿所中	恐々謹言	宇智郡侵攻の根来寺について	上参801P
27	（天正3年） 2月1日	佐久間信盛、坂井政尚、森可成、野間長前、蜂屋頼隆、柴田勝家ほか2名	高野山　沙汰所	御中	恐々謹言	敵方預け物成敗	補43号
28	（天正3年） 7月21日	（柴田）勝家（花押）	森田三郎左衛門尉	殿	謹言	三国湊へ入港禁止の命令	下参60P
29	「天正3年」 8月10日	（柴田）勝家（花押）	保内下四郷　名主百姓中		如件	社領勘落につき返付	村田文書
30	「天正3年」 9月10日	勝家　御判	慶松		如件	還住小屋懸け	補162号
31	（天正3年） 9月11日	柴源左勝定（花押）	西蓮寺		者也	当寺還住	福井・西蓮寺
32	「天正3年」 9月29日	修理亮（柴田勝家）（花押）	専照寺		状如件	諸役免許	補153号
33	「天正3年」 9月29日	（柴田）勝家（花押）	木田　橘屋三郎左衛門尉		状如件	座の安堵	下参73P
34	天正3年 9月 日	柴田（勝家）（花押）	織田寺　同門前		執達如件	禁制	下参94P
35	天正3年 9月 日	柴田（勝家）（花押）	荒居郷内　川端村　中野村　轟村		下知如件	禁制	下参99P
36	天正3年 9月 日	柴田（勝家）（花押）	北山　五村		下知如件	禁制	福井・野村家文書
37	天正3年 9月 日	柴田（勝家）（花押影）	（西光寺）		執達如件	禁制	福井・西光寺
38	天正3年 9月 日	柴田（勝家）（花押）	越州新郷		下知如件	禁制	御前神社
39	天正3年 9月 日	柴田判	新郷大神宮寺		下知如件	禁制	徳丸一吉文書
40	天正3年 9月 日	柴田（勝家）（花押）	簾尾　滝沢寺		下知如件	禁制	福井・滝沢寺
41	（天正3年） 10月5日	柴田（勝家）（花押）	織田大明神　社僧神人中		状如件	社領安堵	補45号
42	天正3年 10月12日	柴田勝家（花押）	高田　専修寺	床下	恐々謹言	宗派の承認	下参96P
43	「天正3年」 10月14日	修理亮勝家　書判	鏡乗坊	足下	状如件	本知分安堵	寸金雑録
44	「天正3年」 10月18日	柴田源左衛門尉勝定（花押）	称名寺	床下	如件	帰参人の支配承認	下参100P
45	「天正3年」 10月18日	修理亮勝家（花押）	高田門徒黒目	足下	状如件	下間筑後討ち取り	福井・称名寺
46	「天正3年」 10月27日	修理亮勝家（花押）	瓜生内記丞	殿	状如件	本知分安堵	松井文書
47	「天正3年」 11月5日	柴田（勝家）（花押）	織田寺　社中		状如件	諸役免除	下参94P
48	「天正3年」 11月20日	（柴田）勝家（花押）	大味村　西連寺		如件	山林竹木安堵	福井・西連寺
49	「天正3年」 11月20日	（柴田）勝家（方印判）	鏡乗坊		状如件	田畑山林被官安堵	寸金雑録

50	天正3年 11月 日	修理亮（柴田勝家）（花押）	称念寺光明院并門前		如件	禁制	下参99P
51	天正3年 11月 日	（柴田）修理亮勝家（花押）	鯖江　誠照寺		状如件	末寺の仏法興隆の指示	下参40P
52	「天正4年」正月 日	（柴田勝家）〈黒印〉	柴田源左衛門尉	殿	如件	織田寺社中条々	福井・剣神社
53	「天正4年」2月16日	勝家（花押）	大谷寺　衆徒中		如件	寺僧進退	越知神社
54	「天正4年」2月17日	（柴田）修理亮（花押）	高田　専修寺		如件	寺中定書	福井・法雲寺
55	「天正4年」2月28日	勝家（花押）	大谷寺　同門前		状如件	山林敷地内竹木安堵	越知神社
56	天正4年 3月1日	（柴田勝家）〈黒印〉	余谷　五村		事	国中定7か条	個人蔵
57	天正4年 3月3日	（柴田勝家）〈黒印〉	国中江		事	条々掟書	大連三郎左衛門
58	天正4年 3月11日	勝家（花押）	当寺門家中		如件	高田専修寺門家安堵	福井・法雲寺
59	「天正4年」5月22日	修理亮勝家（花押）（袖黒印）	高田　専修寺		恐々謹言	門徒中大坂と格別	福井・法雲寺
60	天正4年 6月24日	（柴田）勝家（花押）	遊楽寺別当坊		如件	足羽山寄進	坂上文書
61	「天正4年」6月28日	（柴田勝家）（花押）	在在所々中		如件	大坂門徒を称名寺へ	福井・称名寺
62	「天正4年」9月2日	（柴田勝家）〈黒印〉	織田寺所々　名主百姓中		如件	寺領米銭難渋	福井・剣神社
63	「天正4年」9月11日	（柴田勝家）（花押）	橘屋三郎左衛門尉		如件	座の知行	下参246P
64	「天正4年」11月16日	（柴田勝家）〈黒印〉	三国湊　商人中　端郷　商人中		者也	座の経営者の指定	（下巻）245P
65	「天正4年」11月24日	（柴田勝家）〈黒印〉	織田神領分所々　給人百姓中		者也	寺領米銭難渋	福井・剣神社
66	天正4年 12月17日	（柴田）勝家（花押）	遊楽寺別当法印御坊		如件	寺領寄進	坂上文書
67	天正5年 3月27日	（柴田）修理亮勝家（花押）	織田寺　社僧中　社家中		状如件	検地の上相渡す	補185号
68	「天正5年」4月7日	（柴田）勝家（花押）	新開一衛門尉	殿	如件	知行宛行	（下巻）278P
69	天正5年 7月9日	（柴田）勝家（花押）	弘祥寺		如件	寺内屋敷還付	大安寺文書
70	（天正5年）7月21日	勝家（花押）	森田三郎左衛門尉	殿	謹言	当津へ着く船相留	福井・森田文書
71	「天正5年」7月29日	（柴田）勝家（花押）	折立　称名寺		如件	末寺承認	称名寺文書
72	（天正5年）8月5日	勝家（花押影）	鶴見与右衛門尉	殿	状如件	知行宛行	金沢市立図書館

73	(天正5年) 8月10日	修理亮勝家(花押)	柴山長次郎	殿 御宿所	恐々謹言	本知分永代安堵	下参285P
74	(天正5年) 9月10日	柴田修理亮・惟住・滝川・武藤(花押)	堀久太郎	殿	恐々謹言	末森へ手合之儀国中道筋	宮川文書
75	天正5年 10月5日	(柴田)修理亮 判	織田社 社僧中 神人中		如件	山林竹木免許	福井・剣神社
76	天正6年 3月19日	勝家(黒印)	(十郷)		如件	井水普請	大連彦兵衛
77	(天正6年) 5月3日	勝家(花押)	遠藤山城守	殿 御宿所		北国表警護	建勲神社
78	「天正6年」 7月3日	(柴田勝家)(花押)	橘屋三郎左衛門	所	者也	紺屋役儀不届	下参247P
79	(天正6年) 8月2日	(柴田)勝家(花押)	織田寺		状如件	福泉坊跡を分割	福井・剣神社
80	「天正6年」 8月10日	勝家 在御判	慶松太郎三郎 橘屋三郎左衛門	とのへ	状如件	国中分領軽物座役	慶松家文書
81	天正6年 9月5日	(柴田勝家)(黒印)	織田大明神領給人名主百姓中		?	年貢未催促	山内秋郎家
82	(天正6年) 9月22日	(柴田)勝家(花押)	長九郎左衛門尉	殿 御返報	恐々謹言	穴水城堅固粉骨	長文書
83	天正6年 12月20日	(柴田)修理亮(花押)	一乗町 法興寺		下知如件	寺中定め条々	福井・法興寺
84	「天正7年」 4月8日	勝家(花押)	永平寺	納所	如件	当寺山木制禁	永平寺
85	「天正7年」 4月25日	(柴田勝家)(黒印)	織田寺社中		者也	社領年貢未進	福井・剣神社
86	(天正7年) 12月19日	(柴田)勝政(花押)	加治左 徳五兵	御宿所	恐々謹言	大坂無事条数何も聞き届け	日本書蹟大観
87	天正8年 3月9日	(柴田)修理亮(花押)	鋳物師所		如件	鋳物師定書	増野春所蔵
88	天正8年 3月27日	修理亮 御在判	越山室		如件	寺内定書	福井・越知神社
89	(天正8年)閏3月23日	勝家(花押影)	小笠原右近大夫	殿 御返報	恐々謹言	血判下され	補208号
90	(天正8年)閏3月24日	柴田勝家(花押影)	山田修理亮 若林右衛門	殿 進之候	恐々謹言	加州凶徒成敗	米沢市立図書館
91	天正8年 6月25日	(柴田)勝家	芝原金屋村鋳物師中		?	座特権安堵	覚書帳
92	(天正8年) 7月16日	伊賀守 勝豊(花押影)	塚谷作一郎	殿	恐々謹言	黒谷退散神妙	長浜城歴史博物館
93	(天正8年) 8月10日	柴田勝家	下国愛季		恐々謹言	使者派遣路次入魂	秋田家史料

94	天正8年　月　日	修理亮(花押影)	山中湯		下知如件	禁制	寸金雑録
95	(天正9年) 2月29日	(柴田)勝家 在判	温井備前守	殿 御返報	恐々謹言	馬揃・嶋海苔のお礼と北国情勢	下参576P
96	「天正9年」4月19日	柴田勝家	下国愛季			鷹・馬進上礼	秋田家史料
97	(天正9年) 5月3日	勝家(花押)	遠藤山城守	殿 御宿所	恐々謹言	北国表警固越前居置	白石・遠藤家文書
98	「天正9年」7月13日	(柴田)勝全(花押)	橘屋三郎左衛門尉		状如件	軽物座・唐人座安堵	橘家文書
99	「天正9年」9月7日	修理亮、勝家(花押)	永平寺	納所御中	状如件	当寺公文銭無沙汰	永平寺
100	(天正9年) 9月19日	勝家(花押)	遠藤山城守	殿 御返報	恐々謹言	輝宗天下入魂	斎藤報恩博物館
101	(天正9年) 9月20日	柴田修理佐勝家(花押影)	松岡右京進	殿	謹言	高野山内法師逆徒討伐	伊都郡古文書
102	天正9年 11月16日	(柴田勝家)(花押)	三国湊		下知如件	三国湊定書	森田家文書
103	「天正10年」3月13日	勝家(花押)	橘屋三郎左衛門尉		如件	軽物座役銭取るべし	橘家文書
104	「天正10年」4月2日	柴田三左衛門尉勝安(花押)	水落神明 社人中		状如件	田地寄進	瓜生家文書
105	(天正10年) 4月18日	元政 (柴田)勝安(花押影)	水落神明 社人中		恐々謹言	魚津之城間近に詰め寄	松雲公採集遺編
106	(天正10年) 6月10日	勝家 (花押)	粟屋五郎右衛門尉	殿 御宿所	恐々謹言	被表仕置共堅固に申し付け	太陽財団
107	(天正10年6月13日頃)	(欠)	(粟屋氏宛か)		欠	本能寺変後の条目	太陽財団
108	(天正10年) 6月27日	柴田修理亮勝家(花押)ほか三名連署	堀久太郎	殿	如件	坂田郡台所料運上	寸金雑録
109	(天正10年) 8月24日	伊賀守 (勝豊) 御判	近領中 坂田郡浅井郡伊賀郡		如件	徳政条々	菅浦文書
110	(天正10年) 9月3日	勝家(花押)	惟五郎左	殿	恐々謹言	尾張・美濃の国境を定める	徳川記念財団
111	(天正10年) 10月6日	柴修 勝家(花押影)	堀久太郎	殿	已上	羽柴申合筋目	南行雑録
112	(天正11年) 閏正月2日	勝家(花押)	玉井遠江守	殿 御返報	恐々謹言	年始祝儀の礼状	太陽財団
113	(天正11年) 閏正月29日	修理亮勝家(花押)	加賀守	殿	恐々謹言	今夕松郷下着	大坂城天守閣

114	(天正11年) 2月13日	柴田修理亮勝家(花押)	吉川駿河守	御宿所	恐々謹言	江北へ相働必定	吉川文書1471
115	(天正11年) 3月3日	勝家 (花押)	山中橘内		恐々謹言	伊賀衆働き之事	古証文
116	(天正11年) 3月4日	柴田修理亮勝家	真木島玄馬頭	殿　御宿所	恐々謹言	羽柴伊勢働き、滝川桑名表へ向う	山口・万代家文書
117	(天正11年) 4月8日	勝家 (花押影)	佐久間玄蕃頭	殿	如件	民部少働夜討ち之次第	金沢市史編纂室
118	天正11年 4月 日	修理亮(花押)	菅田郷		如件	禁制	個人蔵
	以下、年未詳						
119	(　年) 3月26日	柴源左勝定(花押)	井上久八	殿	恐々謹言	俵さえへ用捨	剣神社
120	(　年) 4月17日	勝家(花押)	豊嶋久兵衛尉　聞下斎	殿	如件	橘屋手前入絹運上	橘家文書
121	(　年) 5月12日	柴源左勝定(花押)	折立　称名寺	御同宿中	恐々謹言	一揆成敗	称名寺
122	(　年) 5月23日	徳庵、□、聞下斎、宗教(花押)	石屋大工　彦三郎		者也	北端石切申し付け	木戸市右衛門所蔵
123	(　年) 7月8日		曇花院	殿		陣取り免除	思文閣目録
124	(　年) 9月22日	柴修勝家　判	稲伊予屋	謹上　御返報	恐々謹言	本知分安堵	寸金雑録
125	(　年) 10月16日	勝家	大原忠菅		者也	加増領知宛行	寸金雑録
126	(　年) 11月24日	(柴田)勝政(花押)	当社　神主	殿	如件	神木切り取り停止	瓜生守邦家
127	(　　)	勝家(花押)	滝谷寺		也	本堂勧進奉加	福井・滝谷寺

〔凡例〕出典の基本は『増補　織田信長文書の究』、番号のみは、その文書番号。「上参」は上巻の参考文書とその掲載頁。補は同書の補遺。それ以外は『福井県史』(資料編)ほかの各種の史料集より採録した。所蔵者略称。年記の「　」は付年号、(　)は推定年号。差出名欄の(　)は、補記。勝家以外の連署者の官途名は省略した。

註

(1) 谷口克広編『織田信長家臣人名辞典』第二版（吉川弘文館、二〇一〇年）。以下、本書は『家臣辞典』と略称する。

(2) （年未詳）七月十五日、尾張・寂光院宛、丹羽長秀・佐々主知・柴田勝家連署状、「尾張徇行記　三」収録（『名古屋叢書』続編六巻、

名古屋市教育委員会、一九六六年）。文末掲載の「柴田勝家発給文書目録」の№1号文書。以下、本文中で引用の勝家発給文書についてては「目録」〇〇号と表記する。
（3）谷口克広『信長軍の司令官』（中央公論新社、二〇〇五年）。
（4）水藤真「柴田勝家の越前入国」（『一乗谷史学』十一号、一九七六年）。
（5）①丸島和洋「織田権力の北陸支配」（戦国史研究会編『織田権力の領域支配』収録、岩田書院、二〇一一年）。②長澤伸樹「材木調達からみた柴田勝家の越前支配」（『織豊期研究』一三号、二〇一一年）。
（6）「越前国宛条書写」。奥野高広『増訂　織田信長文書の研究』（下巻、五四九号文書）、吉川弘文館、一九八八年。以下、本書については、『信長文書』と略称する。なおこの掟書についての研究史のまとめは、註（5）の①論文が詳しく言及している。
（7）註（4）に同じ。
（8）松下浩「柴田勝家の越前支配」（安土城城郭調査研究所『研究紀要』六号、一九九八年）。
（9）註（5）の②論文。
（10）現状ではまとめられた文書集はないが、『信長文書』と『福井県史』（資料編）収録のものを中心に、「編年文書目録」を作成してみた。一二七点ほどが確認できた。なお、文書の照合については、藤井譲治編『織豊期主要人物居所集成』（思文閣出版、二〇一一年）収録の尾下成敏「柴田勝家の居所と行動」が参考になった。
（11）『信長文書』五五号文書。
（12）柴辻「織田政権下の堺と今井宗久」（『信濃』六五巻八号、二〇一三年）。本書第Ⅰ部第四章に収録。
（13）『信長文書』補遺一六号文書。
（14）「目録」10号。滋賀県近江八幡市・長命寺文書（『近江国古文書志』第四巻、蒲生郡編上、戎光祥出版、二〇一一年）。一九二三年刊の元版『近江蒲生郡志』よりの再編集による。
（15）『信長文書』三五三号文書。
（16）同前、三五三・五四・五六号文書。なおこの伊藤家文書は、近年その原本のすべてが『思文閣古書資料目録』（二二三号、二〇一三年）

に写真版が掲載されているほか、最近、播磨良紀氏により「伊藤宗十郎家文書」(『年報中世史研究』四一号、二〇一六年)として、全文紹介がなされている。
(17)『信長文書』補遺一三三号文書。
(18)竪帳表紙ともに十三丁。早稲田大学図書館所蔵(朝河貫一旧蔵)。本帳については、かつて『早稲田大学図書館紀要』(一四号、一九七三年)に、全文紹介と解説を掲載した。本書の第Ⅰ部第三章参照。
(19)『信長文書』四八一号文書。
(20)『信長文書』五五五号参考文書。『福井県史』資料編五巻(福井市・野村家文書)ほか。以下、同県史・資料編中・近世編収録文書については、「『県史』○巻、○○家文書」と表記する。
(21)「目録」56・57号。①『県史』五巻、野村志津雄家文書、②『県史』四巻、大連三郎左衛門家文書。
(22)柴辻「明智光秀の文書とその領域支配」、本書第Ⅱ部第二章に収録。
(23)「目録」82号。『図録長家史料』(石川県穴水町教育委員会、一九七七年)。
(24)『信長文書』八六五号文書。
(25)功刀俊宏「奥羽安東氏と織田政権の交渉に関する二点の史料」(『戦国史研究』六八号、二〇一四年)。原文は『青森県史』(資料編中世二、安東氏・津軽氏関係資料、二〇〇五年)に収録されている。
(26)加藤益幹「天正十年九月三日付惟住(丹羽)長秀宛柴田勝家書状について」(『愛知県史研究』一〇号、二〇〇六年)。
(27)註(1)参照。
(28)『信長文書』三〇七号文書。
(29)註(14)参照。九〇八・九〇九号文書。以下、長命寺文書とその関連文書は、『近江国古文書志』第四巻、蒲生郡編上(戎光祥出版、二〇一一年)による。
(30)深谷幸治『戦国織豊期の在地支配と村落』(校倉書房、二〇〇三年)。
(31)谷口克広「元亀年間における信長の近江支配体制について―織田宿将の分封支配をめぐって―」(『日本歴史』四七一号、

一九八七年）。
(32) 三鬼清一郎「信長の国掟をめぐって」（『信濃』二八巻五号、一九七六年）。
(33) 註（5）の①論文。
(34) 註（8）論文。
(35) 註（21）参照。
(36) 註（5）の②論文。
(37)『信長文書』補遺九四号文書。
(38) 松浦義則「柴田勝家の越前検地と村落」（『史学研究』一六〇号、一九八三年）。
(39)『県史』五巻、野村志津雄氏所蔵文書。
(40) 戦国史研究会編『織田権力の領域支配』（岩田書院、二〇一一年）。

第二章　明智光秀文書とその領域支配

はじめに

明智光秀の発給文書については、すでにいくつかの研究成果がある。[1]それらによると、現在に伝わっている光秀の文書は、写しや活字のものもふくめて一五〇点前後が知られている。しかしながら、それらの先行研究では文書目録が月別で作成されているため、何年何月のものかわかりにくい点が問題点として残されている。光秀文書には無年号が多いことから、あえて月別にしたのだと思うが、文書目録は編年の方が利用しやすいことは明確である。この点を克服したものとして、ごく最近、藤田達生氏らによって『明智光秀—史料で読む戦国史—』が刊行され、その中で一七四点の光秀文書が編年で紹介され、光秀文書の検討が大変容易になった。[2]しかし、同書では慎重を期して無年号文書の年代比定を最小限にしているが、さらに内容・書式の検討から推定可能なものが多くあることを付記しておく。

そこで改めて従来紹介されているものに、この『明智光秀』の成果を参考として、なお若干の追加をした編年文書目録を作成してみた。[3]その結果は、本章末に一覧表（以下、「目録」と略記）として示したように、少し点数が増加して二〇七点となった。この「目録」でも明らかなように、光秀の発給文書には年未詳のものが圧倒的に多く、付年号のものを含めても有年号のものは二割にも満たない。

通説によると、明智光秀の前半生については、その出自もふくめてまだ不明な点が多いが、信長との接触は、足利義秋（義昭）の将軍職への復帰をめぐっての交渉から始まったとの点では、異論はみられない。しかし、義秋が越前から美濃国西庄の政秀寺に入った、永禄十一年（一五六八）七月末までに関しては、光秀の直接的な関与を示す良質の史料はみあたらない。「目録」№1号の美濃国常在寺宛の寺領安堵状は偽文書とされている（以下、「目録」掲載文書に関しては、単に「目録」〇〇号とのみ表記する）。

信長は同年九月二十六日に義秋を擁して入京を果たし、十月十八日には、義昭を将軍職に復帰させている。その翌年の二月二十九日に、光秀の関与したものとして、村井貞勝と日乗上人との連署で、近衛殿御門外五霊図師町人中に宛てて、公方様御台様御座所近辺での寄宿を停止している。これが現存する光秀関係文書の初見となる（「目録」2号）。なお、従来での光秀関連の初見文書は、「目録」30号のものとされてきたが、後述するように、光秀花押の編年検討によって、これは元亀二年頃のものと変更されている。また「目録」2・3号についても、これを永禄十二年ではないとする見解もあるが根拠は希薄である[4]。

一方、信長の伝記として信頼度の高い『信長公記』での光秀の初見記事は、永禄十二年正月四日の三好三人衆による京六条の将軍義昭御座所の襲撃事件に際して、防戦した諸将の一人としてみえるものである[5]。これらの点から、光秀は信長の入京直後から幕府側の当事者として、信長の側近と連携して京都の治安回復に努めていたことが明らかである。この点は従来から指摘されているように、いわゆる幕府と信長との二重政権下での両属関係期であるとされている。この点については後述する。

ついで、元亀二年（一五七一）九月の信長による比叡山焼討ち事件を契機として、将軍義昭からの離脱が進み、翌

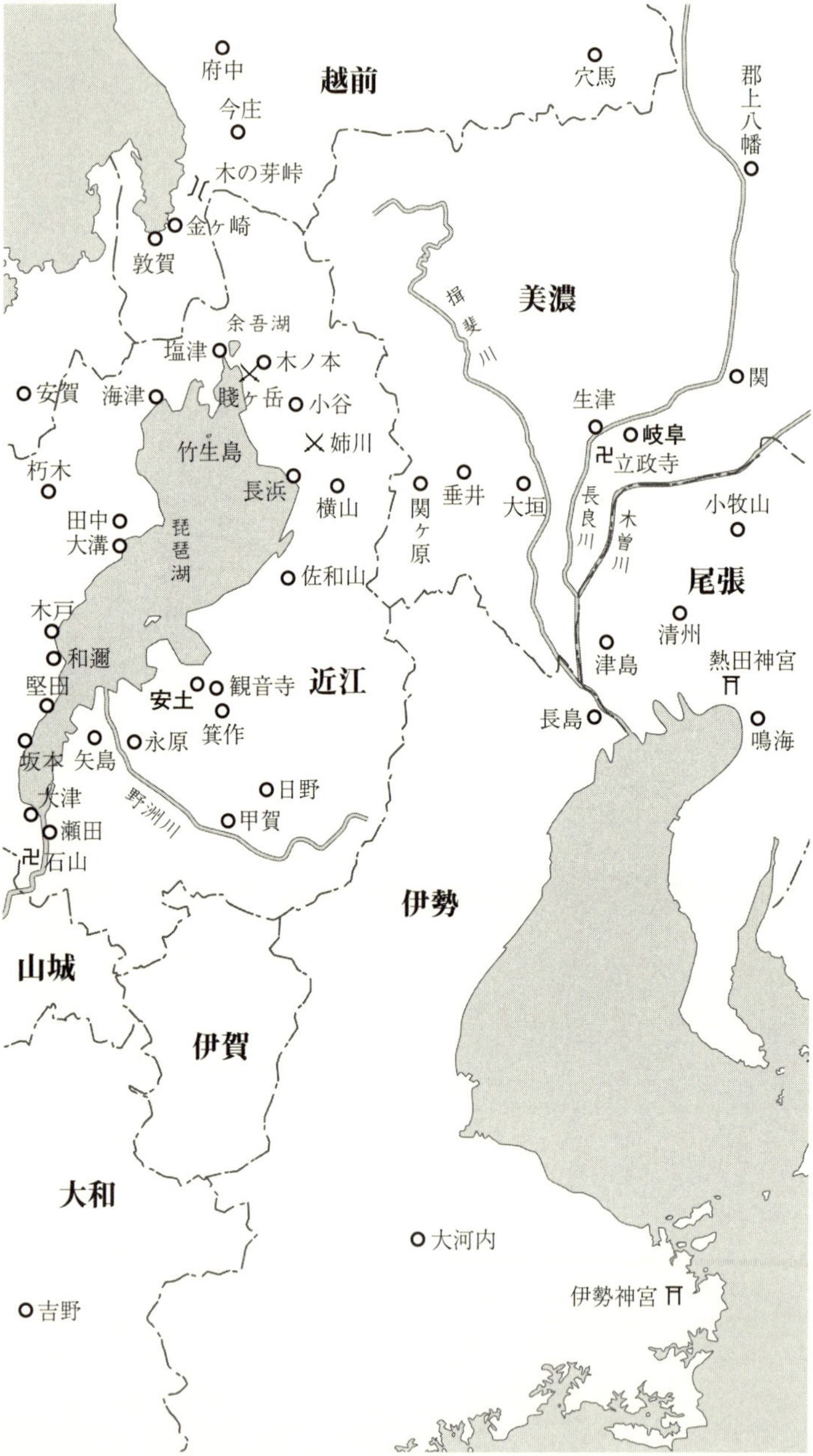
越前
府中
今庄
木の芽峠
金ヶ崎
敦賀
穴馬
郡上八幡
美濃
揖斐川
関
生津
岐阜
立政寺
長良川
木曽川
小牧山
尾張
清州
津島
熱田神宮
長島
鳴海
大垣
垂井
関ヶ原
余吾湖
塩津
木ノ本
賤ヶ岳
小谷
姉川
安賀
海津
竹生島
朽木
長浜
横山
田中
大溝
琵琶湖
佐和山
木戸
和邇
堅田
安土
観音寺
近江
箕作
永原
坂本
矢島
日野
大津
野洲川
甲賀
瀬田
石山
伊勢
山城
伊賀
大和
大河内
伊勢神宮
吉野

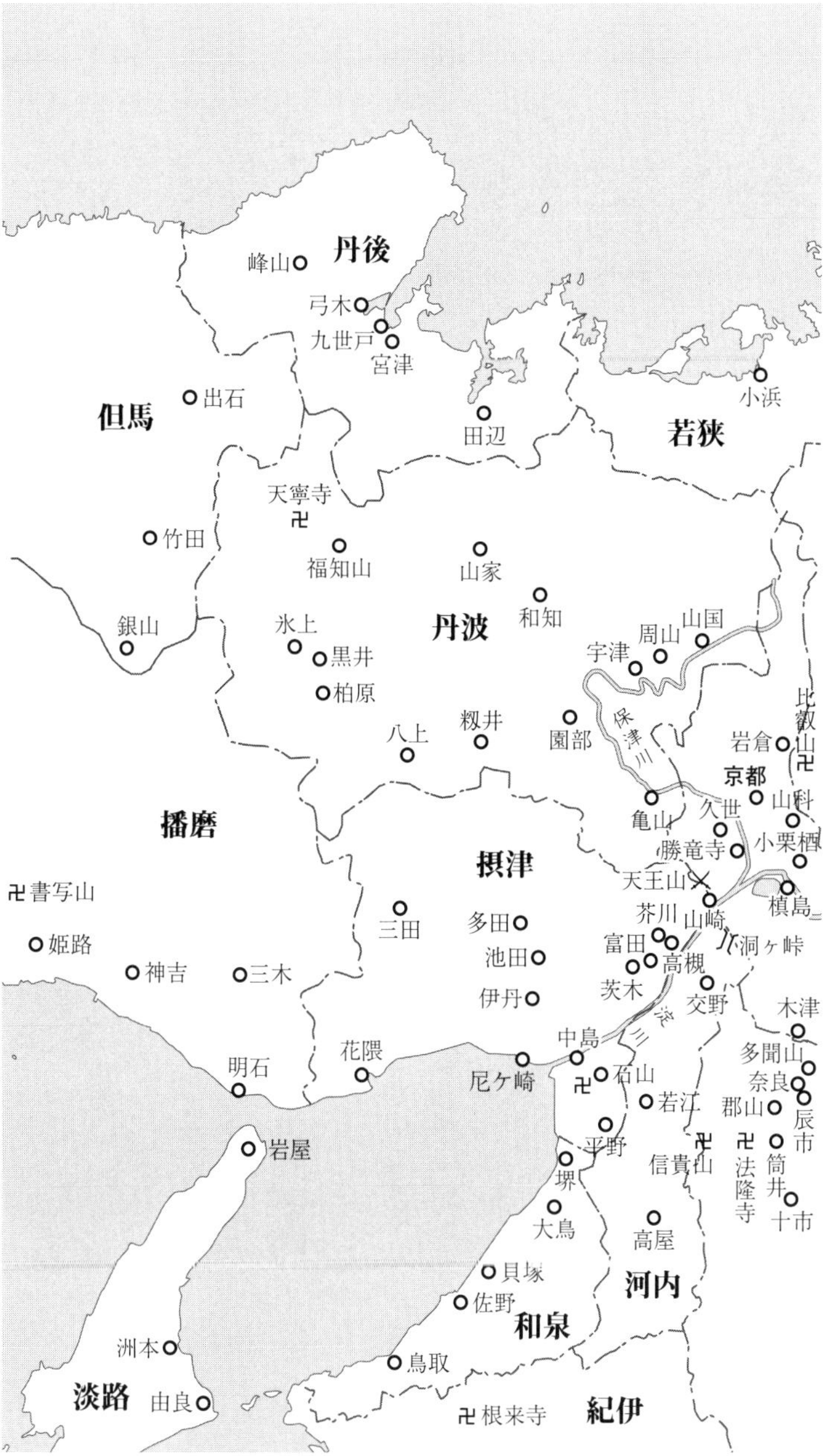

第１図　明智光秀関係地図（谷口研語『明智光秀』洋泉社、2014年をもとに作成）

三年七月の近江志賀郡の平定によって、信長から所領として旧山門領を与えられ、坂本城主になったことによって、信長家臣としての立場が確立したといわれている。

しかしながらこの時期については、信長の遊撃軍として主要な制圧戦略への参戦が目立っているものの、志賀郡域支配については、その支配領域をはじめ、政策的な面はほとんど明らかにされていない。こうした状況は、天正七年（一五七九）八月に、丹波の制圧をほぼ実現するまで継続しており、この時期は、志賀郡領域支配期といわれている。(6)

さらに最終段階として、天正三年以降に主要となる丹波地域への出兵と、丹波制圧後の亀山城（亀岡市）を拠点とした丹波国主としての領国支配が中心となる。併せて先行していた近江国内での領域支配や、織田政権の洛中支配の担当奉行も兼務し、ともに一定の成果を上げながら、織田政権内での大名化の実現を意図した段階となる。

この時期については、いくつかの先行研究があり、その経過はかなり明らかになってきた。(7)ところがまもなく、本能寺の変とその後の羽柴秀吉との後継者争いに敗れたことによって、その実態は端緒の状況しか明らかではない。しかし、この時期の関係文書を検討することによって、光秀の目指した織田政権下での領域支配の特徴が垣間見えるのではないかと思われる。

以下、本章では光秀の織田政権との関係を三期に分けて、各時期での政権関与の動向や、具体的な領域支配の状況について検討していく。併せて作成した「編年文書目録」と関連させて、無年号文書の年代推定の是非をも検討してみたいと思う。

一、信長入京直後の状況

永禄十一年（一五六八）年九月の信長入京から、天正元年（一五七三）七月の将軍義昭の京都退去による、天正改元までの光秀発給文書は四九点である。しかし、連署した場合も含めて、有年号文書はわずか六点（「目録」13・15・31・34・41・47号）である。したがって、この間の無年号文書の年代推定については、かなりのゆれが認められる。こうした状況は、これ以降の年代のものについても同様であり、光秀研究最大の課題となっている。

従来は、奥野高広氏の『増訂　織田信長文書の研究』に代表されるように、光秀の称号や内容を重視して、その前後の政治情勢を勘案して年代推定をしていたが、その後、立花京子氏は原本による花押型の変化から大きく七期に分けて、かなりの部分について年代推定の修正を試みている(8)。

しかしその論考によると、光秀の花押についてはそれほど細かく区分出来るような際だった変化はみられず、唯一はっきりしている変化は、元亀元年頃までの縦長で丸みをおびたⅠ型のものと、それ以降のⅡ型であるⅠ型と同型でやや横広になったものとの差異ぐらいしか確認できないという。したがって、花押変化による年代推定はかえって混乱の要因となるので、本章ではⅠ型期のものを除いては花押変化は参考とせず、従来説による称号や内容からと、政治情勢による推定方法に従っている。

まず、第一期として初見の永禄十一年から元亀二年（一五七一）末までのものをみると、光秀単独発給のものは十一点と少なく、その大部分が信長家臣の村井貞勝のほか、木下秀吉・丹羽長秀・中川重政・島田秀満・塙直政等との連署状であり、あたかもかつての幕府奉行人奉書を継承したかのような書式のものが多くなっている。

その発給対象も、連署のものは京都市内の大社寺・公家や京郊の地侍に限られており、内容も既得権の保証をしたものに限られる。こうした点をもって、この頃までの光秀の立場を、室町幕府と信長との二重政権下での両属関係とするものが多いが、(9)例えば、すでによく知られている永禄十三年正月二十三日に、信長が義昭へ与えた「異見五箇条」（『信長文書』二〇九号）に見られるように、光秀は幕府側を代表する立場であった。この点は、単独発給のものが曽我氏ほかの幕臣宛の書状に限られていることからも明らかである。さらに同年四月十日には、光秀が義昭より上意によって下久世荘での一職支配権を与えられており、それを根拠として同荘で横領したことを、東寺より幕府に訴えられていることからみても、この時点ではまだ義昭との関係が強かったと思われる。(10)

さらに、付年号で永禄十三年とある三月二十二日の京都の門跡尼寺である曇華院の領地の大住庄三ヶ村の名主百姓中宛の光秀ほか木下・丹羽・中川連署状は（「目録」15号）、大住庄の諸職を義昭側近の一色藤長が押領したことについての調停結果の通達であるが、信長「御朱印」の副状となっており、「守護不入之知として御直務之条」と、現地大住庄（京都府京田辺市）の住人らに伝達したものである。この時の信長朱印状も残っており（『信長文書』二一五号）、この連署状が信長朱印状の副状であることがはっきりしている。

ところがこの決定は実行されず、翌年に再び寺側から信長に提訴があったため、信長は元亀二年七月五日には、上野秀政・明智光秀宛に、ついで七月十九日には、上野秀政・三淵藤英宛に、先判の実行を督促した書状を出している（『信長文書』二八九・二九〇号）。しかもこれには、別に武井夕庵・木下秀吉連署の大住庄宛ての通達状も付されており（同前二九〇号参考文書）、これらには光秀の署名はみられない。つまり、光秀は信長側の立場ではなかったといえる。

これらの関連文書から、当初、光秀は幕府側担当者として、最初の信長朱印状の副状には連署をしていたが、再度の督促状については、当事者側であったことにより、信長から直接督促され、現地への通達状には連署していない。また、同時期の三好為三宛に遺跡安堵した足利義昭の御内書では、光秀がその取次ぎをしている(11)。

以上の点から、この時点での光秀は、幕府と信長との両属関係ではなく、幕府側の当事者であったことが明らかである。したがって、少なくともこの時期までの連署文書は、信長側担当者に対する幕府側の当事者としての連署であって、この点は数少ない光秀の単独発給のものをみた場合、その宛名は幕臣の曽我兵庫頭助乗に宛てたものが目立っており、元亀二年十二月頃と推定されている「目録」35号では、曽我氏宛に「我等進退之儀、御暇申上候処、種々御懇志之儀共、過分忝存候」とあり、続いて義昭への「御取成頼入候」とあるから、この頃までは光秀の幕臣としての立場は堅持されていたと思われる。

したがって、この時期までの信長側近の諸将との連署状への署名は、あくまでも二重政権下での幕府側を代表したものであって、信長の家臣としての両属関係によるものとの説は適切ではないと思われる。

さらにこの時期の光秀について、村井貞勝とともに京都奉行ないし京都代官であったという説もある。確かにこの時期に両人連署のものはいくつかみられるが、光秀に関しては他の信長の家臣と連署したものも多くあるのに対して、村井については光秀以外の諸氏と連署したものは一点のみであり（「目録」12号）、この段階での村井貞勝の京都支配に関して、固定した奉行専従職を想定するのは時期尚早と思われる。幕府側としてもこの時期には、光秀のほかにも細川藤孝や三淵藤英・上野秀政らの幕臣が、信長の家臣と連署して発給しているものがいくつかみられる(12)。

なお、光秀がそれまでの連署メンバーとは全く顔ぶれの異なる、柴田勝家・佐久間信盛・滝川一益らと連署したものが、元亀三年四月からみられるが（「目録」36号）、これは後述するように、光秀の信長への帰属後における新体制下での結果と思われる。

こうした状況をもとに、この時期の未年号文書の年代推定を検討し直す必要も生じてくると思われる。「目録」32号は元亀三年頃に移さねばならないし、他にも例えば幕臣同士の授受文書である「目録」37号については、永禄十三年頃に移す必要があり、「目録」45号も元亀二年以前に移すべきかと思われる。

二、近江国内領域支配期の動向

本節では、第二期である信長の家臣となった元亀二年末から、光秀が丹波への国替えを申し渡されて、京都支配を離れる天正三年（一五七五）十月頃までの状況をみておきたい。元亀三年（一五七二）十一月頃より、村井貞勝との連署状が目立って多くなってくるが、これは従来より指摘されている京都両奉行ないし両代官期といえる。京都支配への関与の実態については、早島大祐氏が検討しており[13]、それによれば、光秀は信長への帰属後の近江志賀郡の拝領による山門領の接収と関連して、京中の地子銭の収公を担当しており、それは信長による直轄領支配の一翼を担っていたことによるとする。

光秀が近江と具体的な関係をもったのは、通説では元亀元年十二月頃に宇佐山城主（大津市南志賀町）に任ぜられたことによるとされている。これが義昭の意向に沿ったものか、信長の近江制圧の一環としてのものかによって、光秀の立場は変わってくるが、前述したように、この時期の光秀は義昭側の立場であったことからすれば、この措置も義昭の意向によったものと思われる。

宇佐山城は近江から京へ抜ける街道の一つである山中越えの要地に築かれた城であり、この時期は信長と浅井・朝倉両氏との抗争に端を発した「元亀争乱」とか「志賀の陣」とかいわれ、信長は九月に本願寺の顕如が、浅井・朝倉連合軍や三好三人衆と手を組み、各地の一向門徒に挙兵を指令したことによって、近江では危機的な状況に陥っていた。連合軍を迎え撃つために宇佐山城から出陣した森可成・織田信治らが戦死しており、十二月には天皇・将軍の調停によって和睦を取り付けるような状況であった。

光秀の宇佐山城入りは、その結果によるものであろう。その前提になると思われることとして、信長は九月末には穴太（大津市下坂本）に要害を築き、河尻秀隆らの十六将を入れており、その中に光秀の名もみえているから、光秀も織田勢を支援する形で幕臣として近江に出陣したものであろう。十一月末には堅田（大津市堅田）の地侍である猪飼野・馬場・居初氏らが人質を出して信長に帰属している（『信長公記』巻三）。

「志賀の陣」に際して、比叡山延暦寺は信長と敵対し、叡山側が浅井・朝倉勢を山内に引き入れたことなどによって、翌二年九月の信長による叡山焼討ちが敢行される。この戦略には信長の家臣の多くが動員されているが、光秀はその中心的な役割を果たした。その直前の九月二日付けで、光秀が雄琴の土豪である和田秀純に与えた書状が紹介されているが（「目録」23号）、それによると起請文風の文面をもって宇佐山城への入城を促しており、比叡山麓の仰木郷を撫で切りにすると述べている。(14)

この叡山焼討ちでの功績によって、光秀は信長より志賀郡の支配を認められ、坂本での築城が始められたとされている。その根拠は、『信長公記』（巻四）の「去て志賀郡明智十兵衛に下され、坂本に在地候なり」であり、さらに「永禄以来年代記」（年代記抄節）には、「明智坂本ニ城ヲカマヘ、山領ヲ知行ス、山上ノ木マデキリ取」とあって、坂本城を拠点としての志賀郡の支配が始められたようである。この時の坂本城の普請に関連して、一つ注目される文書がある（「目録」21号、真田宝物館所蔵文書）。同年と推定される六月十一日付けの「右郷中」宛ての書状で、内容は佐川・丹刈・穴太の志賀郡三郷より普請人足が滞っていることについて、陣夫などに出ている者は除いて、残りの者は出夫するように命じている。これによって、すでに宇佐山城入城直後から、志賀郡での支配が始められていた状況も読み取れる。

叡山焼討ち後に、光秀により山門門跡領が押領されていたことは、『言継卿記』巻三二に収録されている十二月十日付けの信長宛ての正親町天皇綸旨で明らかであるが、それには山門の諸門跡領を光秀が横領しているので善処して欲しいとある。しかし、その光秀の横領の実態については不明な点が多く、志賀郡内での光秀の知行地や支配領域ははっきりしない。谷口克広氏によると、叡山焼討ち後の旧山門領は、信長より参戦した佐久間信盛以下の五将に与えられ、その地域の地侍らは、五将の与力衆と位置づけられたといい、野洲・栗太両郡を分封された佐久間信盛宛の「領中方目録」（「信長文書」三〇七号）が検討されている。(15) その中の一条に、志賀郡の地侍は光秀の与力とするとあり、佐久間氏領との支配圏の境は郡境であったとする。しかし、その領地は山門領などの接収による散在地の集合であり、その在地掌握度は一職支配といった状況にはほど遠い状況であったともいう。

山門焼討ち直後の九月晦日付けで、光秀が嶋田秀満・塙直政・松田秀雄と連署して、京都市中の大社寺宛てに「公武御用途」として反別一升のずつの運上米を課している一連の文書（「目録」24〜29号）があるが、これは光秀の信長への帰属を反映したものと思われ、松田氏のみが幕府側の当事者と判断される。さらに、翌三年四月四日に片岡弥太郎に宛てた光秀らによる連署状では（「目録」36号）、河内国交野城攻めに際して、同地の片岡氏に合力を求めているが、この連署者は柴田勝家・佐久間信盛・滝川一益であり、前年までの連署者とは様相を異にしている。ここではすでに織田家臣団の中枢に入っていたことが知られる。

これ以後の光秀の動静としては、織田氏家臣として志賀郡を中心に近江を平定し、京都代官として洛中支配に奔走することとなるが、元亀三年五月十九日付けの幕臣の曾我助乗宛書状（「目録」38号）によれば、「高嶋之儀逢庭三坊之城下迄令放火、敵城三ヶ所落去候」とあって、この旨を義昭に披露してくれといっているから、信長への帰属は一層明確になっている。

ついで七月末の高島郡での一揆衆との対戦では、先に帰属した堅田衆を動員して囲舟によって江北の敵地を焼き払っている（『信長公記』巻五）。この間にも、従来と同様に、村井貞勝と連署して洛中の寺社領の安堵をしているものもみられるので（「目録」39・42号）、京都での行政職務を継続していたことは確かである。

しかし、初めての本領ともいうべき志賀郡域での知行実態や、支配状況に関する史料は皆無であり、旧山門領の接収がその基本であったとされてはいるものの、その時期や地域など詳しいことは不明である。その支配領域に関して、谷口克広氏が作成した区分図によると、志賀郡の全域を中心に高島郡の一部に及んでいたとするが（第2図）、参考の域をでないものと思われる。また、この光秀の支配領域を「坂本領」と称している場合もあるが、適切な領域概念とは思えない(16)。

次の段階として、元亀四年（天正元）正月の足利義昭の信長に対する挙兵がある。信長は二月二一日に出陣し、造反した石山城（大津市石山）の山岡景友を攻める。この先陣を柴田勝家・明智光秀らが務めた。さらに二月二十九日

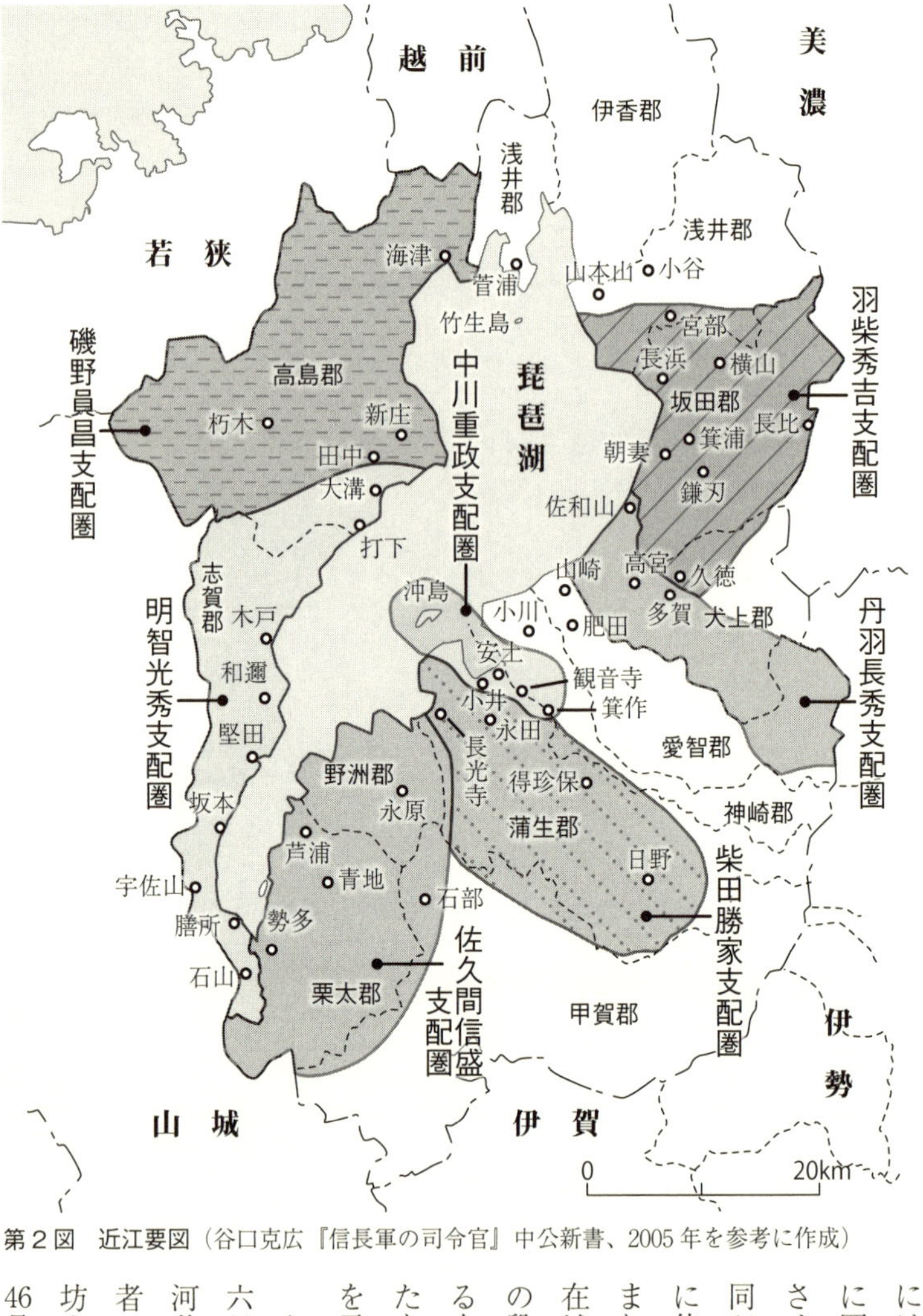

第２図　近江要図（谷口克広『信長軍の司令官』中公新書、2005年を参考に作成）

には、光秀が今堅田の砦に囲舟で攻めかかり攻落させた（『信長公記』巻六）。同記では続けて、「これに依って志賀郡過半相静まり、明智十兵衛坂本に在城なり」とあって、この段階ではまだ光秀による志賀郡の掌握も安定したものではなかったことを示している。

しかし一方では、四月六日付けで伊勢の御師の河井氏に対して、坂本の者共の伊勢参宮での宿坊を安堵したり（「目録」46号）、四月二十八日には、坂本の舟大工である三郎左衛門に屋地子・諸役・万雑公事の免除を行っているから（「目録」47号）、この地域での領主的支配が始まっていたことは確認される。こうした状況は、同年七月の義昭の京都追放と、ついで八月から九月に朝倉・浅井氏を滅亡させたことによって、一層安定したものになっていった。

以後の光秀の動向を示す文書としては、従来通りの書式による村井貞勝との連署で、洛中の大社寺宛の安堵関係のものが多く、志賀領域内宛のものはほとんど確認されないが、そうした中にあって、次の伊藤宗十郎宛の文書は注目される。これまでに紹介されたものは少ないので全文を示す[17]（「目録」73号）。

［史料1］明智光秀、伊藤氏宛書状（尾張・伊藤家文書）

尾濃之唐人方、呉服方商買役之儀、以御朱印被仰付旨尤候、坂本邊於百姓之商人已下、可被成其意也、舟奉行町人中可申付候、為其如此候、

恐々謹言、

天正弐
　　七月八日　　明智
　　　　　　　　光秀（花押）
　　伊藤宗十郎殿
　　　　御宿所

これは、尾張の清洲から名古屋に進出していた商人頭の伊藤氏の商売役徴収について、信長朱印状によって、以後、坂本辺の百姓の商人以下については、奉行の指示によって町人中に管掌させると通告したものである。これによっても、光秀の坂本周辺での直務支配がかなり実現していたと思われるが、それが領域支配までに及ぶ一職支配となって

いたか否かについては、現段階では保留せざるをえない。

さらに光秀がこの地域の権力者として、地域紛争の裁定に関わっていた点については、すでに鈴木将典氏が具体的に検討しており(18)、裁定権はもっていたものの、他氏領との境界決定についての最終裁定は、信長が行っていたとの指摘が重要である。この点は、天正七年二月になるが、光秀と親交の深い吉田兼見が自家譜代の小姓が逐電した際に、その出身地が雄琴（大津市雄琴）であったため、在京中の光秀に訴えており、光秀はその探索を雄琴代官の大中寺と川野藤介に命じたという（『兼見卿記』）。

この件を紹介している『新修大津市史』（近世前期）によれば、この時期になると光秀の在地支配が、ごくわずかの期間に逐電したものを探索できるほどまでに完備していたことと、その支配組織として代官が置かれていたことを示しているという。しかしながら、丹波支配が進展していく天正七年以降の志賀郡の領域支配に関しては、関連史料が少なく、わずかに年未詳であるが、六月十一日付けで大中寺（大津市）に宛てた、普請役人足不参を叱責したものがあるにすぎない（「目録」185号）。

三、丹波進出の経過

第三期となる織田政権による丹波進攻と光秀との関係については、これまでにも当該地域の地方史誌のほか、関連論文もいくつかみられる(19)。それらによると、この戦略を中心となって担った家臣として、明智光秀の名があげられている。その経過に関しても、かなり詳細な点が明らかになりつつあるが、まだ進攻の断絶していた時期や、周辺情勢との関連で不明な部分もいくつか残されている。

こうした研究状況の背景としては、関連史料が極端に少ないことと、一次史料である関連文書のほとんどが無年号で、その年代推定が難しいことなどがある。さらに従来は、織田政権側の史料にのみ依拠しており、この時期に対抗関係にあった毛利氏や本願寺関係の史料をあまり利用していないといった偏りがみられる。

信長が丹波方面と関係をもつ契機となったのは早く、入京直後の永禄十二年（一五六九）初めからである。しかしそれは、三好三人衆に圧迫されていた丹波国衆の波多野・内藤・宇津・荻野氏らが、将軍に復帰した義昭に救いを求めて加担していたものであって、信長はそれを追認保証したという関係であった。

ところが一方で、信長は同年八月には秀吉を但馬に進出させ、生野銀山を直轄地にするといった動きもしていた[20]。こうした状況は、元亀四年（天正元・一五七〇）二月の義昭挙兵と七月の京都退去によって変化し、丹波国衆の自立化が進行し、周辺の政治情勢の変化とともに、反信長の動きが助長されてくる。

ところが天正三年（一五七五）三月二十二日、信長は長岡（細川）藤孝宛に、大坂・本願寺との合戦に備えて、丹波国船井・桑田郡の地侍を付与するので、その旨を現地に申し触れるよう指示した（『信長文書』五〇一号）。その後、六月七日付けで桑田郡の川勝継氏宛書状では、丹波国人の内藤・宇津氏が義昭造反の時より逆心を企て、未だに出仕してこないので、光秀を出兵させて誅伐するから味方せよと命じている（同前五一五号）。これらが丹波経略に関する初期史料とされている。

ついで信長は、六月十日に丹波国船井郡の国人である小畠氏に宛てて丹後への出陣要請をしており[21]、この時には丹

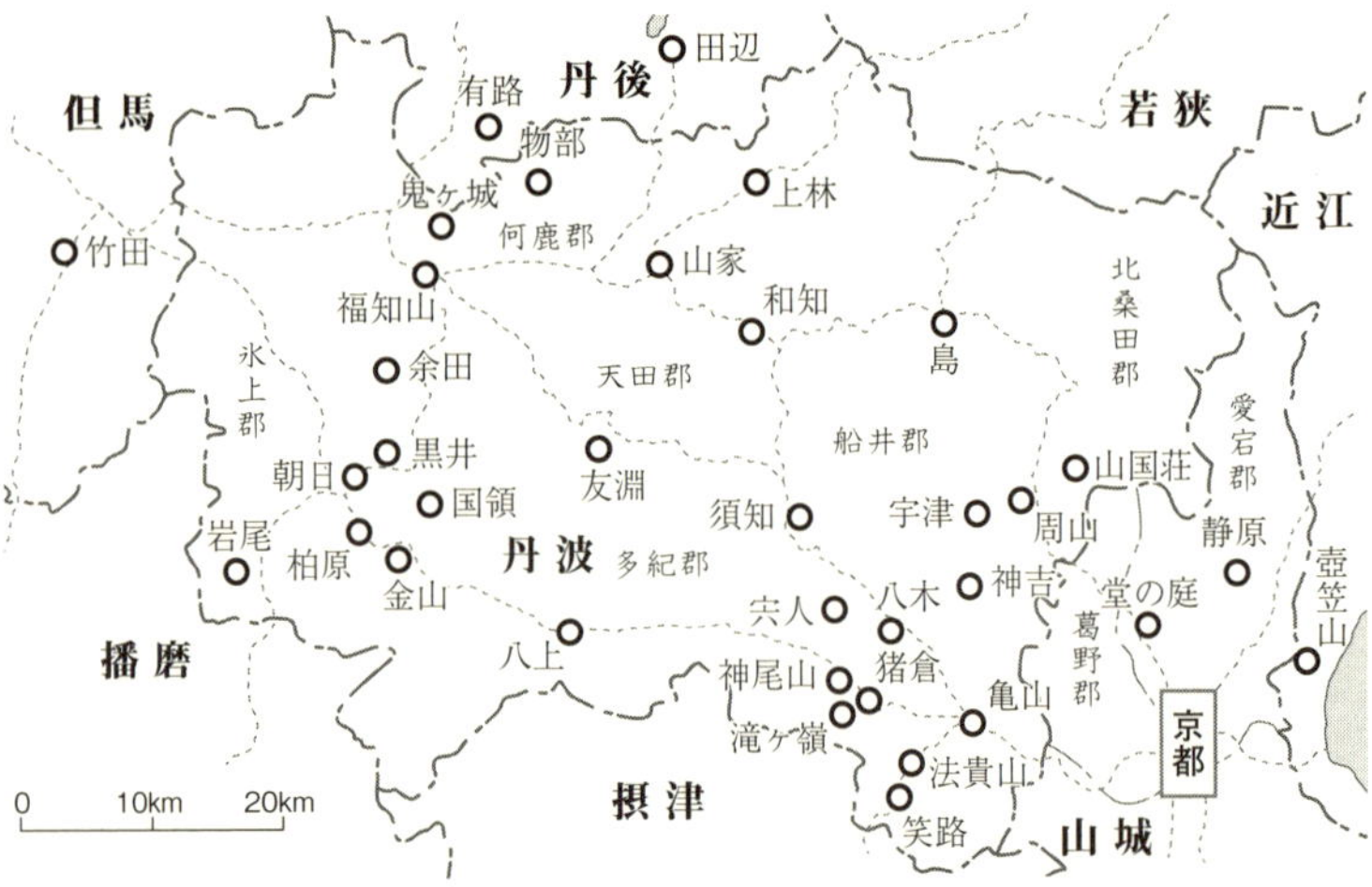

第３図　丹波関係図

後経略も同時に進められたようである。その要請に応えて出陣してきた小畠氏に対して、信長は六月十七日付けの小畠左馬助宛の朱印状で、内藤・宇津氏を討つため明智光秀を出兵させるので、船井郡の軍勢を動員して忠節を尽くせと指令し（『信長文書』五二〇号）、それに添えて、光秀は二日後の六月十九日付けで、信長の朱印状のとおり、小畠氏に丹波船井郡での当知行地を安堵し、忠節次第では新地も申し調えると伝達している（「目録」81号）。

光秀がいつ丹波に出兵したかははっきりしていない。同年五月末の長篠合戦には参陣していないが、八月初めの越前一向一揆攻めでは活躍しているので、この間のこととなろう。『新修亀岡市史』（本文編第二巻）は、七月末に宇津頼重征討のために船井郡へ出陣したとして、従来、天正七年と推定されていた七月二十四日付けの小畠左馬進宛て書状を（「目録」85号）天正三年とみて、その根拠にしている。この文書に関しては、天正五年と推定するものもあり(22)、この前後の小畠氏宛ての無年号の光秀書状の年代推定は、はっきりしないものが多いが、これには宇津表（桑田郡）への進攻について、普請道具を用意して参陣せよとあり、天正三年との推定が妥当と思う。

ついで光秀は、越前攻めの最中の八月二十一日付けでも、再度小畠氏に対して、越前の状況を伝えるとともに、先の戦傷の見舞いを述べ、馬路・余部（亀岡市）の在城衆へも油断せぬように申し送ることを依頼しているので（「目録」86号）、六月出兵時の成果は大きかったように思われる。さらに九月十六日にも同人に対して、「来廿一日、丹波出張候、わかき衆を八可有御立候」といって、疵を押しての案内を依頼しているから（「目録」87号）、越前からの帰陣後に丹波へ再出陣している。

その背景として、十月に黒井城（兵庫県丹波市）の荻野直正が毛利勢の因幡進攻に呼応して但馬に進入し、竹田城（兵庫県朝来市）を占拠したので、城主の山名祐豊が信長に救援を求めてきたことが契機となり、光秀の丹波攻めが始まったという（『兵庫県史』通史編近世）。これに関連して、十月朔日付けで丹波国衆の片岡藤五郎に宛てた信長の朱印状では、荻野直正成敗のために光秀を出兵させるので協力するようにと伝え、当知行の安堵を約束している（『信長文書』五五七号）。

なお『信長公記』（巻八）には、九月二日に越前仕置の一環として、惟任日向守（明智光秀）は丹後へ出兵させ、丹後は一色義道へ与え、丹波の桑田郡・船井郡は、細川藤孝に与えるとある。

丹波の二郡を藤孝に与えたという内容であるが、これは同年三月の石山本願寺との合戦に際して、丹波の船井・桑田両郡の諸侍を細川藤孝の与力としたこととの混同であり（『信長文書』五〇一号）、丹波への進攻と地域の地侍の帰属交渉は、当初より光秀が担当していた。

この点は、同年十月八日・九日付けの藤孝宛ての信長の書状で、丹後の状勢を尋ね、丹波は光秀より注進があったとしていることからも明らかである（同前五六三・四号）。十月段階で、光秀が丹後ではなく丹波へ出陣していたことははっきりしている。さらにこの時期には、播磨の国衆である別所・赤松・小寺氏らが、羽柴秀吉を介して信長への帰属を表明しており、光秀の丹波出陣との関連性も考慮される。

小和田哲男氏によると、光秀の丹波出兵は六月には行われず、十一月に黒井城の荻野直正を攻めたのが初めといい[23]。この時には、丹波八上城（兵庫県篠山市）の波多野秀治も光秀勢に加わり、一時は「丹波国衆過半無残、惟日（光秀）一味候」という状況であったが[24]、翌四年正月十五日には、光秀に同陣していた波多野氏が突然敵方に寝返ったので、光秀は撤退を余儀なくされたという。波多野氏謀反の理由として、地元では波多野氏の陰謀説もあるが[25]、それよりもむしろ、この時期の本願寺や毛利氏側からの調略の結果とみるべきであろう。

小和田氏は、次に光秀が丹波へ出陣するのは、天正五年十月の丹波亀山城攻めであるというが、高柳光寿氏は『兼見卿記』によって、同四年二月十八日にも光秀の丹波への再出兵があったとする。それに関連して、天正四年二月二十日付けで、光秀が船井郡の曽根村惣中に宛てた判物がある（「目録」99号）。それには「今度、従氷上表打入之刻」とあって、百姓らが馳走したことに対して、諸役と万雑公事を免除しているから、この時の出陣も確認出来る。

その後も波多野氏は八上城を拠点に勢力を拡大しており、亀山城（亀岡市）の内藤氏をも圧迫していた。その波多野氏が黒井城の荻野氏と連携したことによって、光秀の丹波経略は一旦停滞することになる。この時期の光秀文書として、次の文書が注目される（「目録」101号）。

［史料2］明智光秀書状（折紙）（『思文閣墨跡史料目録』三二一号）

赤井五郎・荻野悪右衛門尉被召出付而、去年以来御馳走之旨申上候処、

如此御朱印被成候、尤珍重候、弥可申談覚悟候、随而いつかたハ不存

出陣之旨被仰出候、其元遠路之儀候間、先ハ無用候、在陣長々敷候ハ、
ふと御見舞待入候、旁期来信候、恐々謹言、

惟日向守

光秀（花押）

（天正四年）卯月十四日

矢野弥三郎殿

これによると、昨年より矢野氏に依頼して、荻野（赤井）忠家・荻野直正の調略を進めていたが、引き続きお願いすることと、次回の出陣はいつになるかわからないが、貴方は遠方なので参陣には及ばないと伝えている。この時期に光秀は信長の直接的な「御朱印」による指令によって動いており（『新修亀岡市史』資料編第二巻、三〇号）、光秀独自の判断によるものではなく、取次にすぎなかった。その背景には、この時期に本願寺攻めがあり、毛利勢の本願寺支援などもあって、光秀には摂津方面での軍役が優先されていた。

翌五年になっても、光秀は三月の紀州制圧や、八月の加賀出兵などに参陣しており、十月の松永久秀の信貴山城攻めにも参陣している。十月二十三日には、羽柴秀吉による中国遠征も始まり、秀吉は小寺（黒田）孝高の姫路城へ入っている。この戦略と連動して再度、光秀も丹波に出陣し、十月二十日頃には、内藤氏の亀山城を攻略しており、天正六年正月晦日には、長沢又五郎らに「亀山惣堀普請」を申し付けている（「目録」109・112号）。

ついで同六年三月には、波多野氏の居城の八上城攻めが開始されており、小和田哲男氏はその攻略を六月二日としている。ところが、九月十三日付けの津田加賀守宛の光秀書状（「目録」115号）には、出陣先から帰陣次第、十四日には亀山に着陣し、十八日には八上城の裏山に陣取るので、出陣してほしいと要請しているから、攻略はこれより後の

こととなろう。ちなみに八上城の攻略を、翌七年六月とするものが多いが(26)、妥当な見解と思われる。

この間にも光秀は、播磨陣の秀吉への援軍や、十月末に顕在化した荒木村重の謀反への対応に追われていた。光秀が同年十一月朔日付けで小畠越前守に与えた条目では、荒木村重逆心につき摂津に出張しているが、「先弥平次（明智秀満）を八亀山へ越候、我々も一両日中ニ可越候」と伝え（「目録」118号）、十二月二十二日には、本願寺攻めのため天王寺に滞陣していた奥村源内に、有岡表が一段落したので有馬郡へ移陣し、三田に付城を四つほど築いて、丹波多紀郡まで戻ったと伝えている（「目録」123号）。

天正七年二月、光秀は再度丹波経略を進めており、二月十八日付けの関内蔵助宛の書状では、「八上之事、付城無明所取重、通路蟷相留候、近々可為落去候」と、八上城（篠山市）攻めが継続している状況を伝えている（「目録」127号）。ついで三月三日の大芋甚兵衛尉宛ての文書では、岩伏での戦功を賞して、褒美の知行百石を望む所で与えるとしている（「目録」128号）。

四月四日付けの和田弥十郎宛の書状では、兵糧攻めによって八上城内に餓死者が多数出ていると伝え（「目録」130号）、五月には波多野一族の守る氷上山城（丹波市）をも攻めており、五月六日付けの小畠助大夫ほか宛ての書状では、波多野兄弟と足軽者共五十三十にて切り勝ったが、城落去の際の乱妨狼藉をいましめ、敵についてはすべて首を刎ねよと指令している（「目録」131号）。

光秀による丹波での最後の攻略戦が、天正七年八月の荻野（赤井）氏の拠る黒井城攻めであって、その前哨戦として七月に、山城国桑田郡の宇津城（京都市）を攻略している。これは丹後方面への交通要所にあたり、細川藤孝との共同戦略であった。この戦略についての一次史料はみられないが、八月九日には、荻野（赤井）忠家の拠る黒井城を攻落しており、新たな城主として腹心の斎藤利三を入城させている。これによって丹波平定戦はほぼ終結し、ついで丹後・但馬方面への進攻へと移っていく。

信長は天正七年七月二十五日付けで、若狭の惟住（丹羽）長秀に宛てて、宇津氏が昨夜逃亡して若狭方面に向かい、船で西国へ遁れたという情報があるので、探索して成敗せよと命じており（『信長文書』八三九号）、ついで十月に安土城へ参上した光秀に、丹波における働きを賞して感状を与え（『信長公記』）、さらに翌八年八月には、光秀に丹波一国の知行権を与えている。この出典がはっきりしないが、状況としては大過ないであろう。

四、丹波支配の実態

光秀の丹波平定後の領域支配については、いくつかの具体的な施策を示す文書が残されていて、その実態を垣間見ることができる。まず注目されるのは、最初の丹波進攻後である天正三年（一五七五）十二月二日に、光秀が丹波国内の在々所々の百姓中宛てに出したという徳政令が問題となる（「目録」95号）。

これについては下村信博氏の言及があり(27)、宛名が特定の地名を表記していないため、近江の志賀領域や京都代官支配に関わるものの可能性もあるが、丹波国内の民心掌握のために、同国内の百姓宛に出した可能性が高いとしている。ついでこれに関連するものとして、丹波国船井郡曽祢の地侍である曽祢家所蔵文書三点を上げているが（「目録」99号）、これらは単に帰属した国衆の諸役を免除したものであって、郷中宛の徳政令とは政策意図が異なっている。しかも前述したように、丹波はようやく進攻が始まったばかりであり、翌四年正月には、同陣していた波多野氏の造反によって、光秀は丹波より一旦退陣しているので、こうした内容のものが出せる状況になっていたかは疑問であり、むしろこの徳政文書は志賀領内宛とみるべきものかと思われる。

光秀の丹波進攻状況からみると、多少とも現地の国衆・地侍や寺社・郷村との具体的な支配関係で、領域的な広がりがみられるようになるのは、前述した天正五年十月末に亀山城を攻略し、翌六年正月に亀山城の惣堀普請を終え、ここを丹波経略の拠点として、同年三月に波多野氏の八上城攻めを再開して以後のことと思われる。具体的には、天正六年七月四日に、西蔵坊・小畠・中沢氏らに、材木を河原尻村（亀岡市）から保津川端まで届けるよう要請しているものなどがある（「目録」111号）。

信長は同六年三月四日、細川藤孝に命じて、八上城（篠山市）攻めのために、多紀郡への道を一筋も三筋も人馬が障りなく往還出来るように作ることを指令しており（『信長文書』七五八号）、光秀の丹波経略は本格化していく。光秀は天正六年八月十五日に、小畠氏に対して大井（亀岡市）の田中方から人質を受取って、余部（同前）まで送るよう命じており（「目録」113号）。九月には黒井城下の円通寺に禁制を与えている。その内容は、信長が各所に発したものと同形式・同内容であり（「目録」117号）、この段階になると領域支配者としての自立性が確認出来るようになる。

翌天正七年に入ると、光秀による丹波地域の支配状況は一段と具体的になり、二月十八日付けの多紀郡宮田村・矢代村の鍛冶二人に諸役を免除しており（「目録」126号）、黒井城攻略直後の八月二十四日付けの、氷上郡寺庵中と高見山下町人中ほか所々の名主百姓宛の判物では、上意によって赤井五郎を成敗したので、還住するようにと指令している（「目録」132号）。

天正八年正月十三日には、丹波の国衆宛に次のような指令をしている（吉田文書、『信長文書』補遺二〇七号）。

［史料3］惟任光秀書状（「目録」135号）

来初秋西国可為御陣旨、被仰出候之条、当春国役、為十五日普請、面々知行へ入立、開作之儀可申付候、侍者開井掘溝、召遣下人・下部共者、百姓並ニ十五日之間田畠可打開候、若知行内荒地等於有之者、何迄成共令在庄、悉可相開候、尚以毎年定置普請差替開作候上者、聊不可有由断候、然而百姓早明隙、西国御陣速可相動、可有覚悟事肝要候、恐々謹言、

日向守

光秀（花押）

（天正八年）正月十三日

三上大蔵大夫殿

古市修理進殿　（以下、四名の宛名省略）

これについては鈴木将典氏の言及があり、(28) 信長から光秀へ西国出陣の軍役が課された際、光秀は宛名の丹波国衆らに対して、国役としての知行役を転用して田畑の開作を命じたものとしている。賦課対象は給人知行役としての普請役であり、百姓は対象外であったともいう。

前半部の解説はよいとしても、後半部については、文末に「百姓早明隙、西国御陣速可相動」とあるから、賦課対象は国衆への「国役」ではなく、これら国衆内で実際に普請役を賦課されていた百姓達であろう。この場合の「国役」

を知行役とする点と、その実態についても、織田氏領での惣国的な役ではなく、明智領内での独自のものとしている点もわかりにくい。

この文書についてはは早島大祐氏も言及しているが、宛名の三上氏以下は光秀の家臣であって、新たに丹波で宛行われた知行地について、国役として開作を命じられたものであり、実際には知行地内の百姓らが国役として負担していたという。[29]その国役とは「毎年定置普請」であり、その賦課日数はこの文書から一期（三ヶ月）に十五日間であり、年間では六十日に及ぶものという。しかし国役の起源や内容に関して、それが城普請を目的にした一国平均役であるという点には問題があると思われる。この問題自体にかなりの研究史があり、改めて検討する必要があるが、ここでは新たに丹波で知行地を付与された光秀の家臣団に、国役としての普請役の賦課権が与えられている点に注目しておきたい。

ついで天正八年二月十三日には、天寧寺（福知山市）に「諸式免許」と「陣取並竹木等剪捕」の停止を命じており（「目録」136号）、六月二十一日には、和久左衛門大夫を成敗後の城割りと、逃亡者の捕縛を片山康元らに指令している（「目録」139号）。この片山氏に関しては、翌九年五月十七日付けの「和智衆当知行分差出」が残されており、[30]それによれば和知衆三人分として、出野康勝・粟野久次とともに、知行地が七百三十三石余と地子方として六十四石余の合計七百九十八石余が差し出されている。宛名は杉生山右衛門尉であり、明智方の代官と思われる。これによって、かつてはこの地域の地頭であった片山氏を家臣として召し抱えていることが明らかとなる。

この和知衆三名に関しては、やはりこの前後のものとして「和智衆侍百姓人数書出」がみられ、[31]各知行地内での侍と百姓の人数が書き上げられている。片山氏の場合は侍十五人、百姓百十人とあり、その経営規模が想定できる。なお、この片山氏については、その家系や歴史的な変遷について、現存する「片山家文書」を利用しての黒田基樹氏の論考がある(32)。

ついで天正七年八月に黒井城主となった斎藤利三は、翌八年七月二十三日付けで、白毫寺（丹波市）の門前地下衆に対して、還住した衆僧の陣夫役を免除すると伝達している（「目録」142号）。この時期でとりわけ注目されるものは、光秀が多紀郡宮田村市場に与えた定書であり、信長の市場定書を踏襲して、六斎市の開設を指示している（「目録」143号）。この頃になると、細川氏とともに丹後経略も進めており、八月十七日には、細川藤孝・忠興父子と連署して、江尻村宛てに禁制を下付している（「目録」145号）。

さらに、丹波で光秀による独自の知行権が行使されていたことを示すものとして、天正八年九月九日付けで井尻助大夫に本領五十五石の安堵と、井尻甚五郎収納分の内から百九十五石余の新知を宛行っており（「目録」147号）、さらに十月六日には、山国荘内から御供料を徴して禁裏に納めている（『御湯殿上日記』）。

翌九年五月十七日には、帰属した地侍の片山兵内ほかの和知衆から、知行高と地子分の指出書を徴収しており（「目録」154号）、継続していた亀山城の普請では、徴発した片山兵内の百姓らに飯米が支給されている（「目録」157号）。

この時期、確実に在地掌握が実現されつつあったことは、十二月四日付けで宇津氏領桑田郡黒田・芹生村分の年貢米受取状を、光秀自身の署判によって発給していることからもうかがえる（「目録」161号）。この証文には光秀の花押と凸形方黒印が重判されており、この印はほかには見られない。

ついでに光秀の印判使用についてふれておくと、信長とともに入京した後の、元亀二年九月晦日付けで、嶋田秀満ほか二名と連署して、洛中の社寺宛てに出した反別米納入要請状（「目録」24～29号）に使用された菱形黒印がある。

しかしこの一例のみであり、ほかにはみられないことから、ともに一時的・散発的なものとして定着しなかったと思われる。

以上の事例によって、天正七年以降の光秀の丹波制圧後の在地支配は、かなり実態を伴ったものとして進められていたと思われる。そうした状況を反映した結果としてみられるのが、天正九年六月二日付けで、「家中」に提示したという「軍法定書」である（「目録」156号）。

この文書については、言及したものがいくつかある。(33) 拡大した家中の戦陣での心得を説いたものというが、内容はそれ以上に重要な軍役規定を伴っており、知行百石につき軍役六人から、千石の者は甲五羽・馬五疋・指物十本・鑓十本・のぼり二本・鉄砲五挺と、細かく軍役量が定められている。陣夫についても荷物の軽重による区別や、兵糧は一人につき一日八合を支給することなどが示されている。家臣団の組織化を図るとともに、領国支配体制を徹底させるためのものであろう。

この点に関して福島克彦氏は、光秀の丹波における城割りなどの不徹底さからみて、在地勢力の統一政権に対する強固な自律性は、羽柴秀吉時代まで根強く存続したといい、(34) また鈴木将典氏は、光秀の領国支配は、織田権力に対して排他的自律性を有していたといい、さらに織田権力は、戦国大名とは異なる画期的な権力ではなく、むしろ同質の領域権力であったとするが、その根拠ははっきりと示されていないし、結論のみが飛躍している。また、光秀の政治的な位置は、戦国大名領国での「支城領主」や、豊臣・幕藩体制下の大名と同一と結論づけているが、(35) この点についても織田政権の統一政権的な重臣層の国主としての組織化による地域支配と、戦国大名レベルの支城領制支配が同レベルで同質とは思われず、賛同できない。

前述してきたように、光秀についても相対的には織田氏本領・一族領や、同格の織田政権下での領域支配体制と同質の政策が施行されており、織田政権末期の政権状況については、もっと積極的な評価をすべきものと思う。

この点とも関連してくるが、『新修亀岡市史』（本文編第二巻）では、天正七年以降も、光秀は畿内各地の統轄責任者の地位や、丹後を領知した細川忠興と大和の筒井順慶らへの軍事指揮権を有していたり、滝川一益とともに大和検地を担当したという。これらの点については、従来から光秀を近畿管領とか畿内方面軍司令官であったとする見解に沿うものであるが、その関与の実態についてはまだ十分な検討がなされていないと思われる。本章でも、これらの点は課題として残ってしまったが、別表の「編年文書目録」をみても、これらの点に迫りうるような文書は少なく、難しい問題のようである。

まとめにかえて

織田政権の家臣団については、すでに谷口克広氏が、各階層やその職制についての精緻な事典や著書をまとめており[36]、その中で明智光秀についても確実な史料にもとづいてかなり詳しい動向をまとめている。その位置づけは、義昭・信長両属期、信長の部将としての近江の地域支配期、天下所司代としての信長補佐期、丹波攻めに始まる遊撃軍団期、丹波国主・近畿管領期としてまとめている。しかし事典の記述や職制研究といった制約から、これら各期についての詳細な証明は省略されている。本章はそうした各期の動向を、現存する信長・光秀文書を駆使して補足しようとの試みである。

ついで、織田政権下での光秀の地域領主・領国主（大名）としての在地支配がどういった状況にあったかに関心をもち、その解明に重点を置いた。この点に関しては、本文中でも何度か言及している鈴木将典氏の先行論文があり[37]、その成果の検討が課題となっている。

いずれも十分にこれらの問題が解決できたとは思っていないが、それぞれについて一応の結論めいたものを提示してまとめに代えたい。

1、まず、光秀発給文書に関して、無年号文書の推定もふくめて、新出のものも加えて二〇七点について編年化を試みてみた。その経過の中で、光秀発給文書については、かつて立花京子氏が提示された花押変化による年代推定には無理があり、形式（呼称も含む）と内容を中心にすべきかとした。

2、信長入京直後から元亀二年（一五七一）段階までの連署文書は、幕臣としての当事者のものであって、義昭と信長への両属関係によるものではないとした。

3、光秀が近江国内に進出した契機は、義昭による宇佐山城への入城命令であって、これによって「志賀の陣」で窮地に追い込まれていた信長を支援して接近することとなり、ついで叡山攻めの先頭に立つこととなった。

4、叡山攻めにおける抜群の功績により、信長から志賀郡を与えられ、坂本への築城も許されて、義昭との関係を絶つに至った。

5、光秀の志賀郡での領域支配は、当初は不安定で一職支配ではなかったが、義昭の京都退去後に織田政権の畿内掌握が進展するとともに、実質的支配が実現されていった。

6、ついで義昭の信長への謀反や、本願寺の信長への対抗により、織田政権の畿内掌握が動揺してきた状況のもとで、光秀に細川藤孝と協力して丹波国衆の制圧が命ぜられた。

7、光秀の丹波経略の経過については、細かい点ではまだ検討の余地があるものの、天正七年八月の黒井城の攻略によって終結し、ついで丹後・但馬への進攻に移っていく。

8、光秀の丹波での領域支配は、天正五年（一五七七）十月の亀山城攻略後から順次進展しており、同七年に入ると、一段と具体的な施策を示したものがみられるようになる。

9、天正八年八月に信長から丹波一国を与えられたというが、すでに実質的支配は実現しており、信長の宛行はその追認である。

10、天正九年六月の「軍法定書」は、丹波支配の一応の到達点であり、自立した大名としての家臣団の組織化を意図したものである。

11、こうした光秀のような自立した領国支配を実現していた織田大名を、信長は各地域に配置して統一政権を目指していくこととなり、こうして実現されていく織田政権は、戦国大名とは明らかに異なる段階の政治権力である。

明智光秀編年文書目録

No.	年月日	官途名（署判）	宛名	（敬称）	書止	内容	出典（奥野）
1	（永禄7年）9月15日	五郎左衛門長秀（（花押）影）明智十兵衛光秀	欠		恐々頓首	寺領安堵・偽	常在寺文書
2	（永禄12年）2月29日	明智十兵衛光秀 村井貞勝 日乗上人（花押）	近衛殿御門外 同五霊図師町人中		候也	公方様御台様御座所近辺寄宿停止	陽明文庫・補15
3	（永禄12年）3月28日	村井民部少輔貞勝 明智十兵衛光秀（花押）	法金剛院	侍者御中	恐々謹言	田地屋敷進退保証	補16
4	（永禄12年）4月14日	木下藤吉郎 秀吉 明智十兵衛尉 光秀（花押）	賀茂庄中		恐々謹言	田畠隠匿の制裁	(189) 上附312P
5	（永禄12年）4月16日	木下藤吉郎秀吉 丹羽長秀 中川重政 明智十兵衛尉光秀（花押）	立入左京亮	殿	恐々謹言	年貢の収納の確保	(165) 279P
6	（永禄12年）4月16日	木下秀吉 丹羽長秀 中川重政 明智十兵衛尉光秀（花押）	菊池治部助	殿へ	恐々謹言	武田家臣の一致団結を促す	神明神社文書
7	（永禄12年）4月16日	木下秀吉 丹羽長秀 中川重政 明智十兵衛尉光秀（花押）	広野孫三郎	殿 御宿所	恐々謹言	所領安堵の策	(222) 370P
8	（永禄12年）4月16日	丹羽長秀 木下秀吉 中川重政 明智十兵衛尉光秀（花押）	梶又左衛門	殿 御宿所	恐々謹言	武田義統忠節	大阪・青山短大
9	（永禄12年）4月17日	木下藤吉郎 秀吉 明智十兵衛尉 光秀（花押）	賀茂庄中		恐々謹言	城州賀茂庄四百石進上	京都・賀茂神社
10	（永禄12年）4月18日	丹羽長秀 木下秀吉 中川重政 明智十兵衛尉光秀（花押）	宇津右近大夫	殿 御宿所	恐々謹言	禁裏御料の管理について	(166) 280P
11	（永禄12年）5月9日	明十兵 光秀（花押）	曽兵 殿	人々御中	恐々謹言		慶応大学
12	（永禄12年）5月14日	夕庵 示雲 村井貞勝 明智十兵衛尉光秀（花押）	妙智院 衣鉢侍者禅師		恐惶敬白	等持院天竜寺末寺	補73
13	「永禄12年」6月21日	明智十兵衛尉 光秀（花押）	清玉上人	御同宿中	恐々謹言	寄進地安堵	京都・阿弥陀寺
14	（永禄12年）9月30日	明智十兵衛尉光秀 島田秀満 塙直政 松田秀雄（花押）	阿弥陀寺		仍如件	公武御用途相懸段銭	京都・阿弥陀寺
15	「永禄13年」3月22日	木下秀吉 丹羽長秀 中川重政 明智十兵衛尉光秀（花押）	大住庄三ヶ村 名主百姓中		謹言	年貢所当の進納	上参357P
16	（永禄13年）4月20日	明智十兵衛尉 光秀（花押）	細川兵部大輔 飯川肥後守 曽我兵庫頭		恐々謹言	熊川着任	永青文庫所蔵
17	（元亀1年）5月9日	（明智）光秀（花押）	曽兵	さま 人々御中	恐々謹言	光秀の出陣について	反町氏寄贈文書

18	（元亀1年）6月21日	明智十兵衛尉 光秀 村井民部少輔 貞勝（花押）	山崎惣御中		恐々謹言	町道一円相留める	補19
19	（元亀1年）8月22日	光秀（花押影）	前野丹後守	殿	恐惶謹言	越州同心之筋目	木倉豊信収集
20	（元亀1年）12月11日	明智十兵衛尉 光秀（花押）	賀茂惣中		恐々謹言	賀茂郷への軍役	沢文書
21	（元亀2年）6月11日	光秀（花押）	右郷中		恐々謹言	坂本城普請人足催促	真田宝物館所蔵
22	（元亀2年）8月2日	明十兵 光秀（花押）	観音寺	御同宿中	恐々謹言	来十八日殿様御働き必定	滋賀県・観音寺
23	（元亀2年）9月2日	明十兵 光秀（花押）	和源（和田秀純）		恐々謹言	宇佐山城への入城の礼	滋賀・和田文書
24	（元亀2年）9月晦日	明智十兵衛尉 光秀 嶋田但馬守 秀満ほか2名（黒印、花押）	阿弥陀寺		仍如件	段別米の納入	（300）489P
25	（元亀2年）9月30日	明智十兵衛尉 光秀 嶋田但馬守 秀満ほか2名（黒印、花押）	賀茂惣中		仍如件	段別米の納入	早稲田大学
26	（元亀2年）9月30日	明智十兵衛尉 光秀 嶋田但馬守 秀満ほか2名（黒印、花押）	御曾路池惣中		仍如件	段別米の納入	鳥居大路文書
27	（元亀2年）9月30日	明智十兵衛尉 光秀 嶋田但馬守 秀満ほか2名（黒印、花押）	妙蓮寺中		仍如件	段別米の納入	妙連寺
28	（元亀2年）9月30日	明智十兵衛尉 光秀 嶋田但馬守 秀満ほか2名（黒印、花押）	欠 在在所々五六百通ありと云々		仍如件	段別米の納入	妙顕寺
29	（元亀2年）9月30日	明智十兵衛尉 光秀 嶋田但馬守 秀満ほか2名（黒印、花押）	欠		仍如件	段別米の納入	言継卿記
30	（元亀2年）10月15日	明智十兵衛尉 光秀 嶋田但馬守 秀満ほか2名	立売組中		仍如件	禁裏御用米	（303）493P
31	元亀2年 11月10日	塙直政 嶋田秀満 明智十兵衛尉光秀（花押）	立入			禁裏御用米受取奥書	京都・立入文書
32	（元亀2年）11月14日	明智光秀 村井貞勝 在判	上賀茂 惣御中		恐々謹言	田地屋敷進退保証	吉田文書・補13
33	（元亀2年）12月14日	明十兵衛 光秀（花押）	和源		恐々謹言	今堅田雑説	滋賀・和田文書
34	「元亀2年」12月20日	明智十兵衛尉 光秀（花押）	曽我兵庫頭	殿 御宿所	恐々謹言	下京壺底分地子銭馳走	細川家文書
35	（元亀2、――）	明智十兵衛尉 光秀（花押）	曽兵公	人々御中	かしく	我等進退の儀御暇申上げ	熱海MOA美術館

36	(元亀3年)4月4日	柴田勝家 佐久間信盛 滝川一益 明智十兵衛光秀(花押)	片岡弥太郎	殿御宿所	恐々謹言	出陣要請	(314) 521P
37	(元亀3年)4月19日	細川藤孝 明智十米衛尉光秀 三淵藤英 上野秀政 判	曽我兵庫頭 飯川肥後守	殿	恐々謹言	上山城働き披露	補83
38	(元亀3年)5月19日	明智十兵衛 光秀(花押)	曽我兵庫頭	殿御宿所	恐々謹言	高島之儀逢庭三坊之城下迄放火	細川家文書
39	(元亀3年)11月14日	村井 貞勝 明智 光秀(花押)	上賀茂 惣御中		恐々謹言	社領安堵	賀茂別雷神社
40	(元亀3年)11月14日	明智十兵 光秀(花押)	和源	とのへ	恐々謹言	今堅田雑説	和田家文書
41	元亀3年 12月20日	(明智) 光秀(花押)	正因庵	床下	状如件	正田の買得田について	宮冬二記念館
42	元亀3年 12月29日	村井 貞勝 明智 光秀(花押)	西九条名主百姓中		状如件	所領安堵	若宮八幡宮
43	(元亀4年)2月14日	明十兵衛 光秀(花押)	河嶋刑部丞	殿	恐々謹言	木戸表働き	京都・革嶋文書
44	(元亀4年)2月24日	明十兵衛 光秀(花押)	河嶋市介	御返報	恐々謹言	堅田に敵立て籠もり	京都・革嶋文書
45	(元亀4年)4月2日	明智十兵衛尉 光秀 細川兵部大輔 藤孝(花押)	天竜寺	御役者中	恐々謹言	寺領安堵	天竜寺
46	(元亀4年)4月6日	明智十兵衛尉 光秀(花押)	河井右近助	殿御宿所	恐々謹言	坂本の者山田宿申し付け	日本書蹟大11
47	「元亀4年」4月28日	(明智光秀)(花押)	船大工 三郎左衛門	かたへ	状如件	諸役免除	上参623P
48	(元亀4年)5月23日	明智十兵衛尉 光秀 村井民部少輔 貞勝(花押)	賀茂 社中		恐々謹言	斗米請取指示	(1089) 800P
49	(元亀4年)5月24日	咲庵 光秀(花押)	西教寺	御納所	仍如件	霊供米寄進	滋賀・西教寺文書
50	(元亀4年)7月26日	明智十兵衛尉 光秀(花押)	河井右近丞	殿御宿所	恐々謹言	大神楽神前祈念	堀江滝三郎
51	「天正1年」8月22日	明知十兵衛尉 光秀(花押)	服部七兵衛尉	殿	恐々謹言	竹身上馳走	京大・古案
52	「天正1年」8月28日	明智十兵衛 光秀 木下藤吉郎 秀吉 滝川左近 一益(花押)	寺家中		仍状如件	当知行安堵	補137
53	天正1年 8月 日	明智十兵衛尉 光秀 滝川左近 一益 羽柴藤吉郎 秀吉(花押)	寺社中		仍状如件	当知行安堵	福井・剣神社
54	(天正1年)9月5日	明知十兵衛尉 光秀 羽柴藤吉郎 秀吉 滝川左近 一益(花押)	橘屋 三郎五郎	との	状如件	諸役以下覚悟	福井・橘文書

55	「天正1年」9月6日	明智十兵衛尉 光秀 滝川左近 一益 羽柴藤吉郎 秀吉（花押）	安居三河守	殿	恐々謹言	知行安堵副状	(400) 677P
56	（天正1年）9月9日	十兵衛尉 光秀 秀吉 一益（花押）	宝慶寺		恐々謹言	当知行安堵	宝慶寺文書
57	（天正1年）9月19日	明知十兵衛尉 光秀 羽柴藤吉郎 秀吉 滝川左近 一益（花押）	湊 滝谷寺	床下	仍如件	当知行安堵	福井・滝谷寺
58	「天正1年」9月20日	明智 光秀 滝川 一益（花押）	三ヶ庄 軽物商人中		者也	軽物座中長橋屋に仰せつけ	福井・橘家文書
59	（天正1年）9月25日	（明智）十兵衛尉 光秀（花押）	野村七兵衛尉	殿	恐々謹言	感状	野村文書
60	（天正1年）10月9日	十兵衛尉 光秀（花押）	河市（河嶋秀存）	御宿所	恐々謹言	合力手柄存分	革嶋文書
61	（天正1年）10月14日	明智 光秀 村井 貞勝（花押）	紹欽	机下	謹言	無明庵の事諸事進退	退蔵院文書
62	（天正1年）11月14日	光秀（花押）	淡路入道	殿 御返報			相国寺光源院
63	「天正1年」11月22日	明智十兵衛尉 光秀（花押）	実相院門跡御雑掌		恐々謹言	門跡領当知行安堵	実相院文書
64	（天正1年）12月4日	明十兵 光秀（花押）	和源	進之候	恐々謹言	戦線への連絡	和田家文書
65	（天正1年）12月16日	村井民部少輔 貞勝 明智十兵衛尉 光秀（花押）	策彦東堂	様 侍衣閣下	恐惶謹言	年貢等の直納の指示	(336) 上附558P
66	「天正1年」12月16日	村井貞勝 明智光秀（花押）	西院之内当知 小作中		謹言	年貢納所	(337) 560P
67	（天正1年）12月29日	村井民部少輔 貞勝 明智十兵衛尉 光秀（花押）	西九条 名主百姓中		仍如件	年貢地子銭の社納を銘ず	若宮八幡宮文書
68	（天正2年）2月2日	明智十兵衛尉 光秀 判	進藤兵庫助	殿	恐々謹言	長刀拝見	津田宗及茶湯日記
69	「天正2年」2月4日	十兵衛尉 光秀（花押）	善法寺雑掌		恐々謹言	公用銭直納	菊大路文書
70	（天正2年）2月17日	明智十兵衛尉 光秀（花押影）	松永山城守	御宿所	謹言	彼方代官衆扱い済み	大方家文書
71	天正2年 5月9日	明十兵衛光秀 秀吉 藤孝（花押）	柴修				個人蔵
72	（天正2年）7月7日	明智十兵衛尉 光秀	佐竹出羽守	殿 御宿所	恐惶謹言	帰参につき新知宛行	武家事紀
73	「天正2年」7月8日	明智 光秀（花押）	伊藤宗十郎	殿 御宿所	恐々謹言	坂本商売役管掌	寛延旧家集

74	(天正2年)9月25日	十兵衛尉 光秀	佐竹出羽守	殿 御宿所	恐々謹言	今度粉骨疵せられ	武家事紀
75	(天正2年)10月20日	明智十兵衛光秀・塙直政・蜂屋・羽柴・丹羽ほか3名連署(花押)	根来寺 御在陣衆中		恐々謹言	高屋城表着陣要請	思文閣目録
76	(天正2年)10月29日	丹羽長秀・塙直政・蜂屋・羽柴・明智十兵衛光秀・佐久間・長岡(花押)	誉田八幡 社家中		仍状如件	禁制	大坂城天守閣
77	(天正2年)11月14日	光秀(花押)	淡路入道	殿 御返報	恐々謹言	在陣見舞いの礼	光源院文書
78	「天正2年」12月21日	明智 光秀 村井 貞勝(花押)	当所物	御中	状如件	賀茂杜領六郷安堵	上巻492号
79	天正3年 2月13日	村井民部少輔 貞勝 明智十兵衛尉 光秀(花押)	嵯峨 清凉寺		如件	禁制	(497) 8P
80	(天正3年)4月25日	明十兵光秀 羽藤秀吉 長兵藤孝(花押)	柴修	人々御中	恐々謹言	其表普請ご苦労	個人蔵
81	「天正3年」6月19日	明智 光秀(花押)	小畠左馬進	殿	恐々謹言	知行安堵	(521) 42P
82	(天正3年)7月4日	日向守 光秀	西藏坊 小畠左馬進 中沢又五郎	殿 御宿所	恐々謹言	河原尻へ材木相届け	小畠文書
83	(天正3年)7月7日	原田備中守 直政 村井長門守 貞勝 惟任日向守 光秀(花押)	壬生官務	殿	恐々謹言	禁中郷三箇所	補154
84	(天正3年)7月14日	惟任日向守 光秀(花押)	藤宰相	殿	恐惶謹言	知行分竹田半分執納め	名古屋市博
85	(天正3年)7月24日	惟任日向守 光秀(花押)	小畠左馬進	殿 御宿所	恐々謹言	明後日宇津表へてだて	大東急記念文庫
86	(天正3年)8月21日	日向守 光秀(花押)	小畠左馬進	殿 御宿所	恐々謹言	府中で粉骨、明後日に加賀へ働く	大坂青山短大
87	(天正3年)9月16日	惟任日向守 光秀(花押)	小畠左馬進	殿 御宿所	恐々謹言	今度丹波出勢	大坂青山短大
88	(天正3年)9月21日	光秀(花押)	愛宕山 威徳院	御同宿中	恐々謹言	丹後出陣	思文閣目録
89	(天正3年)9月25日	光秀(花押)	威徳院	御同宿中	恐々謹言	国民安治	補163
90	天正3年 9月27日	惟任 光秀(花押)	河瀬兵部丞 今井郷総中	殿	恐々謹言	土居構取崩	下参152P
91	(天正3年)10月2日	明智 光秀 判	小松庄物中		状如件	鵜川の年貢納入	伊藤晋所蔵
92	(天正3年)10月4日	光秀(花押)	臨江斎(里村紹巴)	床下	恐々謹言	聖護院より両種到来	賜蘆文庫文書

93	（天正3年）11月14日	明智光秀 村井貞勝（花押）	上賀茂 惣御中		恐々謹言	社領安堵	上賀茂神社
94	（天正3年）11月21日	明智 光秀	小松庄惣中		条如件	鵜川の進退承認	伊藤晋所蔵
95	「天正3年」12月2日	（明智） 日向守（花押）	在在所々 百姓中		仍如件	質物借銭借米破棄	個人蔵
96	（天正3年）12月4日	明智 光秀（花押）	伊藤同名中			鵜川の件で参上	伊藤晋所蔵
97	（天正4年）1月18日	惟向 光秀（花押）	小左（小畠左馬助）	御返報	恐々謹言	其表之儀替わることなく	小畠文書
98	（天正4年）2月2日	光秀（花押）	荒木藤内	殿 進之候	状如件	感状	泉正寺文書
99	「天正4年」2月20日	（光秀）（花押）	曽根村惣中		仍如件	万雑公事免許	思文閣目録
100	（天正4年）3月13日	日向守 光秀（花押）	越前守	殿 御宿所	恐々謹言	御出勢馳走	河嶋家文書
101	（天正4年）4月14日	惟日向 光秀（花押）	矢野弥三郎	殿 御宿所		信長添状	思文閣目録
102	（天正4年）11月15日	日向守 光秀（花押）	越前守（小畠氏）彦介 波々伯部蔵介	殿 御返報	恐々謹言	諸勢亀山付近に居陣	宇野茶道美術館
103	（天正4年）12月3日	日向守 光秀（花押）	津田備中守・津田利右衛門尉	殿	恐々謹言	来年信長大坂動座	思文閣目録
104	（天正5年）6月12日	惟任日向守 光秀（花押）	雑賀五郷 土橋平尉	殿 御返報	恐々謹言	高野其元衆相談し出勢	森文書
105	（天正5年）7月24日	惟任日向守 光秀（花押）	小畠左馬進	殿 御宿所	恐々謹言	宇津表出陣、桐野河内着陣	大東急記念文庫
106	「天正5年」9月27日	明智光秀	来迎寺		仍如件	仏供料寄進	聖衆来迎寺文書
107	（天正5年）11月17日	日向守 光秀（花押）	（宛名スリ消し）	御返報	恐々謹言	在陣見舞いの礼	熊本三宅文書
108	天正6年 1月29日	明智光秀	伊藤民部丞 伊藤平助 ほか2名		恐々謹言	鵜川の田地耕作保証	伊藤晋所蔵
109	（天正6年）1月晦日	日向守 光秀（花押）	長又五（長沢又五郎）各々中		恐々謹言	亀山普請について	小畠文書

110	（天正6年）5月4日	（明智）惟日 光秀（花押）	臨江齋	床下	恐々謹言	明石着陣、洪水逗留	竹内文平文書
111	（天正6年）7月4日	日向守 光秀（花押）	西蔵坊 小畠左馬進 中沢又五郎		恐々謹言	河原尻保津川端まで	大東急記念文庫
112	（天正6年）7月24日	日向守 光秀（花押）	小左馬	御宿所	恐々謹言	亀山城普請	丹波・小畠文書
113	（天正6年）8月15日	惟日 光秀（花押）	小畠左馬進	御宿所	恐々謹言	人質連行	丹波・小畠文書
114	天正6年 9月10日	惟任 光秀（花押）	木俣清三郎	殿	状如件	播磨神吉城攻めの感状	木俣家文書
115	（天正6年）9月13日	日向守光秀（花押）	津田加賀守	殿 進之候	恐々謹言	八上城攻め参陣	坂本著書
116	（天正6年）9月15日	光秀（花押）	村上紀伊入道	殿	恐々謹言	木練之髪籠到来	五苗財団所蔵
117	天正6年 9月 日	（明智）日向守（花押）	圓通寺		仍如件	禁制	兵庫・圓通寺文書
118	（天正6年）11月朔日	惟日 光秀（花押）	越前守（小畠氏）	殿 御返報	恐々謹言	荒木村重の謀反	大東急記念文庫
119	（天正6年）11月3日	日向守 光秀（花押）	佐出（佐竹氏）	御宿所	恐々謹言	亀山の普請相延び	尊経閣文庫
120	（天正6年）11月15日	光秀（花押）	越前守（小畠氏）・彦介・波々伯部	殿 御返報	恐々謹言	諸勢亀山近辺居陣	上越市所蔵
121	（天正6年）11月19日	日向守 光秀（花押）	越前守（小畠氏）	殿 御返報	恐々謹言	金山・国領見廻り	大東急記念文庫
122	（天正6年）12月20日	惟任日向守 光秀（花押）	休夢斎	御返報	恐々謹言	摂州表不慮以来	中島寛一郎氏所蔵
123	（天正6年）12月22日	惟任日向守 光秀（花押）	奥村源内	殿 御返報	恐々謹言	有岡表の儀存分に属す	御霊神社
124	（天正7年）1月26日	日向守 光秀（花押）	宛名欠		恐々謹言	明智越前討ち死にについて	泉正寺文書
125	天正7年 2月6日	日向守 光秀 判	明智伊勢千代丸 小畠一族中		仍如件	遺跡安堵	丹波・小畠文書
126	「天正7年」2月18日	（明智光秀）（花押）	宮田村鍛冶 次郎太郎 矢代村鍛冶 治与五郎		仍如件	諸役免許	丹波・下坂井村文書
127	（天正7年）2月18日	光秀（花押）	関内藏助	殿	謹言	八上城に付城取り巻き	楠文書

128	天正7年　3月3日	光秀（花押）	大芋甚兵衛尉	殿	状如件	戦功褒賞	丹波志
129	（天正7年）3月13日	日向守 光秀（花押）	越前守（小畠氏）	殿 御返報	恐々謹言	出勢要請	蜂須賀文書
130	（天正7年）4月4日	惟任 光秀（花押）	和田弥十郎	殿 御宿所	恐々謹言	八上助命退城	補199
131	（天正7年）5月6日	光秀（花押）	彦介 田中□助 小畠助大夫	殿	恐々謹言	城中調略の子細	大坂青山短大
132	「天正7年」8月24日	（惟任）光秀（花押）	氷上郡 寺庵中 高見山下町人中 所々名主中 所々百姓中		者也	旧知還住	（840）457P
133	（天正7年）8月24日	惟任日向守 光秀（花押）	愛宕山 威徳院法印御坊	御同宿中	恐々謹言	上郡之儀存分に任す	安土城考古博物館
134	（天正7年）9月23日	惟任日向守 光秀（花押）	欠		恐々謹言	国領ヘ取りかかり	雨森善四郎所蔵
135	（天正8年）1月13日	日向守 光秀（花押）	三上大蔵大夫 古市修理進 赤塚 寺本 中路 蜷川	殿	恐々謹言	西国陣触れ・田畑開作	補207
136	「天正8年」2月13日	光秀（花押）	天寧寺		状如件	禁制	天寧寺文書
137	「天正8年」4月6日	光秀 判	柏木左九右衛門 河原三郎次郎 ほか7名とのへ		状如件	多聞以来無沙汰	南行雑録
138	（天正8年）5月4日	惟日 光秀（花押）	臨江斎	床下	恐々謹言	明石に着陣	賜蘆文庫文書
139	（天正8年）6月21日	日向守 光秀（花押）	出野左衛門助 片山兵内	殿 進之候	恐々謹言	和久左衛門城破却	御霊神社
140	（天正8年）7月15日	惟日 光秀（花押）	宗及 まいる申給へ		恐々謹言	宗啓罷り下り候	森川文書
141	「天正8年」7月23日	光秀	加茂ノ庄 惣中		者也	両代官への年貢納所	須磨家所蔵
142	「天正8年」7月23日	（斎藤）藏人 利三（花押）	門前 地下中		候也	白豪寺へ還住	白豪寺
143	天正8年　7月　日	（明智光秀）（花押）	宮田市場		仍如件	市場定書	丹波志
144	（天正8年）8月13日	明智弥平次 秀満（花押）	河上掃部介	殿	恐々謹言	普請申し付け	思文閣目録 二〇一四年
145	天正8年　8月17日	（明智）日向守 与一郎 兵部大輔（花押）	丹後国 江尻村		仍下知如件	禁制	成相寺文書

146	「天正8年」8月17日	光秀（花押）	威徳院法印	御同宿中	恐惶謹言	寺領寄進	色々証文
147	「天正8年」9月9日	光秀（花押）	井尻助大夫	殿	仍如件	知行宛行	古書展目録
148	（天正8年）9月26日	惟任日向守 光秀（花押）	東北院		恐々謹言	上使南都到着	898
149	（天正8年）9月26日	惟任日向守 光秀 滝川左近一益（花押）	白土	殿	恐惶謹言	大和知行方糺明	仲文書
150	（天正8年）9月28日	光秀（花押）	（宛名欠）		恐々謹言	大和指し出検地について	保井家文書
151	（天正9年）1月13日	日向守 光秀（花押）	三上大蔵大夫	殿	恐々謹言		吉田文書
152	天正9年 4月18日	光秀	瀬野右近 東沢加賀守	殿	仍如件	別院倉米相渡す	片山丁宣家所蔵
153	（天正9年）4月晦日	惟任 光秀（花押）	木俣清三郎	殿 進之	恐々謹言	両船住国使用	井伊美術館
154	天正9年 5月17日	片山兵内康□ 出野甚九郎康勝 粟野久二（花押）	杉生山右衛門尉	殿		和知衆知行指出	片山丁宣家所蔵
155	（天正9年）5月21日	光秀（花押）	島左（清興）	御返報	恐々謹言	楊梅一籠送付	宮坂文書
156	天正9年 6月2日	日向守 光秀（花押）	欠		如件	定 軍法条条	御霊神社
157	（天正9年）6月21日	（片山兵内）	欠			人数指出	片山丁宣家所蔵
158	（天正9年）8月22日	日向守 光秀（花押）	□□出羽守	殿	欠	因州表出陣	兼見卿記紙背文書
159	天正9年 9月27日	惟任 光秀（花押）	河瀬兵部丞・今井郷惣中	殿	恐々謹言	陣取り禁止	称念寺文書
160	「天正9年」10月6日	明智弥平次 秀満（花押）	天寧寺 納所禅師		仍如件	諸色免許	天寧寺文書
161	天正9年 12月4日	（明智光秀）（花押）（黒印）	納宇津領年貢米		如件	黒田 瀬瀧両所分年貢受取	中島文書
162	天正9年 12月4日	光秀（花押）	欠		如件	家中法度	万代亀四郎手鏡
163	（天正10年）2月11日	惟任日向守 光秀（在判）	喜多村出羽守	様 貴報	恐惶不褐	贈り物返礼	喜多村家文書
164	（天正10年）5月28日	惟任日向守 光秀（在判）	福屋彦太郎	殿 御返報	恐々謹言	山陰道出勢仰せ出に付き	阿波国古文書

165	(天正10年)6月2日	惟日 在判	西小	御宿所	恐々謹言	父子悪逆討果たし	武家事紀
166	(天正10年)6月2日	惟任日向守	小早川左右衛門佐	殿	誠惶誠恐	秀吉備中で乱暴	小早川家文書
167	(天正10年)6月2日	明智日向守 光秀 判	毛利輝元	殿	恐々謹言	信長大悪無道	松雲公採集遺編
168	天正10年 6月3日	(明智) 日向守 (花押)	大山崎		下知如件	禁制	離宮八幡社
169	天正10年 6月6日	(明智) 日向守 (花押)	多賀社中		仍下知如件	禁制	多賀大社
170	天正10年 6月7日	(明智) 日向守 (花押)	山城国 上賀茂 貴布祢		仍下知如件	禁制	上賀茂神社
171	天正10年 6月7日	(明智) 日向守 (花押影)	摂州河辺郡 開運寺		仍下知如件	禁制	渡辺重雄所蔵
172	天正10年 6月9日	光秀 (花押)	(細川藤孝)		以上	援軍要請	細川家文書
173	天正10年 6月9日	(明智) 日向守 (花押)	大徳寺 並門前		仍下知如件	禁制	大徳寺文書
174	(天正10年)6月12日	光秀 (花押)	雑賀五郷 土橋平尉	殿 御返報	恐々謹言	其国入魂	思文閣目録 二〇一四年
以下、年未詳文書							
175	(　年)1月25日	惟日 光秀 (花押)	野与兵	御返報			
176	(　年)2月24日	明十兵 光秀	奥源 (奥村源内)	殿	恐々謹言	一左右次第渡海候	個人蔵
177	(　年)3月7日	(明智光秀) 日向守 (花押)	山内衆		候	八木城修築の木材調達	弘文荘目録
178	(　年)3月19日	光秀 (花押)	児玉作右衛門尉	殿	恐々謹言	山田孫六其地へ相越す	保阪潤治旧蔵
179	(　年)3月28日	明智十兵衛尉 光秀 (花押)	東寺惣御中		恐々謹言	狼藉禁止	東寺文書
180	(　年)4月12日	光秀 (花押)	小左馬	御宿所	恐々謹言	余部近所迄御越し尤も	大東急記念文庫

181	（　年）4月13日	日向守 光秀（花押）	小畠左馬進	殿 貴報	恐々謹言	其元普請番油断無く	上田定緒氏蔵
182	（　年）4月21日	日向守 光秀（花押）	古賀山舟斎 人々御中		恐々謹言	書物品々出来本望	今枝氏古文書
183	（　年）5月4日	明智十兵衛尉 光秀 在判	光源院	侍者御中	恐惶謹言	御贈位勤行肝要	光源院文書
184	（　年）6月8日	斎藤内蔵助 利三（花押）	御役者中		候也	光秀屋敷に御出あるべく	日本書蹟大観11
185	（　年）6月11日	明智光秀	大中寺		恐々謹言	普請人足不参の叱責	古文書鑑
186	（　年）6月14日	明十兵 光秀（花押）	奥源（奥村源内）		恐々謹言	比叡辻ニ木浜之舟役を取る	益田家部下書
187	（　年）6月17日	光秀（花押）	河市	御返報	恐々謹言	其元普請	革嶋文書
188	（　年）6月17日	明智日向守 光秀（花押）	水越舎人	様	謹言	法順参り候	浜松市・玖延寺
189	（　年）6月29日	光秀（花押）	三□□	殿	かしく	煩い心元なく	前田家文書
190	（　年）7月26日	明智十兵衛尉 光秀（花押）	河井右近助	殿 御宿所	恐々謹言	大神楽参上	輯古帖
191	（　年）8月8日	惟任日向守 光秀（花押）	西方寺	尊報	恐惶謹言	丹後寺領分不明	福山寿久所蔵
192	（　年）8月23日	光秀（花押）	城州 山科西野村 百姓中		状如件	塩公事代官職、本願寺へ運上	早稲田大学
193	（　年）8月27日	光秀（花押）	（欠）		恐々謹言	御料所代官	（1102）812P
194	（　年）9月1日	明智弥平次 秀満（花押）	河上掃部助	殿	謹言	保喜村の塩見方より	思文閣目録二〇一四年
195	（　年）9月25日	十兵衛尉 光秀（花押影）	野村七兵衛尉	殿	恐々謹言	粉骨疵せられ	野村家文書
196	（　年）9月28日	惟任日向守 光秀（花押）	欠				天理・保井家文書
197	（　年）10月25日	日向守 光秀（花押）	小左	御宿所	恐々謹言	女共煩い別儀なく	
198	（　年）11月11日	光秀（花押）	欠		恐々謹言	彼方より書状拝見	中野文書

199	（　年）12月14日	明智十兵衛尉 光秀（花押影）	光明寺	御同宿中	恐惶謹言	寺領分元国名のこと	光明寺略記
200	（　年）12月16日	明智 光秀 判	西	とのへ 進之	如件	当郷所務に石監越	南行雑録
201	（　年）12月20日	明智 在判 村井 在判	所々 百姓中		恐々謹言	大徳寺領当知行	真珠庵文書
202	（　年）12月20日	惟任日向守 光秀（花押）	休□斎				中島文書
203	（　年）12月20日	光秀（花押）	伊藤同名中		謹言	鵜川請米難渋	伊藤晋氏所蔵
204	（　年）12月24日	日向守 光秀（花押）	岡本主馬助 岡本新三郎 ほか2名	殿	恐々謹言	有吉平吉身上之事	大阪城天守閣
205	（　）	日向守	大徳寺			銀子目録	大徳寺
206	（　）	明智日向守 光秀（花押影）	欠		以上	軍役之条々	古文書纂
207	（　）	あけち ミつ秀	欠 御返事参人々 申給へ		べく候	南の御所さまの御事心得候	宝鑑寺文書

〔凡例〕出典は奥野高広『増補織田信長の研究』を基本とした。（　）番号のみは、その文書番号。上参は上巻の参考文書とその掲載頁。それ以外は各種の史料集より採録。所蔵者略称。年記の「　」は付年号。（　）は推定年号。署名は光秀の官途や署判を示した。

★小久保嘉紀氏作成の「文書一覧」と照合して追加した。但し、無年号文書は保留した。

註

（1）①明智光秀文書研究会「明智光秀文書目録」（『近江地方史研究』三一号、一九九六年）、②立花京子「明智光秀花押の経年変化と光秀文書の年代比定」（『古文書研究』四六号、一九九七年）、③「明智光秀文書一覧」（『新修亀岡市史』資料編第二巻別冊、亀岡市、二〇〇二年）、④鈴木将典「明智光秀の領国支配」（戦国史研究会編『織田権力の領域支配』所収、岩田書院、二〇一一年）。

（2）藤田達生・福島克彦編『明智光秀―史料で読む戦国史―』（八木書店、二〇一五年）。

（3）註（1）の①〜③と、註（2）の成果を参考として、推定年号分もふくめて、編年順に並べ替えた。その際、原文を確認できたものについては、本文書止文言と内容摘記の項目を追加した。出典欄の番号は、奥野高広『増訂　織田信長文書の研究』（全三冊、吉川弘文館、一九八八年）での収録番号である。以下、同書収録文書の引用に際しては『信長文書』〇〇号と略記する。
（4）光秀の初見文書については、従来、「目録」30号とされてきたが、註（1）の②の立花氏の研究によって、これは元亀二年が妥当とされた。他にも初見文書については、「目録」3号とする見解もあるが（高柳光寿『明智光秀』吉川弘文館、一九五八年）、その根拠ははっきりしない。
（5）『信長公記』巻二。同書については、奥野高広ほか校注『信長公記』（角川書店、一九六九年）を用いた。
（6）①『新修大津市史』（3、近世前期、大津市、一九八〇年）、②谷口研語『明智光秀』（洋泉社、二〇一四年）。
（7）①芦田確次『丹波戦国史』（歴史図書社、一九七三年）、②長谷川弘道「明智光秀の近江・丹波経略」（二木謙一編『明智光秀のすべて』所収、新人物往来社、一九九四年）、③『新修亀岡市史』（本文編第二巻、亀岡市、二〇〇四年）、④鈴木将典、註（1）の④論文。
（8）立花京子、註（1）の②論文。
（9）①高柳光寿『明智光秀』（吉川弘文館、一九五八年）、②註（6）の①編著、③谷口克広『信長軍の司令官』（中央公論新社、二〇〇五年）ほか。
（10）元亀元年四月十日、僧禅識訴状（「東寺百合文書」ひ12の23、『大日本史料』第十編之四に収録）。
（11）狩野文書の（元亀二年）七月晦日付けの足利義昭御内書（『大日本史料』第十編の六収録）。
（12）『信長文書』二二八号文書・補遺七五号ほか。
（13）早島大祐「織田信長の畿内支配」（『日本史研究』五六五号、二〇〇九年）。
（14）和田穎一家文書（『新修大津市史』第三巻前編、九四頁）。
（15）谷口克広「元亀年間における信長の近江支配体制について—織田宿将の分封支配をめぐって—」（『日本歴史』四七一号、一九八七年）。
（16）鈴木将典、註（1）の④論文。
（17）本文書については、早くから写が「寛延旧家集」に収録されていることは知られていたが（『愛知県史』資料編11、織豊1）、その原本が二〇一三年七月の『思文閣古書資料目録』二三三号によって、関連文書二一点が一括して紹介され、その写真版も掲載されている。なお、最近になって、播磨良紀氏が「伊藤宗十郎家文書」(『中世史研究』四一号、二〇一六年)として、改めて、関連文書も含めた史料紹介をしている。

(18)　鈴木将典、註(1)の④論文。

(19)　註(7)であげた諸著のほか、①『兵庫県史』(通史編第三巻、兵庫県、一九七八年)、②『福知山市史』(第二巻近世編、福知山市、一九八三年)、③福島克彦「織豊系城郭の地域的展開—明智光秀の丹波支配と城郭—」(『中世城郭研究論集』所収、新人物往来社、一九九〇年)。

(20)　①永島福太郎「織田信長の但馬経略と今井宗久、付生野銀山の経営」(『関西学院史学』五号、一九五九年)、②拙稿「織田政権下の堺と今井宗久」(『信濃』六五巻八号、二〇一三年。本書第Ⅰ部第四章収録)。

(21)　小畠家文書(『兵庫県史』史料編中世)。なお、本文書と同日付けで小畠助大夫宛ての書状もあり、それでは左馬助は若年のため、助大夫が船井郡支配を任されている。

(22)　谷口研語『明智光秀』(洋泉社、二〇一四年)では、天正五年としており、前後の小畠氏宛て書状の年代推定も、通説とはかなり異なっている。

(23)　小和田哲男『明智光秀』(PHP研究所、一九九八年)。

(24)　天正三年十一月二十四日付け八木豊信書状(『吉川家文書』五九八号)。

(25)　芦田確次ほか、註(7)の①。

(26)　八上城の攻略年月を、天正七年六月とするものは、『新編亀岡市史』(資料編第二巻、近世)ほか。

(27)　下村信博『戦国・織豊期の徳政』(吉川弘文館、一九九六年)。

(28)　鈴木将典、註(1)の④論文。

(29)　註(13)に同じ。

(30)　『和知町誌』史料集(一)収録一四二号文書(和知町、一九八七年)。

(31)　同前、一三八号文書。

(32) 黒田基樹「室町〜戦国期の和知荘と片山氏」（藤木久志・小林一岳編『山間荘園の地頭と村落』所収、岩田書院、二〇〇七年）。
(33) ①芦田確次ほか、註（7）の①、②亀岡市史、註（7）の③参照。
(34) 福島克彦、註（19）の③論文。
(35) 鈴木将典、註（1）の④論文。
(36) 谷口克広、①『織田信長家臣人名辞典』（第二版、吉川弘文館、二〇一〇年）、②『信長の親衛隊』（中公新書、一九九八年）、③『信長軍の司令官』（同前、二〇〇五年）、④『信長と消えた家臣たち』（同前、二〇〇七年）、⑤『信長の天下所司代』（同前、二〇〇九年）。
(37) 鈴木将典、註（1）の④論文。

第三章　織田政権の東国進出と河尻秀隆

一、問題の所在

織田政権については、すでに戦前より多くの個別的業績があり、戦国期内乱の統一に一定の方向性を見出した意味において、それなりの評価が与えられてきている。しかしながら、それを封建制成立過程の究明の視点から、本格的に取りあげるようになったのは、戦後になってからといえる。それも当初においては、近世幕藩制の前提政権としてのみの把握に終わり、それが純粋封建制の成立であるか、封建制の再編成であるかの議論に流れてしまい、かならずしも同政権の権力論、下部構造論の問題、およびその総括的位置づけが展開されたとはいえない状況であったと思う。その後、太閤検地論を基調とする封建革命説の提示によって、改めてこれらの問題が再考されるにいたった(1)。

そういった意味での出発点として、今井林太郎氏の論稿があげられるが(2)、それとても信長の封建的な絶対君主制（純粋封建制）の確立過程に、従来の個別研究の成果を平面的に取り入れて、権力構造論が展開されているのみであって、かならずしも説得的であるとはいえない。しかし、そこで権力構造論の具体的分析事項として、家臣団構成、直轄領、在地構造などの種々の論点が整理されたことは、その後の研究深化の上で有効であった。

脇田修氏はそれをうけて、具体的な研究を積み重ねている。その中心的論考である「近世封建制の成立」によって、

その論点をみると、(3)封建制再編論の立場から、

①信長政権を本質的には中世領主権力とみる。

②信長政権は中世社会と新しい方向との矛盾の極限に位置する。

③この矛盾に対する領主的対応（具体的には領主層の勝利）が、近世封建制を生みだした。

④その具体的証明として、信長政権下の領主支配の一円知行＝一職支配の成立を想定する。

と要約できるかと思う。土地制度上の実際的な分析をともなうものだけに、かなりの説得性を持っているが、なおいくつかの疑問点も残る。それを左に列記すると、

イ、信長政権は、戦国期の分権的様相をあえて否定はせず、それぞれの条件（地域的な）に対応して権力を構築した、としている点。

ロ、反面、信長政権の一円知行権＝一職支配なるものが、中世的領主層に対する上級支配権の行使と規定されているが、これはイとは矛盾しないか。

ハ、信長政権下の領主層が、戦国の動乱や一揆に圧倒的勝利を収めたというが、はたしてこの段階で、そういえるかどうか。

ニ、信長政権の畿内の直轄地及び家臣知行地などと、占領地支配との構造的差違はどうなのか。

ホ、ニとの関連から、信長の東国社会進出の意義と、その支配の特性はどうなのか。

などである。本章では、これらすべての問題に検討を加える余裕はないが、主にニとホの問題を論の中心をおきつつ、その他の点も意識して、具体的には、信長政権下の最終段階で甲斐国支配を行った河尻秀隆を取り上げ、支配の実態、

その結果としての武田氏の滅亡、さらにはそれをとりまく徳川氏、後北条氏などの動向をみながら、天正十年段階における織田政権の東国での大名領国制と、在地勢力との対応関係を考えてみたい。

二、織田政権の統一性と東国進出

織田政権に関しての研究史的整理は、若干ながら前述したので、ここでは主にこの政権の統一の方向性と、天正三年（一五七五）以降に始まる東国進出の実態と、その歴史的意義について考えてみたい。まず、信長の軍事行動にともなう領国拡大過程については、従来の研究でその全貌はほぼ明らかであり、その段階的整理もなされている。とりわけ早くに、奥野高広氏によって『織田信長文書の研究』が編集されたことにより、一層その具体的様相が明らかとなってきた(4)。

周知のごとく、天正三年五月の長篠の戦いで、武田勝頼に圧勝して、信長の東国進出が初めて具体的となる。そのことは、長篠の戦い前後の信長の文書を検討すれば自ずと明らかになるが、とりわけ同年六月十三日付けの上杉謙信への返状で、「然者至信州可出勢候、連々自其方承候儀も候条、此節至信甲可被及行之儀、幸時分候歟(5)」と、すぐにも武田氏を追撃する意志を述べている。これは明らかに信濃への進入を意図していた上杉謙信に対する牽制であり、しかも実際的な行動をともなったものであった。そのことは、不成功に終わったが、信長からの信濃の旧大名であった小笠原貞慶・村上国清らへの積極的な働きかけがあり(6)、加えて信長の東国進出の意図は、武田氏を取りまく周辺の

東国諸地域の大名に宛てられた次の書状からも窺われる。(7)

ア、(天正三年)十月二十五日、伊達輝宗宛、「東八刕之儀、是亦、畢竟可任存分候、然者程近切々可申通候、所用之儀、無疎意候、」

イ、(天正三年)十一月二十八日、佐竹義重・陸奥、田村清顕・下野、小山秀綱ら宛、「武田四郎一人討漏候、然間、向彼国令出馬、可加退治候、此砌一味、為天下為自他可然候歟、」

ウ、(天正四年)二月十日、小笠原貞慶宛、「甲州へ行に及ぶ、」

以上のように、武田氏追撃、さらには東国進出の意志を強く表明している。確かに結果論として、その翌年に足利義昭の働きかけによって、武田勝頼も加担した一向一揆、毛利氏、上杉氏らの信長包囲網が進行したため、こういった信長の計画も空手形に終わってしまっているが、天正三年の段階で、これらの動きを考えた場合、これを信長一流の虚勢とのみ評価することは、あまりにもその実態を過少評価しているといえる。つまり、信長の東国進出への積極的な動向、それは具体的には、織田信忠(岐阜)配下の河尻秀隆と、徳川家康(浜松)とに委任せざるを得ない客観情勢ではあったが、こういった事実をこそ重要視せねばならない。したがって、これ以降に毛利氏と全面的な対決を展開したことと併せて考えると、天正三年段階に初めて、信長の天下統一への全面的な軍事行動が具体化したといえる。その後、東国に関しては、主としてその動向は家康を通じて察知しており、また可能な限りで陸奥や北関東の諸大名へも積極的な働きかけをしている。(8)

以上のような、信長と東国との関係を取り上げたものとして、粟野俊之氏の著書がまとめられている。そこでは従来、武田氏滅亡期のみが取り上げられていた信長と東国との関係が、天正三年五月の長篠の戦いでの勝利によって初めて具体的となり、北関東や南奥羽の大名との外交交渉が積極的になってきた状況が述べられている。天正五年十一月には、信長が北条氏を対象とした関東出兵を表明したとも述べている。その出典は明記されていないので疑問であるが、翌年六月以降の越後御館の乱によって関東の政治情勢は一変し、北条氏は織田政権への接近を計っていったとの点は参考となる。本章との関係でも、天正十年二月以降の甲州攻めの経過が詳細に述べられており、その結果として三月二十九日付けの旧武田氏領の「知行割覚」（『信長文書』九八三号文書）も紹介されている。ここでは河尻秀隆の動向にはあまり触れられていないが、厩橋城に入った滝川一益の役割については詳細に検討されている。(9)

さてこの時期における河尻秀隆の動きであるが、それを証する記録は皆無に等しい。前述したように、織田信忠配下にあって直接的に武田氏と領国を接する立場にあったことから考えて、その軍事的緊張度は容易に推定し得る。こういった点からも、これ以後の武田氏をはじめとする東国の戦国大名の動きが、信長の統一過程と直接的に対決していくことをみても、信長政権の求心性＝統一の方向性の強さを評価せねばならない。そのことは天正十年段階で、最終的に武田氏を滅亡させ、初めて東国進出を実現し、後述するように有力家臣層を投入して占領地の在地支配の直接的把握を強力に推進していく過程をみれば、その統一の方向性は単に軍事行動面だけのものではなく、ある程度、在地の支配状況と密着したものであったと考えねばならない。

しかしながら、畿内近国支配の場合とは異なり、余りにもその支配期間が短かったこと、東国大名領の中世以来の在地性の強さに対する認識を欠いた点などにおいて、在地と遊離した結果となり、充分にその統一の方向性を実現しないまま、徳川政権にその歴史的使命をゆだねていくことになる。以下、具体的にその過程を述べることにする。

三、河尻秀隆の入国と武田氏の滅亡

河尻秀隆に関しての従来の論考は皆無であり、その概要も残念ながら、『大日本史料』にまとめられているものくらいである[10]。他に『信長公記』などの信長側の伝記や戦記類、『甲陽軍鑑』などの武田側の戦記類に、断片的にその軍事行動面が散見しているが、それ以上に、徳川幕府の創業記類（後出）には多くの記事が見えている。しかし、これらはいずれも同程度の内容と分量しか持たず、あまり良質の史料とはいえない。

また、古文書にしても、河尻氏関係のものは極端に少なく、織田氏関係のものを加えてもなお僅少であることに変わりない。こういった史料的制約もあって、従来、個別研究の対象とはなり得ず、もっぱら武田氏の滅亡過程、あるいは徳川家康の甲斐支配の問題を述べるなかで、簡単に触れられていたにすぎない。

甲斐入国以前の河尻秀隆について、管見の限りでその略歴に触れておきたい。まず『寛政重修諸家譜』[11]には、醍醐源氏として「左大臣高明の後胤三郎実明、頼朝将軍に仕へ、肥後国飽田郡河尻に住せしより称号とす、其後裔肥前守鎮吉、織田家に属し、その長男肥前守直次、関原の役に戦死」とある。肥後の河尻氏を裏付ける文書は、一、二、三点見られるが[12]、南北朝～戦国期の間は全く空白なので、その関係は不明である。

次に『河尻氏系図』には「重遠」という人物があり、やや具体的な略歴を載せている[13]。それによると、天文初年頃には、尾張守護代の織田大和守信武に属していたとみえているから、信長の父弾正忠信秀は、その清洲織田家の三奉行であったから、すでにこの段階で信長家とは主従関係にあったと思われる。いわば後年に信長家臣団の中核となった清洲譜代の家臣であり、その所領規模も二千貫位の地侍的土豪層であったと思われる。[14]
永禄十二年（一五六九）に美濃国勝山城に移され、初めて武田氏と領域を接する位置となり、その関係から没後の墓は同地の長蔵寺に営まれ、肖像画も作られている。[15] その讃（傍線筆者）に、

當寺大壇那、前肥前刺史、姓河尻氏与兵衛尉者、織田信長公上総守老臣之一人也、才識超世名望動時、永禄年中赤黒幌武将選二十人、肥前守黒幌第三人也、信長伐於東濃、略猿食城、始以勝仇、改名謂勝山、即使肥前守拠此、（中略）信長伐甲府武田勝頼、頒賜甲之半国並信州諏訪里、住未幾而、天正十年壬午六月二日、信長為惟任日向守殺、勝頼残党信長訃音、倡府中邑民、同月十八日遂害之、余壬寅（寛文二年）入寺歳諡之、號長蔵寺殿洞水端雲大居士、

とあり、[16] 比較的正しく秀隆の略伝を述べている。

他に『恵那郡史』では、天正三年（一五七五）の美濃国岩村城入城について、天正二年二月に美濃国明智城救援、同三年五月の長篠の戦いで軍勢を指揮、同年十一月の岩村城攻めに成功し城主となるとある。しかしその出自に関しては、伊勢の人鎮祐の子としており、その典拠は明らかにされていない。

『信長公記』の関係記事は検討していないが、秀隆宛の信長文書としては、唯一、天正七年十月二十七日付けで、有岡城の荒木村重攻めに参陣した折のものがみられるにすぎない。[17] その後は天正十年三月に甲斐国府中に配転されるまで岩村城に在城し、もっぱら東美濃地域の領国安定化、及び武田氏への備えとなったため、天正四年以降に信長の主戦場となった一向一揆や毛利氏などへの戦線には、積極的に加わった形跡がみられない。

前述したごとく、織田信長は天正三年五月の長篠の戦いに大勝して、初めて東国進出が具体化した。しかしそれも畿内・西国の統一過程にあっては、徳川家康（浜松）と織田信忠（岐阜）に、その実際的な軍事行動を任せざるを得

ない状況であった。

秀隆はその信忠の指揮下にあって、武田領の伊那谷の松尾城、木曽谷の福島城と直接的な対決をしていた。こういった秀隆の信長政権における位置づけは、次の秀隆書状から具体的に読みとれる。(18)

雖未申通候、令啓上候、随而今度信長以直礼被申入候之間、被仰調尤存候、必来秋者、到信州表出勢可有之由候之条、早速御還補之事勿論候、別而其許御才覚此時候、将亦、信・濃堺目有事候之間、向後相応之儀、不可存如在候、（下略）

（天正三年）二月廿六日　　（河尻）秀隆（花押）

（貞慶）小笠原右近大夫殿

人々御中

つまり、長篠の戦いを前にして、もと信濃国深志城主であり、武田氏に逐われて在京していた小笠原貞慶に対して、信濃国諸勢力の反武田化を呼びかける役目を果たしている。こういった秀隆の働きかけがある程度の効果を現わしていたことが、次の信長文書によって明らかである。(19)

重而十九日書状、披見候、

一、飯田・大嶋落居付而、高遠一城敵相拘之由聞届候、然而先度申聞候可然所二三ヶ所伝城普請可仕事専一候、不可油断候、

一、武田四郎高嶋ニ居候間、甲州へ引退候由、弥実儀聞届、重而可申越候、

一、四郎新城にらか崎事、普請不出来、手広候間、定可為其分候、然時ニ可籠城哉之由、得其意候、

尚々、四郎居所聞届可注進候、駿河口・関東口・川中嶋・木曽口何へも手当仕、四郎無之由、是又可為其分候、たとい人数候共、如此之上ハ、退治不有程候、（中略）

一、木曽人質事ハ、此方へ来共、岩村ニ置候同前候、我々出馬之時召連候て可取置候、

一、高遠面可陣取之由、各令相談、あとあとの儀よく示合、少も無越度之様、調儀肝要候也、

（天正十年）二月廿三日　　信長（黒印）

河尻与兵衛殿

これは既に天正十年二月の緊迫した段階のものではあるが、ここに見られるごとく、秀隆の働きかけによって、二月朔日に木曽義昌が武田氏を離反するに及んでおり、初めて信長の武田氏調略が具体化した。この場合、いかに秀隆の武田方への先方衆的な働きかけが、この計画のうちで重要な役割を果たしていたかに注意すべきである。以下、武田家滅亡の経過を『信長公記』を中心に年表化すると、次頁の表1のようになる。

こうして、わずか一ヶ月のうちに武田氏は滅んでしまうが、なぜこうももろく壊滅してしまったのであろうか。鈴木良一氏は、それを武田氏の領国体制が一族と被官からなる国人・地侍の強制把握に基づいており、その古さ故に織田・徳川の進撃をうけると、国人・被官の離反となって、その弱さが暴露したと指摘している[20]。

確かにそういった側面も、結果として強く出ていることは明らかであるが、もっと根本的に考えるなら、こういった国人・地侍の在地性の強さが何によるのか、さらにはその基盤となった在地構造の特質は何なのか、つまり生産段階の規定性からみた農業経営の問題、また流通機構などの再生産構造の問題などを具体的に検討する上で明らかにされなければならない。そういった戦国期甲斐の在地性の諸問題は、多くを今後に期したいと思うが、武田氏滅亡後の

月	日	織田側の動き	日	武田側の対応
2	1	木曽義昌を誘降	2	勝頼、諏訪上原へ出陣
	3	信長、森庄蔵らを先発さす	6	下条九兵衛ら離反
	6	河尻ら伊那谷に入る	14	飯田城落城
	9	信長、総陣触れ	16	鳥居峠で敗退、大島城落つ
	12	信忠、岐阜を出発	25	穴山梅雪離反
	13	家康、浜松より駿河へ進入	28	勝頼、新府帰城
	14	信忠、岩村着陣		
	16	信忠、大島城に入る		
	23	河尻ら高遠城包囲		
3	3	信忠、上諏訪着陣	2	高遠城落城
	5	信長、安土出発	3	勝頼、新府城を焼く
	7	信忠、甲府入城	7	武田一門成敗
	11	信長、岩村城に入る	9	小山田信茂離反
	19	信長、上諏訪着陣	11	武田家滅亡
	21	北条氏の使者出仕	20	木曽・穴山、信長に出仕

表1　天正10年2・3月、織田・武田両氏対照表

甲斐に入り、その在地状況との遊離によって自滅崩壊していった秀隆の政治状況を検討することで、あるいは多くの共通点が発見できるかもしれない。

四、河尻秀隆の甲斐支配の実態

天正十年（一五八二）三月十三日、信長は武田氏滅亡を柴田勝家らの重臣に通報し、「駿・甲・信、無滞一篇申付候間、不可有気遣候」といっている。(21) そしてその具体的処置として、旧武田氏領の新知行割を定めた。(22) 河尻秀隆はその軍功により、甲斐一国（穴山領を除く）と諏訪領を宛行われた。その甲斐・信濃に対しては、特に国掟を定めて、その支配の基本方針を示している。次にそれを掲げ、検討を加えてみよう。(23)

国掟　甲信両州

一、関所役・同駒口、不可取之事

一、百姓前本年貢外、非分之儀、不可申懸事

一、忠節人立置外、廉かましき侍生害させ、或者可追失事
一、公事等之儀、能々念を入令穿鑿、可落着事
一、国諸侍に懇扱さすか、無油断様可気遣事
一、第一慾を構に付て、諸人為不足之条、内儀相続においてハ、皆々ニ令支配、人数を可拘事
一、本国より奉公望之者有之者相改、まへ拘候もののかたへ相届、於其上可扶持之事
一、鉄砲玉薬・兵根、可蓄之事
一、進退之郡内請取、可作道事
一、堺目入組、少々領中を論之間、悪之儀不可有之事
右、定外於悪扱者、罷上直訴訟可申上候也、
天正十年三月　日

これは、占領地支配の基本方針を示したものであり、ほぼ同趣旨のものが、天正三年九月に朝倉氏滅亡後の越前にも出されている(24)。この内容を大別すると、①家臣団統制の一元化、②貢租収納体系の一元化、③流通機構の一元化、④軍備の強化となり、確かにこの限りにおいては、統一政権として、畿内近国に一職支配を貫徹しつつあった封建君主の面目躍如たるものがある。

しかし、問題はこの種の掟書が誰を主対象に出されたものか、またどの程度にその内容が在地で実質化されたかであろう。越前の場合もそうであるが、この国掟は、遠隔地の占領地支配における信長へ帰属した有力家臣層を対象としたものであり、それ故にその地域の在地状況を考慮したものではなく（むしろ否定的要素が強い）、単に畿内近国に

おける信長政権の支配方式をそのまま適用したにすぎなかったのである。したがって、在地における国掟への対応は、当初から対決的側面が非常に大きかったことを考えるべきである。そういった矛盾を、以下、在地側の史料によってみることにする。

前述したごとく、秀隆はすでに天正十年の三月七日には信忠に従って甲斐国に入り、武田家追撃の主役を勤めている。信長は武田氏滅亡後も直に甲斐には入らず、もっぱら秀隆による先の国掟を梃子とした領国再編成の成り行きを静観していた。秀隆が第一に苦心したのは、国掟の命題①である家臣団統制の一元化の問題であり、そのために相当に徹底した軍事行動を起こしており、それが後に反秀隆の動きを活発にする遠因となっている[25]。

しかしながら、四月十日に信長が甲府を発して安土への帰路につくまでは、信長が発した多数の禁制が示しているように、秀隆の領国支配への主体性は認められず、もっぱら信長の代行者でしかなかった。

甲斐国内に発給した秀隆文書の初見は、やっと四月十六日になって、次のようなものが、巨摩郡青柳村の百姓前宛てに出されている[26]。

当郷令還住、作職免可申付候、然上下々非分儀在之者、可加成敗者也、

天正拾年卯月十六日　　　秀隆〈黒印〉

西郡　半右ヱ門

与一左ヱ門

善兵衛

この種のものは、他にも多数発給されていたと思われるが、現存は一通のみである。これは国掟の①に対応するも

のであり、旧武田家臣団の給人没落後の村落内秩序の回復に努め、その直接的な把握を狙ったものである。武田氏滅亡当初、給人はもとより地下人の逃亡も顕著であり、しかも残存したものの対決的要素が強いのである。以下、現存するすべての河尻氏発給文書を示すと、(27)

①四月十七日　吉田神主居屋敷分の安堵（佐藤清二郎宛）
②四月十九日　河口郷御師の屋敷買徳田地の安堵（玉屋宛）
③四月二十一日　旦那屋敷・田畠の安堵（あさかわの六郎右ヱ門宛）
④五月九日　吉田の西念寺の年貢催促（西念寺宛）
⑤六月十二日　西保の武藤の知行宛行（武藤久左ヱ門）

と、都留郡内地域にのみ集中して残存しており、国中の地域は少ないが、その理由は判然としない。

これらによると、三つの特徴を認めうる。一つは旧武田給人を通さず直接的に村落内百姓前に働きかけている点、二はその内容が旧体制下の農村秩序の安堵である点、三はさらに本年貢のみを対象として、財政基盤と領国支配を安定化させようとの意図である。つまり、これらの点よりみても、先の国掟の条項がかなり実際的に在地に適用されていることが明らかであり、その究極の目的が年貢収取体系の一元化による在地掌握にあったことは確かである。

しかしながら、その実態は、国中地域にこうした黒印状が見られないこととも併せて考えると、とくに④の西念寺領の年貢催促状に「西念寺領年貢等速可有弁済候」とあるごとく、現実には農民の逃散、武田給人の一揆的反抗などによって、その目標の貫徹度は極めて低かったと考えなければならない。

秀隆のこういった領国支配の基本政策は、これ自体一円的に、しかも徹底した一職支配が実施されたならば、武田氏治下の中世的生産構造をもつ甲斐にとっては画期的な政策であり、必ずや、信長の東国進出の意図や役割を充分に果たしおおせたと思われる。しかしながら現実には、旧武田給人の在地性の強さ、農民側との基本的矛盾より生ずる対決の認識不足など、その意図に反して実際には在地構造から遊離した存在でしかなかったところに、河尻政権の武断的かつ専制的な侵略者としての限界があった。そこに本能寺の変後にもろくも領国支配が挫折してしまう根本原因があったと思われる(28)。

これは単に甲斐国のみならず、武田氏旧領に進出した滝川一益以下の信長政権下の東国支配者全員に看取されるところであり、そこに統一政権としての限界もあったと思われる。

五、河尻氏の失政と徳川氏の動向

天正十年（一五八二）六月二日の本能寺の変を、河尻秀隆は甲斐府中の岩窪館で、十日頃になって初めて聞いた。しかも事件を知って急ぎ岡崎に帰城した徳川家康からの急使によって、初めて正式に知ったらしい(29)。その点、厩橋城の滝川一益、海津城の森長可、小諸城の道家彦八郎、飯田城の毛利長秀らが、国衆・地侍らの追撃をうけながらも上京したことにくらべ、秀隆の場合は、甲斐国内の国衆・地侍との対立関係が一層緊迫した状況にあったと思われる。

つまり、旧武田家臣を中心とした国内給人層（地頭・軍役衆）の旧地回復運動による河尻氏打倒の不穏な動静によって、彼は身動きがとれなかったのである。その状況を徳川氏側の記録であるが、江戸幕府の創業記類によってみてい

くと、まず『三河記』には、[30]

河尻肥前守ハ俄ニ大名ニ成リ、甲斐一国ヲ領シケルカ、生質アラキ武士ニテ礼義ヲ不知、国家ノ制度万事信玄ノ古風ニ違ヌレハ、国民懐ラス、恐ヲ成シ、方々ノ山林ヘニケカクル、マシテ先方ノ侍ハ恨ヲ含憤ヲ抑ヘ、下風ニサマヨヒシカ、信長被殺ケルヲ聞テ一揆ヲ起シ、河尻ヲ退払ントス、

とあり、多少の脚色はあるにせよ、秀隆の領国支配が完全に在地側と対決した状況であったことを伝えている。また、江戸末期のものではあるが、甲州側の記録にも、[31]

甲州事定りけれども、軍用全く不足なりしかば、河尻が家人共、国中を乱暴し、民家へ押入り、金銭を奪ひしかば、国敵といひ欺かる逆賊捨て置くべきにあらずとて、国中の百姓打集り、河尻を討ちて武田家の仇をも報ずべし、

と、同様の内容を記している。

こういった状況で、秀隆は容易には甲斐国を脱出できず、しかも、加えて背後には家康の甲斐への積極的な働きかけがあった。つまり、家康は六月五日には岡崎へ帰城し、翌六日には、岡部正綱を甲斐の穴山氏領の下山に向わせ、築城を命じている。[32]そうしておいて、前述したように信長の死を秀隆に知らせるべく、本田信俊と名倉信光に甲斐への出発を命じている。これについては、家康側の記録がたくさんあり、詳しく見るとその内容には少しずつニュアンスの違いがある。それを大別すると、三つくらいに整理できる。

①家康が河尻氏の救援のために、家臣を甲斐に赴かせた（『御先祖記』四、他）。

②『武徳編年集成』などに見られるごとく、「十四日、甲陽ノ国人、今般神君ノ両使ハ川尻肥前ヲ亡スヘキ旨国中へ下スヘキ為也」と、当初から、家康が甲斐に積極的に介入しようとしていた。

③『北条記』にあるように、「信長公御死去是非なき次第也、貴殿家康と御入魂なれば、以後においても家康下知に随ひ給ひ万事納得肝要」と、家康への降伏を勧めた(33)。

そして、秀隆のこれら使者に対する扱いに関しては、すべての記録が、「肥前守心ニハ家康公の御表裏と存知違い、或夜児小姓ニ申付て百介か寝首をかかせける」(34)と、秀隆が家康の善意を取り違えて本田らを殺害してしまったといっている。はたして秀隆がそのように状況を見誤っていたかは疑問である。このへんのところに幕府創業記類の虚構性が看取される。

つまり、家康の甲斐領有の意図は当初より明確であったと思われ、そのために前述したように、岡部正綱を先発させているし、また「家康公曽根下野守・岡部次郎右ヱ門両人を被遣、甲州の者に本領安堵の書付を被下候故、川尻、家康公の御表裏かと思ひ」(35)と、秀隆を無視した実際的な行動をとっていたのである。

こうした動きは、同じく河尻氏領であった諏訪郡内においても同様であり、郡中に家康の禁制が掲げられ、必然的に秀隆とは競合関係にあったと思われる(36)。つまり岡部正綱の下山派遣は、穴山梅雪没後の穴山領の奪取にあり、本田らの派遣の目的は、明らかに河尻氏領の奪取にあった。従って秀隆が自己防衛に出たのは当然の行動であり、さらに加えるならば、本田らが十日に府中に着き、十四日に殺害されるまでの間に、例えば次のごとく、

> 然ル所ニ信長聞他界之由、国中庶民不相随、百助ニ可相随体也、先起一揆、河尻居所へ押寄、百助扱之、河尻ヲ上方へ可相上之旨相擬所ニ、河尻無左右百助ヲ令生害、

と、本田らが国内の旧武田給人に一揆の働きかけをしていた形跡を認めうる(37)。しかしながら、本田らの存命中に一揆は起こらなかった。それが河尻氏打倒の一揆として集結出来たのは、

本田が家来共大きに憤り、百助の家人寄集り、（中略）武田家の浪人壱人弐人と聞及ひ、件の家人走り集て彼是と相談に及けるが、程なく一揆を起し川尻が家を取囲ミ、早速攻破テ川尻を始め従卒共を悉討殺ス、

とあるように、[38]本田らの家人共がまず中核として蜂起したからであり、従来の所説のように、武田浪人と百姓共が河尻の悪政を憎み、自発的に一揆結合したのではない。

さらにいうならば、十四日に本田らが謀殺されてから、十八日に秀隆が一揆に殺害されるまでの間に、[39]従前以上に積極的な家康及びその有力家臣らによる一揆側への働きかけが強くなされていた形跡を認めうる。つまり、本田らが殺害されたことによって、家康側の河尻氏打倒の大義名分が出来あがり、それが領内の国人・土豪の共鳴をも呼び起させたのである。その辺の事情を「岩淵夜話別集」では、次のように伝えている。

信長ト中合タル筋目ヲ立、随分ト川尻為ヲ思ヒトウスル所ニ、夫ヲ過分ト不思、（中略）信長ト一旦ノ被仰合ハ相済申候、此上ハ御人数ヲ被指向、川尻ヲ御討果シ被遊ヨリ外御座有間敷ト、各達テ申上ル、

さて、この事件を徳川側の史料によりつつ、「一揆」という表現を多用してきたのであるが、この場合の一揆の実態把握については、従来のように積極的に評価出来ないという結論に達する。

すでに述べて来たように、これは徳川氏のその後の政治過程に則して作られた虚構であって、とくに一揆と称して、国人・地侍、百姓までをその論理にとり込んでいることは、全く事実に反しているといえる。その実態は、本田らの徳川家臣と一部の武田浪人衆らの反河尻氏勢力が、家康の働きかけによって動いたにすぎず、したがって事件の規模も小さく、事件後すぐさまその結果の詳細が家康へ報告されており、[40]秀隆没後の混乱にも目立ったものがなく、武田氏旧臣の多くが家康家臣団に吸収されてしまうのである。

その点、同じく信長政権の東国支配下である信州・川中島の森長可領で、同年四月五日頃に起こった一揆の動向が『信長公記』に見えるが、これと秀隆謀殺事件とは本質的な違いがあると思われる。試みにこの場合の一揆の主体者を、諸記録がどのように表現しているかを見れば、次のようになる。

国人……………家忠日記、武徳編年集成
地侍……………武功雑誌
郷士……………寛政家譜
武田家浪人……落穂集
国人・郷民……御年譜微考
浪人衆・百姓…甲陽遺聞録、甲斐国歴代譜
百姓……………御先祖記
町人・百姓……兜巌雑記

前述したような事件の経過と、これら記録の虚構性を考えれば、この場合の主体性が、国人・百姓側にあったとは考えられない。ちなみに、この事件で直接河尻氏の館を襲った人数は二、三百人との記録しかみえない(41)。

こういった点より考えて、統一政権段階にあるこの時期の一揆の実能把握について、とくに農民（百姓・町人）の評価については、あまり積極的な評価は与えられない。しかしこうした状況から、脇田氏のように、この現象を領主側の圧倒的勝利によって近世幕藩制の成立をみると考えるのはどうであろうか。信長政権下の秀隆をはじめとする東国新領主の敗北、在地からの完全遊離などを考えた時、畿内はもとより、東国・西国を含めての一円的一職支配が、その在地の下部構造にまで浸透していなかったといえるのではなかろうか。それを成立させるのは豊臣政権の出現を待たねばならないといえよう。

しかしながら、だからといって信長の東国進出の意義を消極的に評価する必要もなく、むしろ従来、問題としなかった視点として、近世幕藩制成立史の上に、それなりの意義をもって位置づけるべきではないかと思う。そういった点より、河尻政権の果たした歴史的な意義に関して、若干の整理をしておくと、

①挫折はしたが、国掟の内容にうかがえるような新しい傾向、及びそれを不充分ながら実現させようとする河尻氏の支配体制を考えることによって、武田氏とは異なる近世的再編成のきっかけになった。

②その意味から、東国に戦国段階の終結の可能性をもたらした。

③その点を具体的に述べれば、徳川政権の関東進出の定着化の契機と原動力になった。

④さらに、こういった秀隆をはじめとする織田政権下の有力家臣層の東国における封建領主化の挫折が、そのまま織田政権の統一政権としての限界を示しているといえる。

まとめにかえて

最後にまとめにかえて、秀隆没後の徳川氏の甲斐入国、及びこの動乱に乗じてやはり甲斐進入を図った北条氏の動向にふれておくと、まず北条氏の本能寺の変への対応は、河尻氏よりさらに数日遅く、しかも、重点が滝川一益領の

北関東・信濃東部に向けられていたため、甲斐への対応は若干遅れている。[42]

しかし、まもなく甲斐への進入も相州口・武州口の二方から行われ、とくに相州口から都留郡への進入に際しては、六月十五日に北条氏政より、都留郡山中郷の渡辺庄左ヱ門尉に対して、[43]「郡内江差越間、早々罷移、前々被官共、又因之者をかり集、相当之可致忠信候、(下略)」と、旧武田給人を扇動しつつ、彼らを先方衆に仕立てながら、府中に迫る気配をみせている。

武州口の雁坂峠より進入した北条氏邦も、同様の方法で東郡の大村三右ヱ門尉ら武田浪人の一揆的蜂起を契機として、甲斐に攻め入る予定であった。[44]しかしながら、前述したように、本能寺の変後の家康の対応は機敏で、十八日に河尻秀隆が没落するや、『三河物語』によると、

然る処に、大すか五郎左ヱ門尉と、岡部の次郎右ヱ門尉、あな山内之者共を指つかわ志給へバ、あな山衆と、岡部次郎右ヱ門尉ハ古府中へ付、大すか五郎左ヱ門尉ハ市河にいたり、然共爰々彼方一騎共にて志づまらざる処へ、大久保七郎右ヱ門尉、姥口へ付たる由を五郎左ヱ門尉も聞而、さてハ七郎右ヱ門尉が付たるか、今ハ心安とておふいきをつきける処に、石河長士、本田豊後親子も付たると申けれバ、大方一騎も志づまりけり

とあるように、直ちに国内の動揺を押え、同時に北条氏の支援で一揆していた都留郡内・盆地東郡の旧武田給人らの動きをも封じてしまった。[45]その結果として、次のような文書が発給されている。

今度刈坂郡内一揆等、至東郡蜂起之処、各示合始大村三右ヱ門尉、無残党悉被討捕之由、令感悦候、弥其国静謐之様馳走肝要候、(下略)

(天正十年)六月廿二日　(徳川家康)御実名　御居判

有泉大学助殿
並《ならびに》梅雪斎人衆

この家康書状にみられるように、[46] 甲斐領有のイニシアチブを徳川氏が握っていくことになる。それ以後の徳川氏の領国支配形態の特質に関しては、すでに多くの論稿があり、[47] かなり研究も進んでいるのでそれらを参照されたい。

註

（1）その研究史整理は、朝尾直弘氏が『日本史研究入門』Ⅲ（東京大学出版会、一九六九年）で行っている。以下の研究史の整理については、本稿をまとめた一九七〇年頃までの状況を述べたものである。

（2）今井林太郎「信長の出現と中世的権威の否定」（『岩波講座　日本歴史』九、近世1、一九六三年）。

（3）脇田修「近世封建制の成立―信長政権を中心に―」（『封建国家の権力構造』所収、創文社、一九六七年）。他に「織田政権の農民支配」（『龍谷史壇』六〇号）があり、これでは主に織田政権の年貢夫役の徴収につき、年貢の惣国免相と夫役の一円領主側徴収という対比から、中世末の個別領主による収納体制を打破したものと把えている。

（4）『織田信長文書の研究』上下二巻（吉川弘文館、一九六九年）。『増訂版、補遺・索引共三冊』（同前、一九八八年）。以下、同書は『信長文書』〇〇号と略称する。

（5）『信長文書』五一八号。

（6）『信長文書』五二六号、および註（20）の著書を参照。

（7）アは『信長文書』の五七一号。イは六〇七号～六〇九号文書。ウは「小笠原家文書」。

（8）家康が東国の情勢を信長に伝えている史料としては、『信長文書』の七六八・八〇一号文書などで明らかである。また、信長の直接的な働きかけを証するものは、『信長公記』天正七年条に見える北条氏・宇都宮氏上洛記事などがある。

（9）粟野俊之『織豊政権と東国大名』（吉川弘文館、二〇〇一年）。

(10)「第十一編之二」。天正十年六月十八日条にその史料集成が見られるが、主として徳川幕府の創業記類によっており、同一記事が多い。
(11) 続群書類従完成会版、第二十巻六四頁。
(12)『九州史学』四三号の史料紹介の中に、観応二年八月二十七日付け河尻肥後守宛足利直冬御教書案（深堀文書）と、同年六月二十三日付け守護代宛河尻肥後守遵行状（高城寺文書）がみられる。
(13)「美濃国諸家系譜」（『大日本史料』第十一編之一所収）に見えるものであるが、史料的には難点が多い。参考までに左に記すと、
重遠—或重吉、幼名与四郎、河尻与兵衛、天文十一寅年八月十日小豆坂合戦十六歳ニテ出陣、大永七丁亥年生、実ハ同氏与左ヱ門尉親重之子也、依織田信長之命、成重俊之家督也、母ハ織田左馬助信敏女也、始仕織田大和守信武、永禄十二年己巳十二月住濃州加茂郡勝山高野、天正三年乙亥十月九日同国恵那郡岩村城主領五万石肥前守、天正十年三月廿八日甲斐一国ニ信州諏訪郡ヲ添、其高四万弐千貫、但シ二十一万石也、従岩村移住甲府、同年六月十八日戦死、年五十六歳、法名位牌美濃国加茂郡板倉村一色之大蔵寺ニアリ。
(14) 今井林太郎『織田信長』九八頁（筑摩書房、一九六六年）。なお河尻秀隆は、天正十年六月十八日、甲斐府中の岩窪館で旧山県同心三井彌市郎という者に殺された。現在も同地に「河尻塚」という培塚があるという（『西山梨郡志』一三一四頁）。さらに、『美濃国加茂郡誌』によると、鎮吉が生前、同郡細目大仙寺先照和尚に帰依した関係から、法弟伝法座元が長蔵寺を創設し、河尻家の采地十三邑の民を檀徒にしたという。
(15)「岐阜県続古文書類纂六」（『大日本史料』第十一編之一収録）。
(16) 同書一六八頁によると、伊勢国三重郡河後郷河原田村河尻をその出自としている。
(17)『信長文書』四七九号、天正二年に収録。ただし、これは天正七年と比定され直されている。
(18)『信長文書』四九九号。
(19)『信長文書』九六九号。
(20)『織田信長』（岩波新書、一九六七年）一七八頁。

(21)『信長文書』九七七号文書。
(22)『信長公記』に示されるものだが、その文書形式には疑問点が多い。
(23)この文書も同じく『信長公記』によるもので、問題点の多いものである。その逐条解釈が『信長文書』下巻七〇三頁に示されているが、それにも問題がある。この掟書は諸書でふれられているが、今井氏の前掲註(2)論文が「甲斐・信濃両国に対して十一ヵ条の掟を下して、統治方針を示した。これはかつて越前国に出した掟と共通している点が多く」と言っているのに代表されるであろう。
(24)『信長文書』五四九号。
(25)四月三日の塩山恵林寺焼き打ち事件などに象徴的に表われている他、『甲陽遺聞録』『兜山品雑記』(共に『甲斐志料集成』所収)などに河尻の暴政として見えている。
(26)『新編甲州古文書』二巻三四三頁。
(27)右の同書による、①三巻一七一頁、②同六三頁、③同五八頁、④同二〇頁、⑤同一巻三七八頁。
(28)この点に関して、北島正元氏は『江戸幕府の権力構造』(岩波書店、一九六四年)で、「河尻は正統な譜代家臣をもたない成り上りの新興大名であったから、土豪勢力の強い甲斐に対して、信長の強硬な施政方針を実施すれば、当然厳しい抵抗を受けるのは不可避であった」(一九頁)といっておられる。
(29)『家忠日記追加』六月七日条。それ以前にも非公式にはその情報が入っていたかもしれないが、河尻は信用しなかったらしい。そのため彼は府中を動くのが遅れ、機を逸してしまった。
(30)『戸田本三河記』他(『大日本史料』第十一編之一所収)。また、『御年譜微考』をはじめ多くの徳川創業記類も、ほぼ同様の内容、観点で記されている。
(31)『甲陽遺聞録』や『甲斐国歴代譜』(『甲斐志料集成』七所収)。
(32)中村孝也編『徳川家康文書の研究』(日本学術振興会、一九五八年)上巻二八六頁。
(33)巻の第五。他に『三河物語』三、『御年譜微考』六などにも同様記載がある。

(34) 『落穂集』(『大日本史料』第十一編之一所収)。なお、本田らの殺害方法については記録によって記載がまちまちである。
(35) 『御先祖記』四。
(36) 『信濃史料』第二十巻参照。
(37) 『当代記』二。
(38) 註(34)に同じ。
(39) 『甲斐国志』などは、秀隆の謀殺を六月十五日としているが、誤伝である。
(40) 『兜巌雑記』では「右之趣、早速に徳川家康公え訴える所、家康公甚悦ひ給」と記している。
(41) 同右。
(42) 『武州文書』秩父郡、(天正十年六月十九日氏政書状)、『戦国遺文』後北条氏編第三巻収録。
(43) 『徳川家康文書の研究』上巻二九二頁。
(44) 註(27)の⑤にあげた六月十二日の武藤宛て河尻秀隆印判状の存在から考えると、すでに河尻存命中より、彼ら東郡旧武田給人の反体制的動きが活発化していたと考えられる。
(45) 『北条記』・『家忠日記追加』の六月二十二日条。
(46) 『新編甲州古文書』第二巻九九頁。
(47) その点に関しては、筆者も「天正壬午甲信諸士起請文の考察」(『古文書研究』三号、一九七〇年。後に『戦国大名領の研究—甲斐武田氏領の展開—』〈名著出版、一九八一年〉に収録)と題して卑見を述べたことがある。

【補記】本章は四十数年前にまとめたものであり、今回、改題と若干の研究史の追加と、一部の修正や加筆を行った。

補論　織田政権と真田昌幸

天正十年（一五八二）三月十一日、武田勝頼は織田信長の甲州攻めの先陣をうけた河尻秀隆・滝川一益らに囲まれて、逃避先の甲斐国東郡田野村（甲州市大和村）で一族郎党とともに自害して果てた。これによって、平安末以来の甲斐武田氏は滅亡した。織田方の武田領侵攻以降、武田一門・重臣層・他国衆は、各人各様の対応をみせるが、総じて当主勝頼の統率力の欠如を示すものばかりであって、その経過は結末がよく物語っている。

そうした中にあって、信濃先方衆の筆頭であって小県郡の領主であった真田昌幸は、この時期には上野国吾妻郡の岩櫃城・利根郡の沼田城を預り、行政的にも天正八年頃から武田氏の奉行人に加わり、甲府に詰めて重臣に列していた[1]。その昌幸が武田氏滅亡期にどういった動きをしたのかは興味深い問題であり、その後の真田氏の動向を知る上でも重要な点である。

従来は、真田家の公式記録である『真田家御事蹟稿』[2]に収録されている江戸期の編纂物の説が主である。その内容は大同小異であり、原典が何であったのかの問題は残るものの、例えば『滋野世記』[3]には、

天正十年壬午春二月、織田信長同信忠父子、大軍ヲ引率シテ甲州へ発向シテ、武田家ヲ亡サントセラル、武田勝頼モ譜代ノ家人勇士ヲ率ヒテ、是ヲ防キ戦ハレケレトモ、心変ノ者多クシテ、戦フ度ニ利ヲ失ハレケル、此時昌幸ノ仰ケルハ、某カ持ノ上州我妻郡岩櫃ノ城ト申ハ要害能所ニテ、軍兵ノ千計リハ籠ラレ可申所也、玉薬丈夫ニ

用意シ、兵糧多ク貯ナバ、何程大軍ヲ以テ攻ル共、某謀ヲ廻ラスニ於テハ落ル城ニ無候ナリ、一先甲州ヲ御開キ、某力謀ニ随ヒ、岩櫃へ御籠城有テ然ルヘシト有ケレハ、勝頼尤ト同心シテ、左有ハ其方ニハ先彼地へ赴キ、籠城ノ用意ヲ申付ラルヘシト有ケル故ニ、即昌幸ハ妻室子息井一族ヲ引連テ、我妻へ赴キ給フ（割注略）、斯テ昌幸ハ岩櫃ニ着、籠城ノ支度有ケル処ニ、甲州ニテ長坂長閑・跡部大炊等勝頼へ申ケルハ、尤真田ハ勇士ニシテ、謀ニ長シタリト云共、武田家ノ譜代ノ家人ニモアラザレバ、今ノ世ノ入ノ志ハ計リ難シ、然ハ譜代相伝ノ小山田ヲ御頼ミ然ルベシト云ケレバ、勝頼モ是ニ随ヒ、岩櫃城へハ赴カズ、郡内へ引退カレケルニ、小山田左兵衛逆心シテ、同年三月十一日終ニ天目山ニテ勝頼三十七歳、同太郎信勝十六歳ニシテ生害アリ、（下略）

とみえており、細かい点では若干相違もみられるが、『甲陽軍鑑』などの記述を中心としたもので、大筋はこれが通説となっている。これに対して、すでに戦前から真田一族の研究をかさねられてきた猪坂直一氏は、著書[4]の中で、左掲の真田昌幸宛ての北条氏邦書状を引用して[5]、昌幸は武田氏滅亡以前から北条氏や上杉氏と接触をかさねており、前述したような真田氏関係の編著が語る昌幸の勝頼への忠誠心には大変疑問が残るとされ、小林計一郎氏も、この書状を氏邦から昌幸へ宛てた密書として同意見をのべられている[6]。

雖未申通候、啓達候、仍八崎長尾入道、両度之御状披見、紙上之趣、誠簡要至極存候、今度甲府御仕合無是非候、然に氏直各御譜代之筋目付而、箕輪之各和田先忠被成候、貴所江も自箕輪可有意見由候ツル間、如何ニモ最之段、令返答候、然処入崎江御状共令披見候間、此度申入候、氏直江御忠

信此時相極候、恐々謹言、

安房守（北条）

（天正十年）三月十二日　氏邦（花押）

真田殿

御宿所

しかし、これ以前に北条・真田両氏の相互の接触を示す史料はみられず、この文書中にみられる上杉方の上野国八崎城主であった長尾憲景が北条方に出した書状や箕輪城代内藤昌月の書状も現存せず、その内容は推定するほかないが、これらによって、北条氏が武田氏滅亡期に西上野の諸氏へ積極的な働きかけをしていたことは明らかであるが、文頭にも明記されているように、本文書が北条氏から真田昌幸に接触を始めた最初のものであって、はたしてこれをもって、武田氏滅亡以前から北条氏との密約があったとするのはどうであろうか。

これは、勝頼らの滅亡が決定的となった段階での、北条氏からの一方的な降伏勧告状と読むのが自然のようである。この点を確認するために、以下、この前後の昌幸の動きを少し追ってみたいと思う。

ところで、前述した真田氏側の江戸期の諸記録では、この時期の部分の記述が欠落しており、当然、関連文書等も現存していない状態である。したがって、上野側の記録である『加沢記』を参考とした。これは沼田藩士の加沢平次左衛門が、天和元年（一六八一）の真田氏の沼田城明け渡し後にまとめたもので、従来は、『甲陽軍鑑』などの軍記と同性格のものとして軽視されがちであったが、近年、萩原進氏によって詳細な書誌学的考察が加えられ、それによって内容や収録文書の記録性が高いものとして再評価されたものである。(7)

これによれば、天正十年二月二十八日早朝、昌幸は勝頼に強く岩櫃城への避難を要請した後に、迎えの準備のため吾妻郡に向かって出発した。ところが三月三日の最終軍議で、勝頼は小山田信茂の勧める岩殿城への避難に決した。昌幸は二十八日夜半に上田へ到着し、ついで岩櫃城へ移り、吾妻衆を召集して居館に勝頼御座所の普請を始めている。しかし、勝頼が岩殿城へ向かったとの知らせで、三月四日に二千五百余騎を率いて岩櫃城を立ち、上田へ入った。

祢津・室賀両氏より高遠城の陥落と織田勢が今明日にも当表に発向するとの知らせをうけ、一族・上田衆とともに守りを固めた。この間、新府城には妻子が人質として残されていたが、勝頼の計らいで帰国が許され、一行は一揆に悩まされながら十一日頃ようやく上田に到着している。そして昌幸は織田方と対戦するため、以下の「加沢記」が記すような行動を起こした(8)。

越後・小田原へ手つかひ有由風聞させ、其上飛脚に書状なと為持、前方の約諾御加勢を待存之旨密状、長尾殿・北条殿へと被遊被差越ければ、直に高遠に持参し御恩賞にも可預と、信忠公の御目に懸たりけれは、実の書状と被思、菅谷九右衛門尉より飛脚到来しけり、「今度勝頼公没落、信州一国不残令降参候処に、貴方籠城寔以神妙の至に、信忠公始御感に入、頼母鋪御心底にて候、勝頼公は去十一日為御生涯候条、向後幕下に属、万事当国関の御先をも頼入度との上意候、余儀を不残御同心に於ては、生前の大慶不可過之、猶御同意候者、篤と信忠公へ可申上」と内状到来したりけれは、さらは御礼申んとて昌幸公を始め矢沢・祢津・芦田・室賀、三月十五日高遠へ出仕し給て、入質を被出ける、（下略）

このように、ようやくこの時点で、前述の氏邦書状に示されているような、北条・上杉両氏への〝偽装工作〟が計られたのである。同時に織田方への働きかけも行われ、これに対して織田信忠の臣菅谷九右衛門尉より、文中の「　」

部分を内容とする書状が到来し、昌幸は三月十五日（十八日か）に、高遠城の信長のもとに出仕して、織田方と一戦も交えることなく危機を脱したのであった。

『信長公記』によると、信長は三月十五日、ようやく伊那郡の飯田に着陣し、十八日に高遠へ進み、翌日、上諏訪の法華寺に入った。ここで投降した諸侯の挨拶を受けており、二十一日には、北条氏政からの使者も到着している。しかしこの間、その中に真田昌幸の名は見当たらない。その対応が一足早かったことによるものと思われる。

その後、信長はしばらく上諏訪に逗留し、そこで武田氏旧領の知行割りを行った[9]。それによれば、上野国と信濃国小県・佐久の二郡が滝川一益に与えられ、昌幸は完全に滝川一益の支配下に入った。信長は四月三日に甲府へ到着し、そこで武田旧臣の成敗を行った。その最中に、昌幸は信長に使者を送り、次の返状を得た[10]。

「（包紙うわ書）佐那田弾正殿　信長」

馬一疋黒葦毛、到来懇志之至、特以馬形乗心以下無比類、
別而自愛不斜候、将亦於其表令馳走候由、尤可然候、弥可
入情事専一候、猶滝川可申也、

（天正十年）四月八日　（織田信長）（黒印）

佐那田弾正殿

これによって、昌幸の旧領のどの部分が安堵されたのかは不明であるが、沼田・吾妻領は没収されており、一時的にせよ、完全に織田政権に組み込まれたことは確かである。この直後に昌幸は嫡男信幸の嫡子を人質として安土城へ送っている。しかし、六月二日の本能寺の変の勃発によって状況は一変し、北条・上杉・徳川氏との対抗の中で、真

田氏の信濃国小県郡真田領、上野国吾妻領・利根郡沼田領を支配する独自の大名として再起が図られていく。

註

（1）こうした経過については、堀内亨氏が「真田氏の領国形成過程」（塚本学先生退官記念論文集刊行会編『古代・中世の信濃社会』、銀河書房、一九九二年）で詳述されており、筆者もそれをうけて「戦国期真田氏の基礎的考察」（『古文書研究』三九号、一九九四年）を発表している。
（2）『新編信濃史料叢書』第十五巻（信濃史料刊行会、一九七七年）に収録。
（3）別名『松代通記』ともいい、享保十八年に松代藩士桃井友直が編纂したもの。『新編信濃史料叢書』第十五巻に収録、一二三頁。
（4）『真田三代録』（理論社、一九八五年）一七三頁。
（5）長野県・正村正視氏所蔵文書（『群馬県史』資料編7、三一〇五号文書）。
（6）『真田一族』（新人物往来社、一九七二年）一〇一頁ほか。
（7）『史籍集覧』（軍記部）にも収録されているが、校訂が悪く、本章では萩原進氏校訂の『校注加沢記』（国書刊行会、一九八〇年）を使用した。
（8）同右、一三五頁。
（9）『信長公記』巻十五。
（10）奥野高広『増訂　織田信長文書の研究』下巻、一〇〇七号文書（吉川弘文館、一九八八年）。

第Ⅲ部
関連史料の検討

第一章　尾張国安井家文書について

はじめに

ここに紹介する「安井家文書」に現れる安井氏は、尾張国春日井郡安井郷（愛知県春日井市）を本貫地とする在地領主であり、後述するように、本文書中にふくまれている系図や家譜等によって、戦国期以降についてはかなり具体的な動向がわかる家である。しかし残念ながら、本文書中には中世前・中期の文書は一点も伝わっておらず、天正五年（一五七七）の織田信意（信雄）朱印状を初見とするものである。

以下、文禄四年（一五九五）の豊臣秀吉朱印状に至る六点の原本と、近世から明治期にわたって作成された書状や系図・家譜・由緒書など一三点を残している。これらの史料の中には、戦国・織豊期の同氏宛ての文書がかなり写されており、前述の六点の原本のほかに、一二点の未紹介文書も含まれているので、それらの内容も併せて報告しておきたいと思う。

本文書は、東京都板橋区常盤台在住の鈴木氏が所有するものであるが、同氏が入手した経過については、原所蔵者であった、もと和歌山県田辺市在住の安井家より、平成六年（一九九四）に購入したという以上の詳細は伺っていない。これが二年前に、鈴木氏の代理人・金内茂男氏より古文書に関心の深い埼玉県新座市在住の女屋かつ子氏に委託され、手嶋崇雄氏らとともに調査・研究がすすめられていた。そして、これらがほとんど未紹介の文書であることが確認され、何とか世に出したいということでご相談を受けた。だいぶ調査も進行しており、とりわけ名古屋市立博物館の鳥居和之氏のご協力もえて、原稿化もほぼ終了していた。

今回、ご相談を受けたおり、それらを公表するようにお勧めしたが、遠慮されてその業を一任されたので、これら新史料が再び埋没するのも残念と思って、敢えてこのような形での紹介を試みた次第である。この場をかりて、史料紹介を快く了解していただいた現所有者の鈴木氏、同代理人の金内茂男氏、ならびに調査結果を一任していただいた女屋かつ子・手嶋崇雄氏らに改めてお礼を申し上げる。

一、本文書の概要

初めに、現状での「安井家文書」の全容を明らかにしておくと、第一表となる。これは旧家の家蔵文書としては少ない量であるが、その理由は後述するように、原所蔵者であった安井氏は、寛永七年（一六三〇）の家勝の代に、上役と口論事件をおこして御家断絶となったことによる。さらにいえば、その家勝の子吉雄は浪人となり、江戸鮫ヶ橋に寓居した後、承応年間（一六五二〜一六五四）に仕官を求めて紀州和歌山へ移住し、その後ようやく紀州藩の家老安藤直清に百石で召し抱えられたという経過によるものである。

第一表に示した文書類は、その仕官運動の際に活用したものであって、家格を示す歴代の証文類と由緒書類のみで

第一表　安井家文書目録（原本）

No.	文書名	内容	宛名	年次	形態(縦・横)
1	織田信意朱印状	湯浅分知行宛行	安井将監	天正 5. 4.27	状 29.2×65.5
2	織田信雄奉行奉書	徳重小牧まま郷扶持宛行	安井将監	天正 11. 8.19	状 29.9×46.2
3	織田信雄奉行杢庵証文	船頭扶持宛行	安井将監	年未詳 10. 4	状 29.2×45.0
4	織田信雄書状写	客人馳走の礼	安井将監	年未詳 3.28	状 29.6×41.0
5	豊臣秀吉朱印状	尾張下一色村扶持宛行	安井将監	文禄 4. 8. 3	状 46.5×67.0
6	豊臣秀吉朱印状	浅漬ほか到来の礼	安井将監	年未詳 11.26	状 47.0×65.5
7	安藤直吉書状	見舞い状の礼	伊源左	年未詳 9. 朔	状 30.5×45.5
8	安井将監知行付覚写	尾張唐臼ほか知行宛行	安井将監	寛政 5. 2. 9	状 32.1×42.9
9	安井家先祖書	安井秀勝～吉居由緒書		享保 5. 5.	状 23.8×159
10	某文書目録控	信意朱印状ほか目録	将監	年未詳 3.12	状 18.3×27.5
11	安井秀厚書状	子息新蔵に付き依頼	安井五郎左衛門	寛政 10.12.26	状 15.0×192
12	安井家先祖書	安井秀勝～勝興詳細年譜		江戸末期	状 30.0×174
13	安井家系図	清和天皇～安井勝吉		江戸末期	状 18.4×648
14	安井家先祖書	安井吉雄～勝量		慶応 2.	冊 24.8×17.5
15	安井家系図	清和天皇～安井経一郎	11 通書上	明治期	冊 23.7×17.0
16	朱印墨印状覚書		14 通書上	江戸末期	状 23.8×327
17	朱印墨印状覚書		6 通書上	江戸末期	状 15.8×126
18	新証書下付願	公債証書盗難		明治 10.	冊 25.0×18.6
19	御法号覚書	安藤家歴代		年未詳	冊 10.4×6.6

第二表　安井家文書目録（由緒書類より）

No.	文書名	内容	宛名	年次	形態
1	織田信雄朱印状写	代官任命	（将監）	天正 11. 7.23	状
2	織田信雄朱印状写	代官任命	（源十郎）	天正 11. 7.23	状
3	織田信雄奉行証文写	松葉 12 郷代官覚	安井将監	天正 11. 8. 吉	状
4	織田信雄判物写	知行宛行	（宛名欠）	天正 13. 9.19	状
5	織田信雄判物写	知行宛行	安井将監	天正 17. 2.27	状
6	安井秀長書状写	社人蔵役等免除	右馬大夫	天正 17.12.27	状
7	安井秀長書状写	神前祈念礼	馬大夫	年未詳 3.16	状
8	豊臣秀吉朱印状写	禁制	（宛名欠）	天正 18. 8. 日	状
9	松平忠吉朱印状写	知行安堵	安井将監	慶長 6. 5. 朔	状
10	徳川義利黒印状写	知行宛行	安井将監	元和 6. 9. 朔	状
11	浅野長重書状写	贈り物礼	安井将監	年未詳 正. 5	状
12	浅野氏母書状写	時候挨拶	安井将監	年未詳 8.11	状

ある。当初から自余の家蔵文書とは別扱いされていたものが、その部分のみ残ったものと推定される。第一表に示したもののほかにも、茶道や故実に関する書物が数冊伝来しているが、本文書とは性格が異なるので、ここでは省略させていただいた。

個々の文書については、原本の残っている戦国・織豊期のものを中心に、その全容を後段で紹介したいと思うが、原本のほかにも第一表にみえる系図・家譜には、その中に家蔵文書がかなり写されており、当然、原本の残っているものはすべてが収録されている。

ほかに原本の残っていないこの時期の文書もいくつかが収録されている。原本も含めてこれらの内の一部は、紀州藩が江戸後期に編纂した「紀伊国古文書」の中の「藩中古文書」（国文学研究資料館所蔵）に収録されているものもある。しかし、本文の紹介は一部を除いてされていないし、字句などの相違も若干みられるので、改めてここで紹介しておきたい。

各種の系図・家譜等に収録されている文書写のうち、原本の残っていないもので未紹介のものをまとめたものが、第二表である。数種ある系図・家譜の大部分のものに、証文として文書が写し取られているが、それらを相互に照合した結果、未紹介のものは第一表のNo.15の「安井家系図」に一一点、No.16の「朱印・墨印状覚書」に一点が確認される。

これらはともに筆写の状態が必ずしも良好とはいえないものも含んでいるが、本文中に各種の注記や、考証が加えられているものもあり、原本の理解を助けるものとなっている。

二、尾張国安井氏について

前述したように、安井氏は承応年間には紀州藩士となっているが、残存する文書の中心は、戦国末から織豊期のものであって、尾張在国時代のものである。したがってここでは、この時期の尾張の政治的動向を参考としながら、安井氏について明らかになった点を述べておく。

第一表で明らかなように、本文書中には二種の系図と五種の家譜・書上を残しているが、記事に精粗はあるものの、内容は全く同一のものであって、本来は一つのものから出発しているものと思われる。二種ある系図のうち古い方のものをみておくと、清和源氏系図から浅野家系図をかなり詳細に書いた後、室町中期の「勝行」の所にはじめて安井姓を称すとみえ、以下「安井家系図」となっていく。

その略系と主な人物の注記とを抜粋しておくと、以下のようになる。

安井家系図（第一表のNo.13）

（前略）―①長光―長盛―頼隆―頼長―長信

長信―長光―長保―長方―③長勝―④長政―（下略）

長信―②勝行―頼勝―頼宗―頼高

勝行―清勝―信勝―⑤秀勝―吉勝―保秀―（下略）

秀勝―⑥家次―⑦家勝―吉雄1（紀州初代）―吉居2―吉林3―勝興4―勝久5―勝吉6―（下略）

①又三郎、延文元年、始属足利尊氏及義詮、貞治元年壬寅七月、與細川清氏合戦ノ時、従将軍家、顕戦功、遂討死。

②弥三郎、始以安井為氏、尾州春日井郡安井郷住、仍テ以為氏。

③又右衛門尉、尾州愛知郡之産也、仕織田信長公、長勝無子故、養二女為子、一女嫁木下藤吉郎秀吉、一女嫁弥兵衛尉長政ニ而、生メリ長晟・長重ヲ。

④弥兵衛尉、弾正少弼、従五位下、実ハ安井弥兵衛尉頼高男也。

⑤安井将監、始保勝、実ハ安井弥三郎信勝男也、暫為又右衛門長方子分。生国尾州春日井郡安井郷。仕織田信長公、尾州海東郡松葉ノ庄ヲ領、同所西条村ニ住、其後有故障、同国熱田市場町ニ住テ、信雄公ニ仕テ、於所々有武功

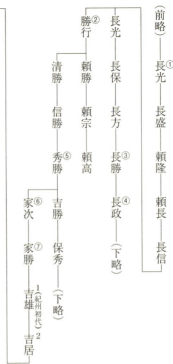

誉、後属太閤秀吉公ニ、依勲功有御諱ノ字賜、名ク秀勝ト、秀吉公薨去之後、家康公江奉仕、関ヶ原御合戦ニ御先手ニテ働有之其後薩摩守忠吉卿江御附属、慶長十一丙午九月晦日卒ス。

⑥将監、五右衛門、源十郎、秀勝家督相続、生国尾州、家康公ニ奉仕、関ヶ原御合戦ニ濃州岐阜ニテ有働、後薩摩守忠吉卿江御附属、忠吉卿御他界之後、又家康公江奉仕、又尾陽大納言義直卿江御附属、大坂御陣御供江相勤、元和己未三月朔日卒ス。

⑦将監、生国尾州熱田、家次家督、大納言義直卿江仕、御馬廻組、其後有故障浪人、仍之芸州松平安芸守方依有由縁、立越候トテ芸州江不入、船中ニテ自殺ス、時寛永七庚午四月廿九日。（以下省略）

これによれば、浅野長信の二男勝行が尾張国春日井郡安井郷を領して、初めて安井姓を称したというが、その正確な時期や裏付史料は不明である。安井郷の存在は早くから確認でき、後述する天正十四年（一五八六）頃の尾張の知行関係をまとめた「織田信雄分限帳」（『続群書類従』武家部）には、「三〇〇貫文　滝与右衛門、二八〇貫文　前野喜右衛門」とあって、この時点では、すでに安井郷と安井氏との領有関係はみられない。同帳には別に「一、一一二〇貫　三七〇貫トウシマ（遠島）村、加増四〇〇貫　ヒルマ（蛭間）村、一三〇貫　吉井村・小牧葉村、是ハ上ル　安井将監（秀勝）」とあって、安井氏はすでに海東郡の方へ移っていたことが明らかである。

この間、三代百年前後の隔たりがあるが、詳細は不明である。前述した系図注の秀勝の項には、織田信長に仕えて海東郡松葉荘を領し、西条村に住すとみえているから、「織田信雄分限帳」の記載と一致しており、ここから織田氏の尾張制圧の経過の中で、安井氏の海東郡への知行替えが実現したことも容易に推定できる。

しかし、現存する本文書中では、織田信長以前のものはその写しさえ伝わっておらず、初見のものは、信長が安

土城へ移った後に、清須城に入って尾張を領有した二男信雄のものである。天正五年（一五七七）四月二十七日付けの朱印状であるが（後掲文書［1］、以下同じ）、その朱印は上掲図版に示したように、のちに信雄が多用している印文「威加海内」とは異なる特異なものであり、その用例は従来ほとんど紹介されていないものである。印文は「木」とあり、その周囲をくさり模様で囲んだもので、縦五・一×横四・八センチの二重郭楕円形朱印である。

信雄は、永禄十二年（一五六九）に信長が伊勢の北畠氏を攻めた折りに、北畠具教の婿養子になっているが、この朱印状でも明らかなように、その後、織田姓にもどって信意と称した時期のあったことが明らかにされている（谷口克広『織田信長家臣人名辞典』）。朱印状の内容は、扶持分の宛行であって、安井氏が伊勢と併せて尾張を領有した信雄の家臣になったことを示す初見史料である。

安井秀勝は先の系図注によれば、この頃には熱田市場町に居住していたとあり、その地に菩提寺として明朝寺を建立したという。信雄より拝領した判物・朱印状は、写しも含めて九点と多く残っている。このうち、知行宛行を内容とするものは、後掲［1］の天正五年四月二十七の信意朱印状では、場所は不明であるが、「湯浅分一円」を宛行われており、［2］の天正十一年八月十九日の曽我兵庫ら信雄奉行人連署による書上では、徳重郷・小牧まま郷と、旧領安井郷に近い所に知行を与えられている。

第一表№14の「先祖書」によれば、秀勝は春日井郡小田井城主織田丹波守常寛の娘を妻に迎え、信長に出仕後は知行三千貫を有したとみえている。その場所は明記されていないが、前述したように、屋敷地が松葉荘内西条、ついで熱田古市場にあったことよりすれば、［1］・［2］の知行宛行は、知行替えとみるよりは、重恩地の宛行とみるのが自然であろう。

他にも後掲の第二表の④文書では、天正十三年九月十九日に河内国池尻（大阪府大阪狭山市）で百石と近江国北中小路之内（滋賀県栗東市）で百二十四石を宛行われており、これも河内・近江の一部を領有した信雄の領国拡大に伴う新恩地の宛行と思われる。この時点での安井氏の本領は海東郡内と推定され、それに関連して同⑤では、信雄によって天正十七年十二月二十七日、津島の内高野・草平（愛西市）の知行地について、その定納年貢が二百五十一貫二百三十九文と定められている。

ついでにその後の知行関係のものにふれておくと、同⑨の慶長六年（一六〇一）五月一日の松平忠吉朱印状写によると、尾張国中嶋郡片原一色村（稲沢市）で四百石を領知されており、これは関ヶ原合戦後の大幅な大名領の配置替えにともなって、信雄の失脚後に尾張を領有した豊臣秀次・福島正則に代わって、徳川家康の四男忠吉が入国してきたことによる領知安堵である。同じく第一表の№14の「先祖書」には、秀勝の後は家次が家督をつぎ、信雄没落後には家康に仕え、知行四百石を賜り、関ヶ原合戦の節には福島正則の先手を勤め、岐阜城攻めに功績があったとみえている。

さらに同⑩では松平忠吉に代わって尾張藩主となった家康の九男義利（義直）より、元和六年（一六二〇）九月一日に知行宛行を受けており、これには春日井郡廻間村（春日井市）・中島郡赤池村（稲沢市）・春日井郡大幸村（名古屋市）の三ヶ所で四百石とあるから、再度の知行替えが行われている。「先祖書」によると、徳川義直に付属した家次は、黒門足軽頭を勤めたとみえている。

近世での安井氏は、ほぼこのままの状態で尾張藩士として推移したはずであったが、前述したように、寛永七年に家勝が傷害事件をおこして、断絶となってしまった。後掲［8］は、その後百七十年を経た寛政五年（一七九三）二月九日に、紀州田辺藩士として復活した安井氏三代目吉林の五男秀久が、一族の尾張藩との関係を認められて、尾張国内に百五十石の知行地を与えられた時のものである。海東郡唐臼村（津島市）ほか五ヶ所の分散知行であったが、先祖の地に帰り咲いている。

尾張在国期の安井氏については、前述してきた系図や家譜には明記されていないが、残存する本文書によって、織田信雄期にはその代官職を勤めていたことが明らかである。後掲「第二表の安井家文書」①・②によれば、天正十一年七月二十三日、安井秀勝・家次父子は、それぞれ前津小林郷（名古屋市中区）と津島向島分（津島市内）の代官職を申し付けられている。『佐織町史』（史料編二）には、前述した「藩中古文書」より②のみ引用しているが、それには年次が天正十四年となっている。しかし、①との関連からみても天正十一年の方がよいと思われる。

③もこの代官職に関わるものであり、同年八月に秀勝が松葉十二郷（大治町）二千三百三十八貫六百六十八文の蔵入地代官を申し付けられている。この松葉荘は、安井氏の屋敷のあった西条も含んだ地域であり、蔵入地の所管を委任されたものと思われる。［3］もそうした代官役務にかかわるものであり、管轄下の五明の渡船場の船頭十二人について、信雄の奉行人の杢庵が扶持を給付したものである。

ついで第二表の⑧は、天正十八年七月の小田原合戦後に、豊臣秀吉が支配下の広域範囲に一斉に出した禁制であり、尾張にはこの時に豊臣秀次が入部しているが、秀次の禁制とするよりも、その条文や朱印からみて秀吉のものと思われる。しかし宛名を欠いており、安井氏との関係は不詳である。

後掲本文紹介の［5］・［6］も秀吉朱印状であるが、前述したように、秀吉から直接的な知行宛行を受けていることや、

［6］に表れているように、直接音問のやり取りがある点は、この時期の安井氏が単に小領主・代官としてだけではなく、土豪・在地領主として自立化の途を歩んでいたことをうかがわせる。

第二表の⑥と⑦は、これまで述べてきた安井家文書とは若干性格の異なるものであり、前述してきた系図や家譜には、その名がみられないものであるが、その注記のように、原本は津島神社神主を勤めた堀田家に残っているようであり、『津島市史』（資料編二）にも収録されている。⑥は、同じく安井氏を名乗る秀長が神主宛に蔵役・諸役を免除したものであり、⑦は神前祈念の礼を申し述べた内容であり、その内容に領主的な点がよみとれる。本文書の安井氏の一族の者である点は動かしがたく、詳細は今後の課題としておく。

また、第二表の⑪と⑫は安井家次の弟吉秀が、同族のよしみによって、安芸の広島藩主となった浅野長晟の弟である采女正長重の家臣となっていたところから、その長重および夫人より家次に宛てられた儀礼的な書状である。浅野家とはこうした関係が続いていたため、寛永七年の安井家断絶の折りには、家勝が一旦は浅野家をたよって安芸に向かうが、その船中で自害している。

以上、ここに紹介する文書の概要をみてきたが、由緒書等の記述を加味しても、なお十分な経過をたどることは不可能であった。残された問題は、信雄以前の戦国初期の動向と、信雄の家臣として代官を勤めた時期のさらなる解明が重要と思われる。

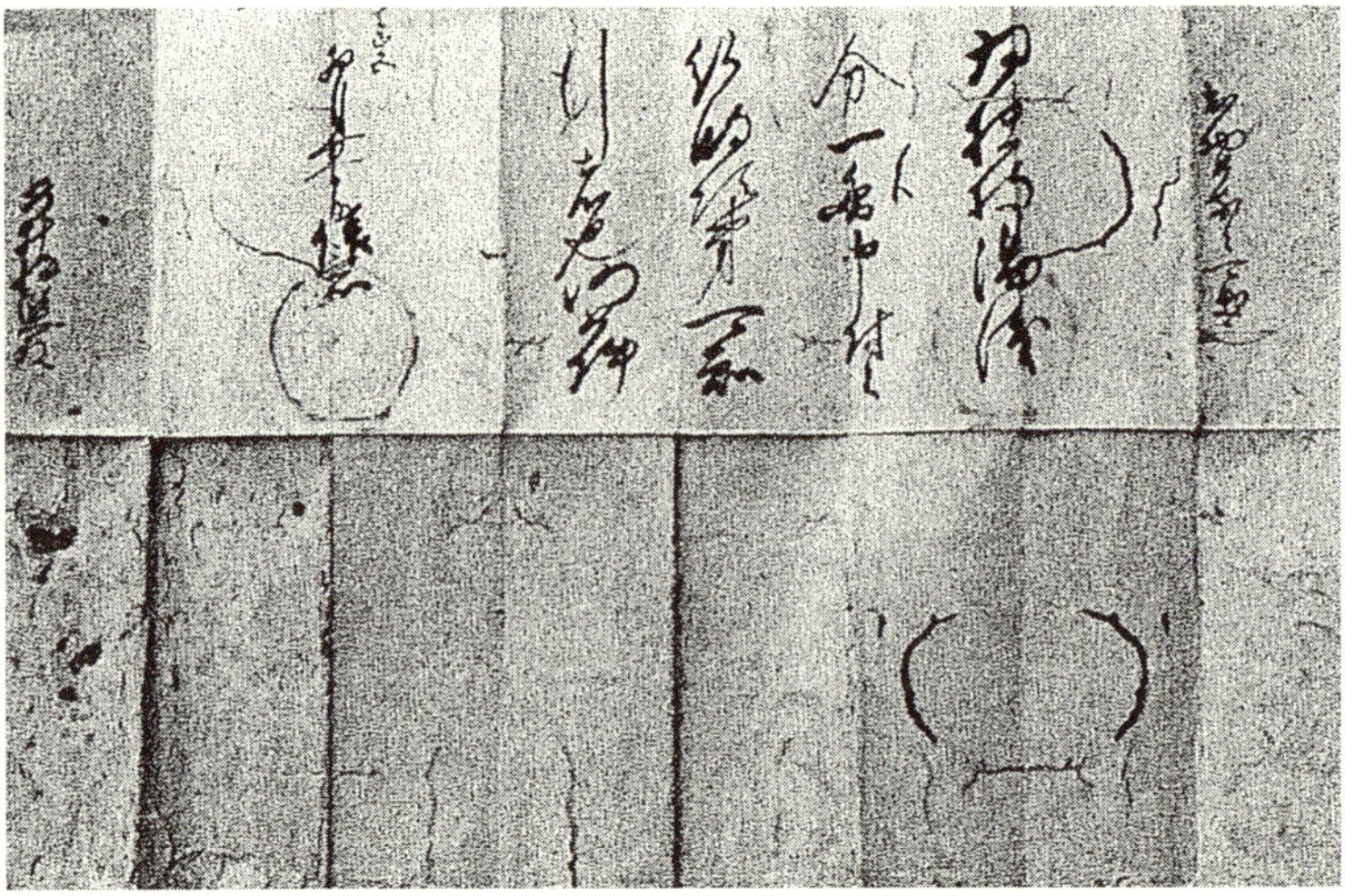

［1］織田信意朱印状　（折紙）

三、本文紹介と注記

以下に本文の紹介と最小限の注記を施すが、（　）内はすべて筆者の注記である。初めに第一表に示した原本を、ついで第二表に示した写を翻刻した。本文中の　」は原本での改行を示す。そのほか翻刻に際しての細則は通常の方法に従った。

［1］織田信意朱印状　（折紙）

出物如前々可出也、
為扶持、湯浅」分一圓申付候、」糺明次第、可知」行者也、仍如件、
天正五
卯月廿七日　○（織田信意朱印）
安井将監（秀勝）殿

［2］織田信雄奉行人連署奉書
徳重之郷（北名古屋市）
小牧まゝの郷（小牧市）

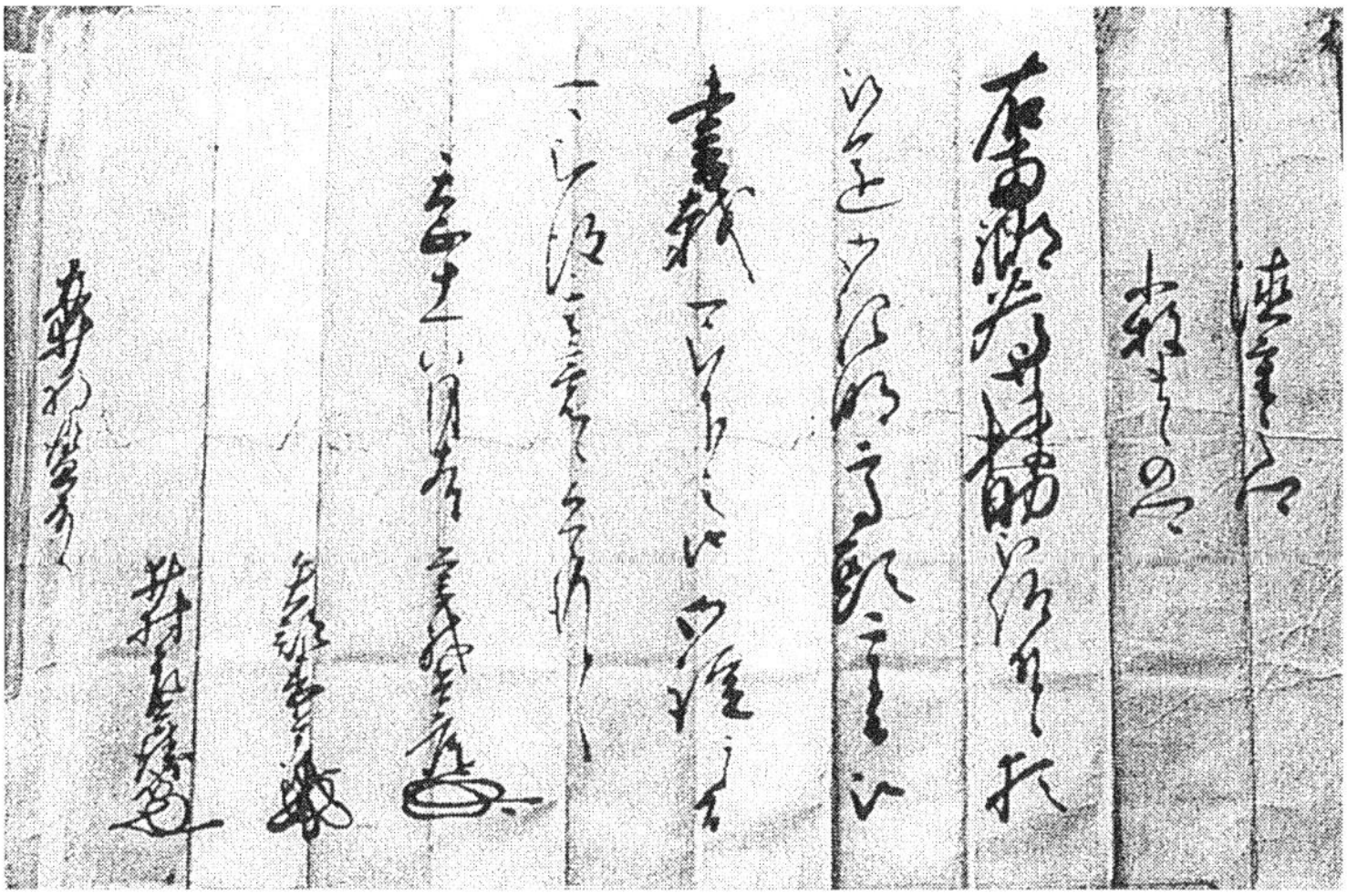

［2］織田信雄奉行人連署奉書

右両郷為御扶助被仰付候、猶」被遂御糺明、高頭重而被」書載
可被下之由、御諚ニ候間」可被得其意候、恐々謹言、
天正十一　八月十九日　曽我兵庫（花押）
矢部甚兵衛（花押）
井村彦兵衛（花押）
安井将監（家次）殿

［3］織田信雄奉行杢庵証文（折紙）

五名（明）之渡船頭」拾弐人ニ田畠」壱町候之処」御扶持之由被」仰
出候、恐々謹言、
十月四日　杢庵（花押）
安井将監（家次）殿
中川弥助殿

［4］織田信雄書状写

「（端裏銘）将監江　信長（ママ）」
就今度客人、種々」馳走之段、別而祝着候、」其刻則従安土申

越候、」弥何方之儀もへたて（隔）なく」きも（肝）入簡心候也、謹言、
三月廿八日　（織田信雄）（花押影）
「（後筆）右熱田橋本市左衛門方ニ有之候筈」

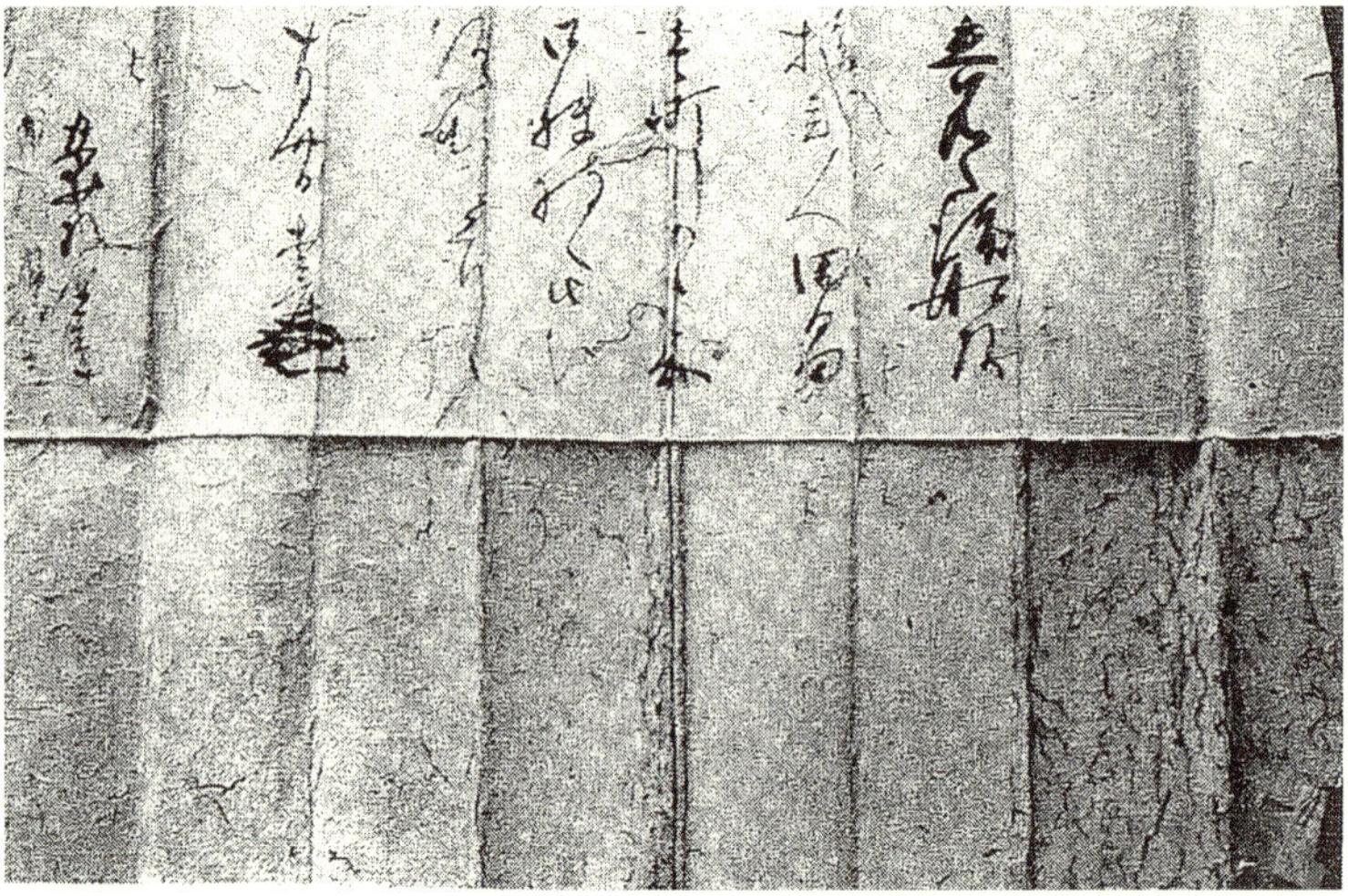

[3] 織田信雄奉行杢庵証文

[5] 豊臣秀吉朱印状　（折紙）

尾州中嶋郡下（稲沢市）」一色村内、四百石之」事、令扶助訖、全」可領
知候也、
文禄四
八月三日　○（豊臣秀吉朱印）
安井将監とのへ

[6] 豊臣秀吉朱印状　（折紙）

浅漬二桶」白一桶到」来、悦思召候、」猶福水吉右衛門尉」可申也、
霜月廿六日　○（豊臣秀吉朱印）
安井将監とのへ

[7] 安藤直吉書状

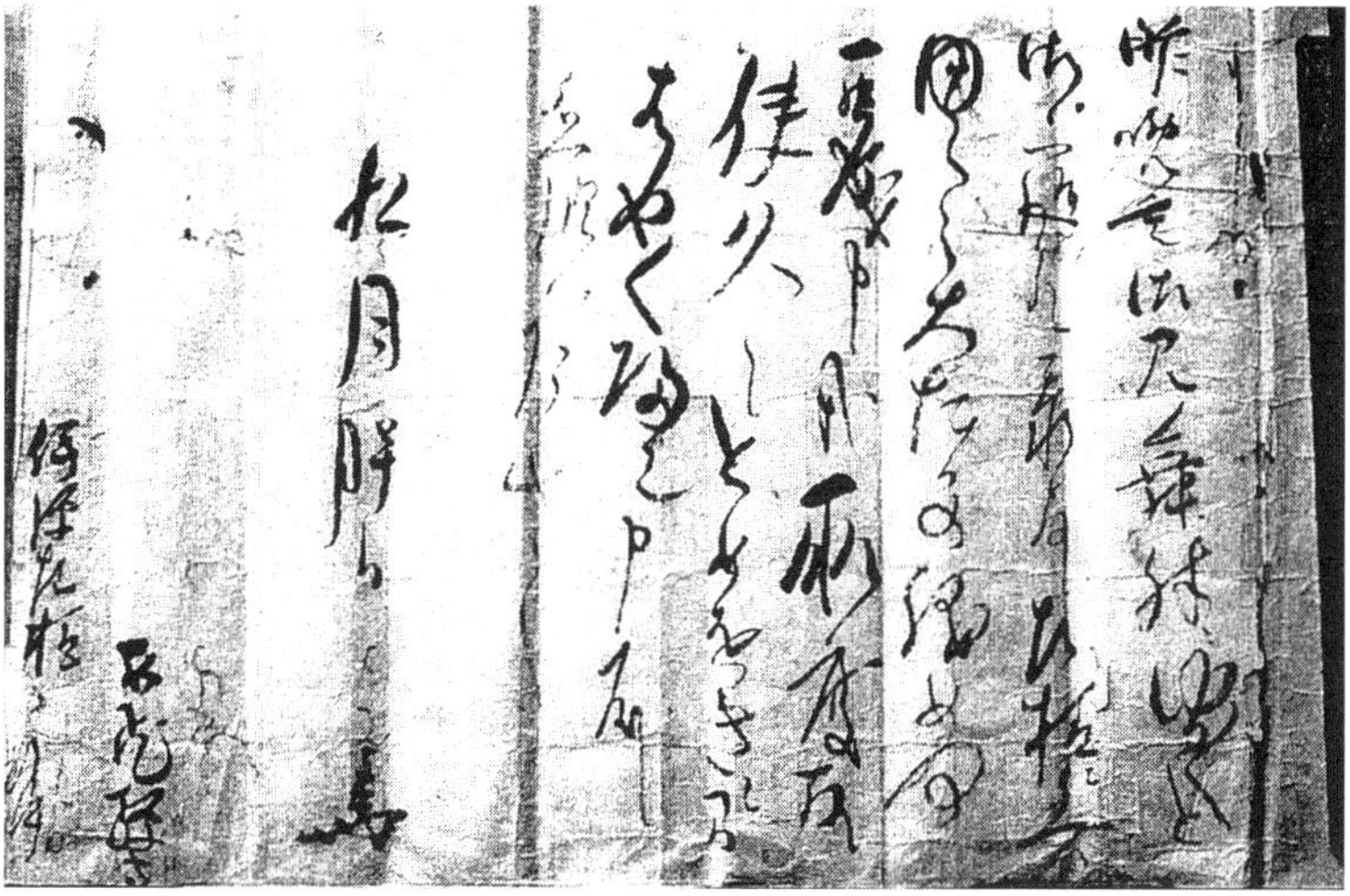

［7］安藤直吉書状

「(墨引)」

昨晩重御見舞、殊ニゆる〳〵と」御越給忝存候、左様ニ候ヘハ」

内々之大たか(鷹)の儀、如何」罷成申候哉、承度存候、」使久々と

めをき候間、はやく帰シ申度候、」恐惶謹言、

九月朔日　(安藤直吉カ)(花押)

(切封うわ書)

「伊源左様　御返報　　安飛騨守　より」

［8］安井将監知行付覚

知行村付　　安井(秀久)将監

一、高弐拾壱石五斗八升五合　　(津島市)海東郡　唐臼村

一、高弐拾四石九斗壱升五合　　(江南市)丹羽郡　大屋敷村

一、弐拾弐石五斗八升五合　　(津島市)海東郡　高台寺村

一、高三拾石　　　　　　　　　中嶋郡（名古屋市南区）山崎村

一、高五拾九斗壱升五合　　　　春日井郡（名古屋市北区）如意村

高合百五拾石

寛政五年丑二月九日　（ママ）

第二表の安井家文書

①織田信雄朱印状写

将監（秀勝）ニあつけ候分

一、九百八十八貫九百四十文

右まいつ（前津・名古屋市中区）小林之郷

代官ニ申付候、少も無越度やうニ、分別専一候、紛有之ハ可成敗候、大事と心得候ハヽ、可然候也、巳上、

天正十一年

七月廿三日　◯（織田信雄）（朱印影）

②織田信雄朱印状写

源十郎（家次）ニあつけ候分

一、四千六百四十二貫三百五十四文

右津嶋之分

一、弐百五二（ママ）貫五百七十五文

右津嶋（津島市）向嶋之分

代官ニ申付候、諸事由断候ハヽ、可為曲事候、可入精候也、以上、

天正十一年

七月廿三日　◯（織田信雄）（朱印影）

③織田信雄奉行人証文写

覚　　松葉（北名古屋市）拾弐郷

弐千三百三拾八貫六百六拾八文

右外屋敷数弐百八拾也

右御蔵入　御代官　安井将監（秀勝）

巳上

天正十一年八月吉日（署判欠ノママ）

④織田信雄判物写

　百姓あたり事、蔵入可為同前候

河州池尻(大阪狭山市)之内を以百石、江州北中小路(栗東市)之内百弐拾四石、宛行畢、全可領知之条、如件、

　天正十三年

　　九月十九日　(花押影)(織田信雄)

　　　安井将監(秀勝)殿へ

⑤織田信雄判物写

津嶋之内高野くさびら(葦平・愛西市)両所之事ハ、如高頭弐百五拾壱貫弐百参拾九文定納ニ可出之、但発分之所ハ令扶助候、堤等之儀入精毛付候様ニ可申付者也、

　天正拾七年

　　二月廿七日　信雄(織田)(花押影)

　　　　安井将監(家次)とのへ

⑥安井秀長書状写　(津島・堀田家文書)

(後筆)「尾州海東郡津嶋牛頭天王社社家堀田右馬大夫所持之写、但弥五郎殿トハ末社也、ワミン持来之宮也」

弥五郎殿其方者、社人之事候間、蔵役并諸役、於末代令免許候者也、
天正十七丑
　　安井将監
十二月廿七日　　秀長（花押影）
津嶋向嶋
　右馬大夫殿

⑦安井秀長書状写　（津島・堀田家文書）

　返々、於神前夜昼令御祈念之儀、於我等満足御事ニ候、以上、
為御祈祷、早々御門札御守御上候、殊神前ニ御つとめ、夜昼被成御祈念之由披露申候ヘハ、一段被成祝着候、疱瘡之儀もはや〳〵能候間、可御心易候、弥於神前、御祈念可有候、我等も五三日之内罷下可申候間、其刻以面可申述候、恐々謹言、
（天正十七年カ）
三月十六日　（安井秀長）（花押影）

（包紙うわ書）
「　　　安将監
馬大夫殿　　　秀長
　御返報　　　　　　」

⑧豊臣秀吉朱印状写

禁制　　（宛名欠）

一、軍勢甲乙人等、濫妨狼籍事

一、放火事

一、対地下人百姓、非分之儀申懸事

右条々、堅令停止訖、若於違犯之輩者、速可被処厳科者也、

天正十八年八月日　（豊臣秀吉）◯（朱印影）

⑨松平忠吉朱印状写

於尾州中嶋郡片原一色村（稲沢市）之内、四百石之地出置之間、全可領知者也、

慶長六年

五月朔日　（松平忠吉）◯（朱印影）

安井将監（家次）殿へ

⑩徳川義利黒印状写

知行分之事

一、弐百八拾三石六斗四升四合

尾州春日井郡（春日井市廻間）はさま村

一、四拾壱石九斗七升六合　同中嶋郡（稲沢市）　赤池村内

一、七拾四石三斗八升　同春日井郡（名古屋市東区）　大幸村内

合四百石

右令扶助訖、全可領知者也

元和六年九月朔日　義利（徳川）□（黒印影）

安井将監（家勝）との

⑪浅野長重書状写

遠路飛脚殊ニ枝柿一箱贈給候、御心入之段、別而令満足候、然者其方儀並多ニ付、不被召返候之旨、名古屋御年寄衆より被仰越候、何共笑止ニ存候、尚追而可申達候、恐々謹言、

正月五日　浅采女正　長重（花押影）

安井将監（家次）殿　御宿所

⑫浅野氏母書状写

返々これよりも文のしるしにて候へは、かたひら《帷子》一かさねうれしく御越候、人給候、御うれしく候、
ワさ《態》と人を給候、うれしく候、誠ニこんと《今度》御ゆミや《弓矢》めてたく《目出度》いつかた《何方》へも御うれしさニて候、たしま殿《但馬・長晟》・うねめ殿《采女・長重》、何事なくかいちん《開陣》ニて、我らまんそく《満足》御すもし《過》候へく候、まつ〳〵ゐんしん《音信》として、二いろ《種》給候、御うれしくこゝほとめつらしく《珍》候て、一しほ志やうくわん《賞翫》候へく候、又申候、なごや《名古屋》御城へそもしかもしあけ《上》候ハんよし、うけ給候、たゝいまハむやう《無用》ニて候まゝ、文もまいらせ候す候、

「浅野但馬守殿御母儀之由」

八月十一日　長せいゐん

やすい《安井》
しやうけん《将監・家次》殿　参かしく

【補記】本文書は、その後、市場に放出されており、『思文閣古書資料目録』（一六〇号、二〇〇〇年六月号）に、一括して計二五点が、写真版付きで掲載されている。その後の経過については確認していない。

第二章　越前溝江家文書について

一、形態的所見

本文書は、箱書の表題に、「溝江文書　九通　原本」とあるものであり、全九通が簡単な裏打ちを施されたままで元の形態を保っている。全部が原本ではないが、一応すべて内容的には新史料である。全九通は無年号のものも多いが、推定してほぼ年代順に配列すると、左のようになる。

①羽柴秀吉知行宛行状写　天正十一年八月朔日
②羽柴秀長書状　（天正十三年）五月十一日　（図版掲載）
③豊臣秀吉書状　（年未詳）十二月二十九日
④長東正家書状　（年未詳）二月七日
⑤豊臣家四奉行連署書状　（年未詳）卯月二十九日　（図版掲載）
⑥山中長俊書状　（年未詳）九月九日
⑦豊臣秀吉禁制写　天正廿年四月二十四日
⑧豊臣秀吉書状写　（年未詳）九月十一日

⑨徳川家光年貢皆済状　　　　寛永元年七月日

このうち、宛名からみて、②～⑥までの溝江氏宛てのものと、①と⑦～⑨の新庄氏宛てのものとにはっきりと分けられるから、この文書集は単に「溝江文書」ではなく、「溝江・新庄家文書」というべきものであり、この中には明らかな偽文書である⑦の豊臣秀吉禁制が一点ふくまれている。偽文書と判断した理由は後述する。

これらは、古文書の伝来を考えるのに一つの参考となる。つまり、早くに滅びた溝江家と、知行地関係でそれを継承した新庄家との文書が合体したものであって、溝江氏の後裔が家伝文書を所有していた際に、旧知行地の新領主となった新庄氏の一部の関係文書を写して、同じく所蔵していたものと推定される。この溝江家文書は、すでに大正十年（一九二一）に東京大学史料編纂所の調査をうけており、その時の記録では、「滋賀県・溝江東一郎氏蔵本、十五丁六点影写」となっている。それ以前に、京都大学でも調査をしていたようであり、詳しい記録は不明であるが、『国書総目録』によると、「溝江文書一冊、福井県・溝江東一郎蔵本写」となっている。

これらからみて、溝江氏の末裔である溝江東一郎氏が、はじめ福井県に住んでいて、大正十年以前には、滋賀県へ移り住んでいたことが明らかであり、その段階では、本文書を所有していたわけである。その後、何らかの理由でこれが巷間に流れ、それを早稲田大学図書館が大正十年に購入したという経過になる。同館の記録によれば、当時の文学部教授の西村真次氏の紹介によって、古書肆より購入したものである。同館での扱いは特別資料となっており、請求記号は、リ四―四三七〇である。

形態的には前述したように、明らかな偽文書一点と二通の写をふくむものであって、他はすべて原本であり、未表装なので、紙質や寸法などをもとのままの形で観察することができる。各文書に包紙も現存しているが、この方はいずれも新しいものであって、江戸時代に後補したものである。現在では九通ともに状箱に収められているが、この箱は同館で後補したものである。

二、内容的所見

各文書については、本文紹介のところで注記するが、ここでは全体的なことについて、二、三コメントしておきたい。まず、五通の宛名になっている溝江氏についてであるが、溝江氏は越前国坂井郡溝江郷を本貫とする越前朝倉氏の支族であって、『福井県坂井郡誌』などによると、その発祥および途中経過は不明であるという。この溝江郷は、古くは溝江庄とも称したようであり、長徳四年（九九八）の東大寺領注文（『東大寺要録』）にその名が見えている。さらに河口庄の一部として、寛弘八年（一〇一一）の「河口庄御検注郷々仏神田注文」には、「溝江郷十四町九段小三十六歩郷　南都惣公文伊予法眼」ともみえている。

溝江氏のことが文献に見られるようになるのは、戦国期に入ってからであって、加賀の一向一揆と越前朝倉氏との抗争の経過の中で、その名前が散見してくる。まず、享禄四年（一五三一）、本願寺より下間筑後法橋頼清が加賀国へ派遣され、それによって加賀一向一揆が再蜂起した際、敗れた富樫泰高は越前国金津城の溝江氏のもとへ逃れている。天文二十二年（一五五三）には、富樫泰高は死去し、その子富樫介も溝江大炊介長逸を頼って金津城へ入るが、その後一向一揆の攻勢にあって、天正二年（一五七四）二月には金津城が包囲され、大炊介長逸はその父景逸らとともに族滅している。その滅亡時の経過については、『福井県坂井郡誌』の溝江氏の項に詳しく記されており、妻子眷属共々自害して果てたという。

その後の溝江氏の動向は不明となり、越前においては天正三年八月に、織田信長が大軍をもって出陣し、一向宗徒の制圧を果たし、九月には九ヵ条からなる国掟を制定して凱旋しており（『信長公記』）、その後は柴田勝家が越前の支配をまかされたのであった。さらに天正十年六月二日の信長の横死後には、その柴田氏も賤ヶ嶽の戦いで羽柴秀吉に敗れ、越前は丹羽長秀が支配することになった。この間における溝江氏についても何ら記録はみられず、天正二年の滅亡後にその後裔がどう命脈を保っていたのかは不明である。

しかし、ここに紹介する「溝江文書」は、この越前溝江氏の流れに属するものであることは確かであり、後掲の史料からみて、羽柴秀吉を頼って再興を図ったのではないかと推定される。そうした経過を明らかにさせるものとして、本文書の②〜⑥の溝江氏宛の文書は重要な意味をもってくるものである。いずれにしても天正十年代に入って、秀吉の家臣となった溝江近江守と大炊介が実在したことは確かであり、天正二年からの空白期間の解明は今後の検討課題である。

さて、次に残り四通の宛名となっている新庄氏であるが、『寛政重修諸家譜』（巻八二〇）によれば、近江の蒲生氏の一族であって、坂田郡新庄庄を本貫としており、直寛（新庄城主）—直昌（坂田郡朝妻城主）は、足利義稙・義晴の近臣であった。直昌の子直頼（新三郎・駿河守・宮内卿法印）が豊臣秀吉に仕え、天正初期に摂津国山崎城へ移り、天正十一年の賤ヶ嶽合戦後に大津城主となり、さらに文禄四年（一五九五）には、摂津国高槻城主になっている。

直頼は慶長十七年（一六一二）十二月に没しており、その子直定（新三郎・越前守）は徳川秀忠に従って、遺領を安堵されている。直定は二万三千石を領して奏者番に列し、元和四年（一六一八）に五十七才で没している。この新庄本家に対して、直昌の二男直忠は刑部・刑部左衛門といい、兄直頼とともに秀吉に仕え、一万四千石を領している。入道東玉とも称しているところから、本文書①の秀吉知行宛行状写によって、天正十一年八月に、近江国浅井郡内で二百石の知行を宛行われていることが明らかとなる。この直忠の系統は、直氏から直興へとうけつがれ、江戸時代には旗本となっている（『寛政家譜』巻八二二）。

本文書中の①と⑦～⑨は、この新庄直忠宛のものであるが、『寛政家譜』によれば、信長の没後に秀吉に仕え、文禄元年の朝鮮出兵に加わり、近江国浅井郡ほかで一万四千石余を領知していた。秀吉の死とともに京都に閑居し、慶長十九年の大坂冬の陣に至って家康に従い、旧領地である近江国坂田郡柏原の御殿守護を命ぜられ、その付近の御料所を預けられた。元和六年に七十九才で没し、その子直氏が柏原御殿預りを引きついだ。本文書の⑨は、その柏原の御料所代官としての、元和元年から六年間分に及ぶ年貢皆済状である。

三、本文紹介と解説

以下、個々の文書の全文紹介と、簡単な注記をしていきたい。本文の翻刻については、行がえや用字などはほぼ原本どおりとしたほか、通常の方法によって活字化した。

①羽柴秀吉知行宛行状写　（折紙、三〇・八×四九・〇cm）

江州浅井郡
阿閇分柳野之
内、以弐百石宛
行畢、永可領
知状、如件、
天正十一
八月朔日　秀吉（花押）
東玉入道（新庄直忠）

○本文書は、紙質、筆跡からみて、明らかな写である。知行地として宛行われた阿閇《あつち》分柳野は、『大日本地名辞書』によれば、滋賀県伊香郡安曇郷の本称で、古保利村の大字という。郷士として阿閉氏がおり、天正十年の本能寺の変で明智光秀に属して没落した。柳野も古保利村の大字であるという。宛名の「東玉入道」は、新庄刑部左衛門直忠である。

②羽柴秀長書状　（折紙、三一・八×五〇・四cm）

返〻杳之御音信、
難申盡候、尚金七郎

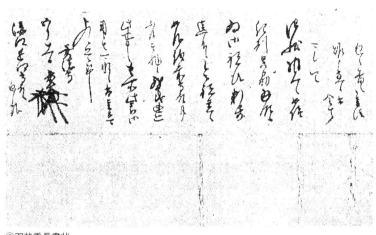

②羽柴秀長書状

可申候、以上、
御状拝見候、如仰
紀州泉刕拝領候、
為御祝儀判帋
送給候、令祝着候、
如仰越前守殿事
不及是非候、我等儀速思
此事候、貴所此度御
用候者可承候、尚重而可
申入候、恐々謹言、
美濃守
（天正十三年）五月十一日　秀長（花押）
溝江近江守殿
返報

○裏打あり。後補の包紙あり。差出人の美濃守秀長は、羽柴秀吉の異母弟であり、天正十三年（一五八五）に秀吉の紀州攻め・四国攻めで大功を立て、秀長と名を改め大和国郡山城主となる。大和のほか、紀伊、伊賀の一部も支配した。天正十五年の九州攻め後に権大納言に任ぜられ、大和大納言と呼ばれる。天正十九年正月二十二日に没す。本文中に「紀州泉刕拝領」とあるところから、天正十三年と思われる。

③豊臣秀吉書状　（折紙、四六・三×六六・五cm）

為歳暮之御
祝儀、小袖二
到来、悦思
食候、尚委曲
長束（正家）大蔵太輔可
中候也、
（年未詳）十二月廿九日　◯（秀吉朱印）
溝江大炊介とのへ

○大高檀紙に大書されている。包紙は後補のもの。秀吉朱印は直径三・六cmのいわゆる糸印である。本文中の長束正家が秀吉の奉行となったのは、天正十三年であるから、それ以後の文書である。

④長束正家書状　（折紙、三二・二×四九・八cm）

尚以金津橋之儀、

具判帋を以如申入候、
可被懸御意候間、可有
其御心得候、以上、

御状殊雁ニ
被懸御意、過分
至極候、誠以御懇
情之段、難申謝候、
猶以面上御礼
可申入候、恐々謹言、

（年未詳）
二月七日　長大（長束大蔵大輔）　正家（花押）

溝大炊殿
御報

○差出人の長大正家は、豊臣秀吉の五奉行の一人である長束大蔵大輔正家であり、天正十三年に秀吉に仕える。同十九年閏正月には、近江国の検地奉行を勤める。文禄四年（一五九五）六月には、五万石で近江国水口城主となる。慶長五年（一六〇〇）の関ヶ原合戦で西軍に属し、敗れて自殺する。追書の「金津橋」は、溝江氏の旧領であった越前国金津にあった橋のことか不明。

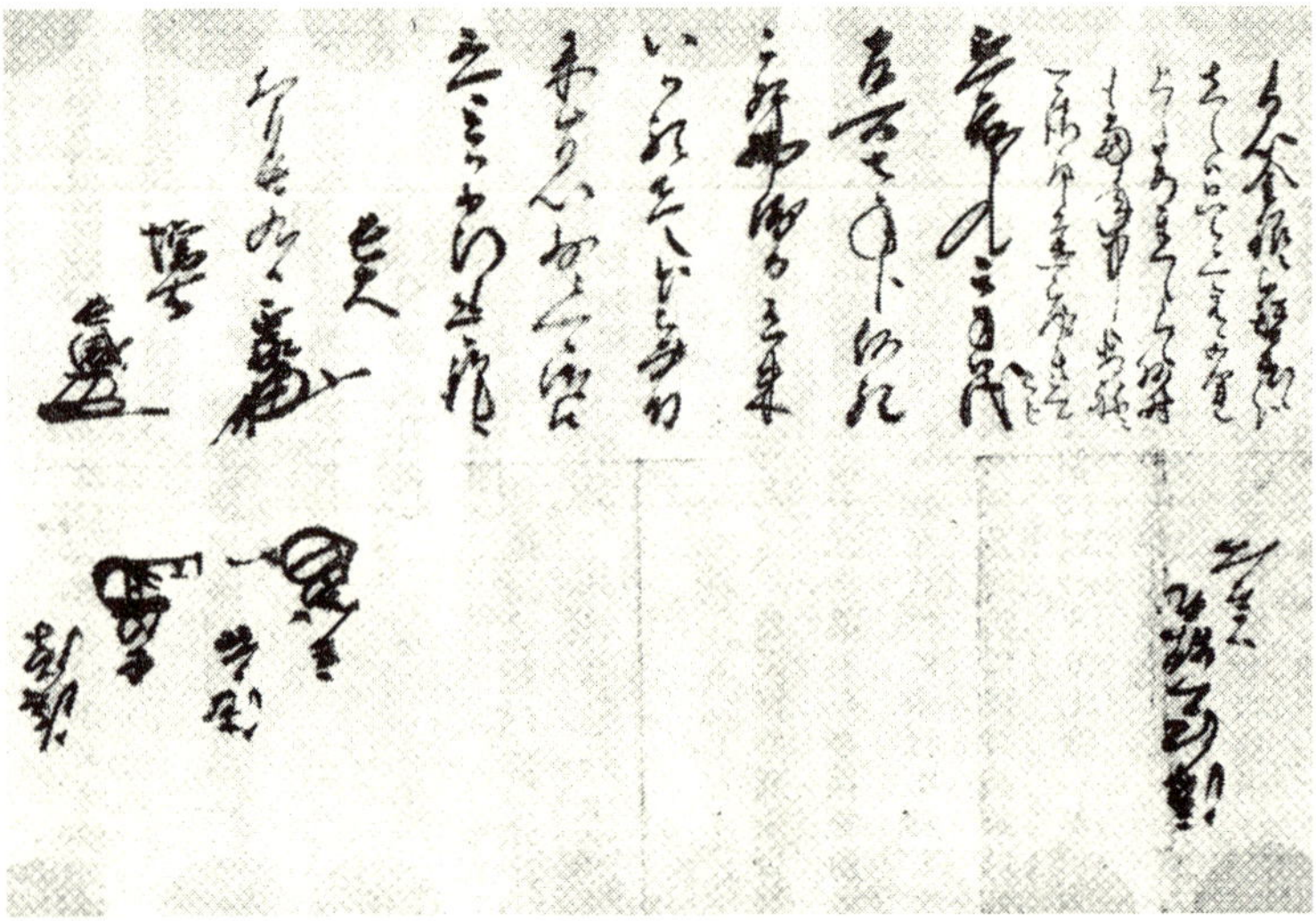

⑤豊臣家四奉行連署書状

⑤豊臣家四奉行連署書状（折紙、三三・四×五〇・三cm）

尚以金銀ニ被替置候分
在之ハ、只今可有御運
上候、若遅々候ハヽ、何時
も当年中ニ安祢（値）ニ
可請取候条、可被得其意候、已上、
不一度申入候、其方御代
官所、去年分何欤
被相拂渡而、有来
いか程在之分被書付、
来十日以前ニ可渡候、
不可有御由断候、恐々謹言、
長大
卯月廿九日　正家（花押）
増右
長盛（花押）
浅弾

長政（花押）
玄以（花押）
徳善
溝江大炊殿
御宿所

○差出人の四人に石田三成を加えて、豊臣家の五奉行という。長束正家・増田長盛は天正十三年頃から奉行を務めていたが、前田玄以は慶長三年に奉行に列したといわれている。慶長五年の関ヶ原合戦後に浅野長政と前田玄以以外は自害している。五奉行制の確立期ははっきりしないが、本文書は文禄末年から慶長五年までのものである。

⑥山中長俊書状（折紙、二九・六×四七・三cm）

猶被成御朱印候、
可有御頂戴候、
御心易候、
御家相替事無之候、可
期面候、以上、
御進上之生鮭、則
致披露候、

御感之旨相意得
可申遣候由御綻候、
附而源氏抄、慥于
請取申儀、其節者
一筆給候、取紛御礼
をも不申、非所存候、尚
期面拝候、恐々謹言、
（年未詳）九月九日　山〃城長俊（花押）
溝江大炊様
御報

○差出人の山中山城守長俊は、天文十六年（一五四七）に近江国甲賀郡山中に生まれ、佐々木入道承禎（六角承禎）に仕える。近江六人衆の一人という。信長の六角氏攻め以後、柴田勝家に仕え三千石を知行する。天正十一年、勝家滅亡の後、丹羽長秀に属す。この頃より、秀吉と親交があり、長秀の没後は堀秀政に寓房する。その後は秀吉に仕え、従五位下山城守に叙任し、一万石を宛行われる。慶長五年の関ヶ原合戦では大坂方に属し、知行を没収される。

⑦豊臣秀吉禁制写　（三四・六×四六・七㎝）

禁制　　高麗國

一、軍勢甲乙人等濫妨狼籍（藉）事

一、放火事　付人取事

一、対地下人百性（姓）、臨時之課役、其外非分儀申掛事、

右条々、堅被停止之訖、若違犯之輩、於有之者、

忽可被罪科者也、

天正廿年四月廿四日　◯（秀吉朱印影）

新庄刑左衛門尉（直忠）とのへ

○用紙は後世のもので、筆蹟も弱い。写というより偽文書と判断される。

⑧豊臣秀吉書状写　（折紙、三四・五×四六・二cm）

其表儀、諸事無油断通、
中越之趣被聞召届候、弥可入
情事専一候、賀須屋内膳・
太田源五一手在之由尤候、
於様子者、藤堂佐渡守被仰
遣候、猶木下半介・山中橘内

可申候也、
九月十一日 ◯(秀吉朱印影)
新庄刑部左衛門尉(直忠)とのへ

⑨徳川家光年貢皆済状　（四〇・五×五六・八cm）

近江国之内、新庄吉兵衛尉
代官所、自元和元夘年
同六申年迄、六ヶ年分所務
事、
右皆済也、
寛永元甲子年七月
◯(家光黒印)

第三章　『甲陽軍鑑』収録の信長文書

はじめに

『甲陽軍鑑』（以下、『軍鑑』と略称）は、甲斐武田氏に関する文献として、すでに周知のものであるが、その史書としての評価や、その著者・編者などの編纂過程の問題、さらにはその史料的性格などについては、現在でもまだ必ずしも一定していない。基本は江戸初期に成立した軍学書・兵書ないし軍記とされているが、すでに指摘されているように、一方では史書としての性格も具備しているとされて、それなりに利用されていた。

本書に関しての研究史については、すでに黒田日出男氏によって、ごく最近の研究状況までが詳細に検討されており、微細な参考文献目録もそえられてあり、補足する余地はないので省略する。[1]ただ、その史書としての評価に関しては、相反する流れがあったので、その点のみを再説しておく。

同書が江戸期に軍学書として一般に流布していた状況は、今日でもその写本や刊本類が多く残っていることからも明らかである。また一方では、江戸期においても同書が史書として一部で利用されていたことも確かである。[2]しかし、それらは単に都合のよい部分のみを引用したものにすぎず、厳密な史料批判を経たものではなかった。

ところが明治期に入り、近代史学の先駆者の一人であり、東京帝国大学の田中義成によって、初めて本書に関しての論評が加えられ、[3]「『軍鑑』は史学に益なし」とまで酷評されたために、その後は史書としての利用は敬遠ないし無視されることとなり、一部の戦史を除いて、戦前では「偽書」と評されて、ほとんど無視される存在になっていた。こうした状況の中で、田中義成の薫陶をうけた渡辺世祐氏の論評は注目される。[4]渡辺氏は基本的には田中氏の説を継承しているが、「研究に資すべき」点も多々あるとして、具体的な事例をあげて、「それ相応に重要な史料的価値がある」としている。とくに、勝頼記部分は歴史的事実と思われる点が多いとしている点は参考となる。後述するように、こうした渡辺氏の論評がもっとも公平な見方ということができる。

以上のような見方は戦後の歴史学者にも踏襲され、その代表的なものが奥野高広氏の論著である。[5]奥野氏は『軍鑑』について、渡辺氏よりは厳しい評価をしているが、「他の信憑性の高い史料で確かめられる限りで用いる」といった立場も表明している。この点は磯貝正義氏をはじめとする、戦後の武田氏研究者の大半に共通する見解であると思われる。黒田氏はこうした状況を、武田氏研究者による『軍鑑』の「つまみ食い」とか、田中説からの呪縛から脱し得ていないと批判されるが、こうした立場もあってもよいのではないかと思う。

『軍鑑』についての本格的な見直しが始まったのは、一九七〇年代に入ってからである。その前提には、一九六五年に磯貝正義・服部治則氏によって、初めて明暦版本の活字化がなされるといった成果があった。[6]これによって『軍鑑』へのアクセスが容易になり、これを利用しての成果がみられるようになった。具体的には、小林計一郎氏が『軍鑑』（品一七）にみられる「武田法性院信玄公御代惣人数之事」の部分について詳細な検討を加えており、その内容が信玄晩年の武田家臣団の状況をかなり正確に反映した物であることを実証された。[7]ついで小林氏は、山本勘介の名がみえる武田晴信書状を紹介して、勘介が実在する可能性を提唱した。[8]これは、それまで『軍鑑』にしかみえない山本勘介（助）

は、『軍鑑』が創作した架空ないし虚構の人物との説が定着していた状況に対する疑問の提示であった。

この件に関しては、近年になって群馬県安中市内で勘助宛の数通の文書が発見されて、小林氏の提言が証明されている。[9] ほぼ同時期に、上野晴朗氏も著書の中で『軍鑑』を多用しており、[10] その史書としての復権を主張している。

一九八〇年代に入ると、これまでの歴史学者ではなく、国語学者・書誌学者の酒井憲二氏が、『軍鑑』の書誌学的な研究成果を相次いで発表しており、その成果は一九九四年から『甲陽軍鑑大成』と題して、本文翻刻・索引・研究・影印編に分けて刊行されている。[11] これについては黒田氏も指摘しているように、『軍鑑』の研究史は、同氏の編著を画期として新たな段階に入ったといえるほどの成果である。酒井氏は、『軍鑑』の原本は、主として高坂弾正の口述・口語りを大蔵彦十郎が筆記することにより成立し、弾正死後は甥の春日惣次郎がそれを書き継いだという。さらにそれを江戸初期に小幡景憲が書写したものが、現存する写本・刊本類の元になったという。ほかにも書誌学的・文献学的な検討から、『軍鑑』は同時代史料としても利用価値の高いものであるとするなど論点は多くあるが、同書の成立過程についての要点は以上である。ただ一つここで気になる点は、同書が山本勘介（助）に関する記述の多い点については、あまりその背景を説明していないことである。この点では編纂過程で、勘介の子である関山派（妙心寺）の僧の書いたものが利用されていたとする田中説も検討の余地があると思う。

これらの成果に対して、黒田氏も指摘しているように、その後も戦国史や武田氏の研究者側からの論評はほとんどみられないという。この点に関しては、弁解になるが、酒井氏の浩瀚で精緻な研究内容のすべてを検証するには多大な労力を要するし、一般的にはそのこと自体を当面の研究目標とはしていないからと思われる。したがって、酒井説への追従はあるものの、反論はほとんどみられない。わずかに黒田氏が紹介している大向義明氏の論評があるにすぎない。それでは酒井氏の成果と課題提示をどう継承すればよいかとして、同書での「言葉」などの表現に、資料性や時代性が反映されていると評している。[12]

『軍鑑』は、その本文中でも断っているように、本来、史書としてまとめられたものではなく、軍学書・兵法書ないし長篠で敗戦した勝頼への遺訓としてまとめられたものという。したがって、史書としての限界性は当初からあり、史実との細部のズレを指摘して、これを創作編纂書とか偽書とかいう論評はもはや成立しない。前述したように、『軍鑑』には同時代の古文書や古記録などとの対比検証によって、史実に沿った叙述と認められる部分も多くある。したがって、その記述内容に関しては個々に検証する作業が不可欠である。本章ではその一例として、すでに黒田日出男氏が検討されている、同書収録の古文書について、補足検討をしておきたいと思う。

一、『甲陽軍鑑』についての見解

本論に入る前提として、『軍鑑』に関して、筆者がこれまでにどういった論評をしていたかを明らかにしておきたい。いずれも本格的な検討を経たうえでの結論ではなく、あくまでもその時点で問題関心となっていた事項に関して言及したものにすぎないことを断っておく。

まず、酒井氏の編著が公刊される以前のものとして、最初に信玄の通史としてまとめた『武田信玄—その生涯と領国経営—』では、[13]天文五年（一五三六）十一月の信濃国海の口合戦が信玄の初陣とする『軍鑑』（品三）の記述を採用し、それまで否定されていた十六歳での初陣説を提唱している。ついで戦国期の甲・相関係を検討した論文（拙著『戦国大名領の研究』収録、初出は一九七九年）では、天文二十三年のいわゆる「甲駿相三国同盟」の成立に関する『軍鑑』（品三一）の記述は信憑性が高いとし、関連して永禄十二年（一五六九）九月に、小山田信茂が富士浅間社に奉呈した戦勝祈願文（品三五）は真性のものとして利用している。

武田氏の分国法である「甲州法度」を検討した論文（同前、初出は一九七八年）では、『軍鑑』（品一七）にみえる記述を重視して、当初から五十五ヶ条本は成立していたとし、二十六ヶ条の保阪本の方に問題が多いとした。さらに武田氏領の直轄領について検討した論文（同前、初出は一九八一年）では、直轄領維持のための職制として、『軍鑑』（品一七）の「信玄惣人数」の部分にみえる勘定奉行や蔵前衆・代官の具体名は、実際に発給されている文書と比較しても問題のないものとしている。また、武田氏の海賊衆を検討した論文（同前、初出は一九七二年）でも、『軍鑑』の同じ箇所に見える海賊衆の一覧と関係記事を重視して記述している。

武田氏領の交通政策について検討した論文（『戦国大名武田氏領の支配構造』収録、初出は一九八四年）では、甲斐国内の黒駒関所の停廃に関して、天正五年（一五七七）六月六日付けの武田勝頼願文を『軍鑑』（品五三）より引用して、その政策的な意図について述べている。また、戦国期の木曽氏の領国経営について検討した論文（同前、初出は一九八二年）では、『軍鑑』（品一三）には天文十一年三月に、代替わり直後の武田晴信が、信濃との国境付近の瀬沢で小笠原・諏訪・村上・木曽氏らの連合軍と戦ったと詳しく記述されているが、「この合戦は他の良質の史料にはみられず、前後の状況と照合しても史実とは思われない」としている。こうした合戦についての『軍鑑』の記述に関しては、他にも史実とは認められないものが少なからずあり、それらについては同様の論調で言及した小文もいくつかあるが、以下は省略する。

信玄の西上野進攻についての論文（同前、初出一九九〇年）でも、『軍鑑』（品三三）は、信玄の西上野出兵によって、小幡氏が国峰城へ復帰した年次を永禄六年（一五六三）二月としているが、この事実は永禄四年十一月のこととして関連文書も多くあり、『軍鑑』の誤りははっきりしている。これが単純に年次のみの誤りなのか、記述されている経過までもが捏造されたものかの判断は、別に検討する必要がある。年次は別として、国峰城攻略経過の記述は『軍鑑』にしか見えないものであり、大変リアルな描写がしてあり、関係者の見聞としか思えない内容であるとする。

こうした部分は他に徴すべき史料のないのが一般であり、これらをどう判断するのかが『軍鑑』評価の根幹になっている。この点での代表的な問題が、永禄四年九月十日の第四次川中島合戦の記述であり、この部分に関してはかなり言及したことがあるが、そこでは、「他には徴すべきものはないが、『軍鑑』には……とある」と論評した上で、肯定的な利用をしてきている。

酒井憲二氏の『甲陽軍鑑大成』が公刊し終わったのは一九九八年であるが、それに詳細な索引が付されていることから、それまで以上に『軍鑑』を利用する頻度は多くなっている。とくに人名索引も完備していることから、武田家臣に関する論著をまとめる際には必ず『軍鑑』で確認を取っている。

信濃国安曇郡の仁科氏の領主制について考察した論文（『戦国期武田氏領の展開』収録、初出一九九六年）では、仁科氏の武田氏帰属に関して、『軍鑑』（品三二）は永禄四年の川中島合戦の直前に仁科氏の謀反があって一族が成敗され、その跡目として五歳になる信玄の子五郎が養子として入ったとの記述である。当時の当主であった盛政の失脚と、五郎が入嗣して盛信と改めた時期を同時期としている。この点に関しては、通説では否定的な見解が多いが、筆者は「謀反記事も、そのすべてが捏造されたものとは思えず、一族の中に上杉方に与して処断された人物がいてもおかしくない」として、この時に仁科家内部が分裂して一旦直系が没落し、その後に盛康次男の盛政が武田氏に帰属して復活をとげたとした。盛信入嗣の事実もこの時点であったものの、実際には現地には赴かず、盛政が一時期仁科領支配を代行していたと推定している。つまり、『軍鑑』の記述にも一部では採るべき点もあるが、一方では錯誤もあるという見解である。

酒井氏の編著を直接論評したものとしては、川中島合戦の虚像と実像を検討した論考（同前、初出二〇〇〇年）がある。少し長文になるが、その部分を転記しておく。[14]最初に同書刊行の意義の大きいことを述べた後、

しかし同書は、一方においてその内容の点で、明らかな年記の誤りや、実在しない合戦の挿入、人物名の誤記など、従来より指摘されてきた欠陥のあることも確かであり、同書での山本勘介の扱いについても、かなり創作性の強いものが挿入されている点も指摘されている。つまり、天正六年（一五七八）五月七日没とされる、高坂（春日）虎綱の口述を基本にしたというには、あまりにも事実と異なる点が多すぎるといった問題が、依然として残っている。しかも各巻の奥書にある、「天正三年乙亥六月吉日　高坂弾正忠記之　長坂長閑老・跡部大炊助殿参」にしても、長篠合戦敗北後に、高坂が勝頼側近の長坂光堅、跡部勝資に奉呈した形を取っているが、虎綱が信濃国更級郡の高坂（香坂）家を継承したという点もふくめて検討の余地がある。

というのも、現存する数通の虎綱の差出文書は、すべて春日姓のものであり、その子信達も春日姓のみである。しかも天正四年と推定されている、正月六日付けの武田勝頼の虎綱宛書状の宛名も「春日弾正忠」であり、名を「昌信」とするものは良質史料に存在しない。この一事をとってみても、同書の成立経過が、酒井氏の主張され

るような単純なものでないことは明らかであり、『軍鑑』に収録されている信憑性の高い史料群の存在もふくめて、そうした武田家の公式記録に、口述とか聞書を加味して成立したものではないとのみ指摘しておく。

現在では、虎綱が一時期香坂家を継承した時期もあったことなど、一部修正するところも生じてきているが、黒田氏がくりかえし述べているように、戦国史や武田氏の研究者は『軍鑑』の枝葉末節の齟齬する点のみを取り上げて、本書を相変わらず疑問視する「呪縛」から脱脚し得ていないとされるが、その意味ではこの論評も同列といわれても仕方がない。

しかし前述したように、本書は当初から史書としてまとめられたものではなく、軍学書・兵法書・遺戒書として編まれたものであることからすれば、これを史書（記録）として利用する場合には、それなりの史料批判が必要であることも確かである。その点で前述した具体例で示したように、個別の問題に関して『軍鑑』を利用する場合には、その内容を再検討しながら利用することには問題ないと思う。逆にあまりにも『軍鑑』を重視しすぎて、史実とかけ離れた結論を導き出すことの方が問題である。こうした点からみて、現状での本書の利用者である戦国史や武田氏の研究者が、個々の事例に関して「是々非々」の立場で利用していることは、それほど非難されるべきことではないと思う。

二、『軍鑑』収録文書の状況

黒田日出男氏は、『軍鑑』の見直しに関連して、具体的にいくつかの論文を発表されているが、その中で『軍鑑』

に収録されている古文書についても検討されている[15]。初めに、同書に収録されている二十二点の文書形式を完備しているものを抽出して一覧表を作成されている。まずそれをベースとして、漏れているNo.14・23の二点を追加して、再編成したものが【表二】である。

【表二】『甲陽軍鑑』所収の古文書一覧（『軍鑑』の掲載順。縦組に変え、備考・品・頁欄のみ削除した）

No.	年月日	署名・署判	宛名	内容	『軍鑑』巻・頁	『戦国遺文』
1	（天文17）5.10	晴信　判	長坂源内右衛門尉	感状	8・182	二四五号
2	天文16.8.11	晴信　御朱印	荻原弥右衛門	感状	8・183	二三〇号
3	天文21.8.13	晴信　御判	荻原弥右衛門	感状	8・183	二五二号
4	天文11.9.25	晴信	窪寺平次左衛門尉	感状	9・227	一四八号
5	天文17.7.19	晴信	小田切平次左衛門	感状	10・282	二六〇号
6	弘治3.11.19	大膳大夫兼信濃守晴信	富士浅間大菩薩	願文	10・324	五七九号
7	永禄8.5.吉	信玄	（富士浅間社）	願文	11・358	九四二号
8	永禄9.5.吉	徳栄軒信玄	浅間大菩薩	願文	11・363	九九二号
9	永禄9.6.16	徳栄軒	富士浅間大菩薩	願文	11・363	九九五号
10	永禄12.1.26	氏真	安藤九右衛門	感状	12・382	——
11	永禄12.9.吉	前兵衛尉平信茂	士峰薩唖	願文	12・392	一四五六号
12	（永禄13）2.18	織田上総守（信長）	甲州法性院	書状（家康引廻願）	12・401	（不採）
13	元亀2.4.21	竜朱印（跡部・原奉）	小佐野越後守	須走・岡宮社務宛行	12・422	一六九八号
14	元亀2.8.吉	竜朱印（跡部・原奉）	（欠）	軍役条目	13・425	（不採）
15	（元亀2）12.1	織田上総守（信長）	法性院	書状（家康に異見）	13・427	（不採）
16	（元亀2）12.23	大僧正信玄	織田上総守	書状（遠三境目の逆侍）	13・428	（不採）

17	（元亀4）1.17	大僧正信玄	織田上総守	書状（手切れ通告）	13・437	（不採）
18	（元亀4）1.1	義昭　御判	法性院	書状（信長と和睦要請）	13・438	（不採）
19	（元亀4）1.7	大僧正法性院徳栄軒	上野中務大夫	書状（信長非難）	13・438	二〇一三号
20	天正元.1.27	右大臣信長	上野中務大	書状（信玄非難）	13・441	（『軍鑑』のみ）
21	元亀4.9.5	（竜朱印）	（戸隠社）	先判安堵	19・100	（不採）
22	天正5.夏.6	勝頼	富士神前	願文	19・124	二八二四号
23	天正5.夏.6	勝頼	（伊勢・熊野・諏訪社）	願文	19・124	（不採）
24	天正9.7.4	（竜朱印）	栗田永寿外善光寺衆	寺中定書	20・171	三五七七号

なお、【表二】のNo.10は、『戦国遺文』（今川氏編、二二六三号文書）に収録されており、No.12は「硯田叢史」（写本）にも収録されている。しかし、No.14〜18と20・21・23の八点は、目下のところ『軍鑑』にしか見えないものである。なお、No.19は後述するように、良質の写が醍醐寺理性院文書ほかに収録されている。No.21については、同日付けで同文のものが、諏訪・戸隠神社ほかにも出されていたとし、No.23についても同日付けで同文のものが、伊勢・熊野・諏訪社にも出されていたとする。いずれも『戦国遺文』（武田氏編）には収録されていないが、『軍鑑』では確認されていたようである。

追加したNo.14の竜朱印状については、年月日を天正三年（一五七五）十二月十六日として、全く同文のものが二通残存しており、それは『戦国遺文』（武田氏編）にも収録されていて、すでに長篠敗戦後の武田勝頼による、織田信長への再挑戦を表明した領国内への十八ヶ条におよぶ動員令として使用されているものである。これについて『軍鑑』は、「申・酉両年の御備書付、御分国中へまハし被成候。跡部大炊助・原隼人助、奉之。辛未八月吉日」として掲載しており、元亀二年八月のものとしている。宛名もなく、これが何をもとに収録されたのかはわからないが、考えられることは、『軍鑑』の編者が、同文書の原本ないし写をみて、その内容が信玄の織田信長との決戦を前にしての動員令と判断して、年次を誤って収録したものであろう。補足した二点については、同日付けで同文のものが、他所にも複数出されていたとの『軍鑑』の注記があり、それに該当する原本文書もいくつか残っている。

黒田氏も指摘されているように、『軍鑑』へ収録された文書には大変な偏りがある。ほとんど無原則といえるほどの収録結果であり、いずれも『軍鑑』原本が書写ないし再編集される段階で、本文の記事内容に関連するものとして後補挿入されたものではないかと思われる。例えば【表一】のNo.1～3は、近習衆であった横目衆に残されていた感状の書き上げ部分に関連して、荻原豊前守関係の三通のみが収録されたのは、その由緒書などがたまたま編者の周辺にあったからと思われる。この箇所には、元和七年（一六二一）四月に誌すとの断り書きがみられることも注目される。

同じ感状でも、No.4・5は当初から本文の中に組み込まれていたようであり、他にたくさんの合戦記述や戦功記事が多いにもかかわらず、この二か所にのみ実例として感状が収録された理由はわからない。これらも再編集時に編者によって集められた史料群の中にあったが故かと思われる。『戦国遺文』（武田氏編）では、この中の【表一】のNo.3にのみ「検討を要す」との疑問符を付けたが、その理由は、信濃・苅屋原城攻めは、翌天文二十二年三月末であることと、本文中の「首拾壱」の表記が異様と思われたからである。[16]

ついで収録されているNo.6～9・11・13・22の七点は、すべて所蔵者が御室浅間神社（山梨県富士河口湖町勝山。小佐野氏が神主を世襲していた）に限られるものである。早くにその一部が諏訪家などに流出したものの、現在でもその大半が同社に現存している。ここでも願文と一部の安堵状のみを利用しており、他に数ある武田氏関係文書は利用されていない。ちなみに、信玄・勝頼の願文は他にも一七点ほどが確認されているが[17]、それらは一切収録されていない。これらも『軍鑑』本文との関連で後補された可能性が高く、その収録の必然性は見いだしがたいが、すべて良質の文書であるとの判断は変わらない。

あとは信玄と織田信長との交渉を示す元亀元年（一五七〇）から四年にわたる両者の関係書状と（No.12・15～20）、それと関連する足利義昭御内書（No.18）がまとまったものである。この部分については、大変に興味がある問題なので次節で検討したいと思うが、両者の関係交渉を示す相互の書状は他にも多数あり、関連文書もふくめて【表二】としてそれらをまとめておくと、以下のようになる。

【表二】信玄・信長関係文書一覧

No.	（年月日）	（差出し）	（宛名）	（内容）	（出典）
1	（永禄12）正・9	信玄書状	織田弾正忠	不図当国出馬	一三五一号
2	（永禄12）2・24	信玄書状	芋川右衛門尉	信長家康に合力出陣	一三七〇号
3	（永禄12）3・10	信玄条目	岐阜	越甲和与媒介	一三七六号
4	（永禄12）3・23	信玄書状	市川十郎右衛門	信長甲越和与媒介	一三七九号
5	（永禄12）4・3	義昭御内緒	武田大膳大夫	信長と天下儀馳走	四〇三七号
6	（永禄12）4・6	信玄書状	佐竹	家康掛川詰陣	一三八七号
7	（永禄12）4・7	信玄条目	徳川	信長甲越和与媒介	一三八九号
8	（永禄12）4・19	信玄書状	徳河	信長上洛に同心	一三九八号
9	（永禄12）5・23	信玄書状	津田・夕庵	家康に諫言要請	一四一〇号
10	（永禄12）12・10	信玄書状	弾正忠	和与信長調略	一四八一号
11	（元亀元）5・7	信玄書状	（宛名欠）	信長に鷹進上	一五四七号
12	（元亀元）6・5	信玄書状	夕庵	江北通路留め	一五五〇号
13	（元亀元）6・19	信玄書状	弾正忠	信長不慮の出陣	二〇七六号

14	(元亀元)10・5	信長書状	法性院	甲越和与・働遠慮	名古屋市博所蔵
15	(元亀元)10・8	家康起請文	上杉	甲尾縁談事切れ	上越九四二号
16	(元亀元)11・14	足利義昭	松平蔵人	家康参陣要請	武田神社所蔵
17	(元亀2)3・6	信玄書状	秋山伯耆守	信長東美濃出張	二〇二七号
18	(元亀2)5・17	信玄書状	岡周防守	公方信長敵対・信玄上洛	一七一〇号
19	(元亀2)8・13	信玄書状	下間上野法眼	信長と本願寺和睦媒介	一七三三号
20	(元亀2)9・10	本願寺顕如	法性院	信長と本願寺和睦媒介	四〇四五号
21	(元亀2)9・26	信玄書状	一色式部少輔	本願寺と和融中媒	一七四一号
22	(元亀3)正・28	信玄書状	夕庵	佞者の讒言・三国の和睦	一七七五号
23	元亀3・3・―	唯念寺門徒	御本山	信長反逆	一八二二号
24	(元亀3)5・16	本願寺顕如	法性院	昵懇本望	四〇五〇号
25	(元亀3)10・6	謙信書状	鮎川孫次郎	信長越甲一和	上越一一一六号
26	(元亀3)5・13	足利義昭書状	法性院	天下静謐馳走	四〇四九号
27	(元亀3)10・18	謙信書状	河田伯耆守	信玄岩村攻略	上越一一三〇号
28	(元亀3)10・22	信長書状	三河守	家康支援	信長三四四号
29	(元亀3)11・12	信玄書状	遠藤加賀守	信長敵対馳走	一九八七号
30	(元亀3)11・19	信玄書状	朝倉左右衛門督	信長当敵	一九八九号
31	(元亀3)11・19	信玄条目	越陣	信長謀略	一九九〇号
32	(元亀3)11・20	信長書状	不識庵	信玄所行前代未聞	上越一一三一号
33	(元亀3)12・28	信玄書状	朝倉左右衛門督	信長滅亡時刻到来	二〇〇七号
34	(元亀4)正・11	信玄書状	上野中務大夫	逆徒信長誅伐	二〇一三号
35	(元亀4)正・14	本願寺顕如	徳栄軒	信長働き阻止	四〇四五号
36	(元亀4)正・16	信玄書状	東老軒	義景帰国	二〇二一号
37	(元亀4)2・26	浅井長政書状	勝興寺	義昭挙兵	勝興寺文書
38	(元亀4)―・―	信玄書状	(宛名欠)	信長追伐	二〇三一号
39	(元亀4)3・5	謙信書状	遊足庵	信玄押詰め	上越一一三九号

40	（元亀4）3・19	謙信書状	長与一	濃・信用心	上越一一四一号
41	（元亀4）3・19	信長書状	越府	信玄引散り	上越一一四三号
42	（元亀4）3・19	謙信書状	長尾左右衛門	信玄相果て	上越一一六一号
43	（天正元）7・10	雑賀年寄衆書状	八重森因幡守	信長と一戦	四〇七三号
44	（天正元）9・26	信長書状	不識庵	朝倉小谷籠城	信長三三八号
45	（天正2）2・6	勝頼書状	荻野悪右衛門尉	信長に敵対	二二六五号
46	（天正2）4・28	勝頼書状	杉浦紀伊守	不図当表出馬	一七〇一号
47	（天正2）8・24	勝頼書状	上野法眼	信長長島出陣	二三三九号
48	（天正3）5・26	信長書状	長岡藤孝	勝頼首・信玄旧恩を忘れ	信長五一二号

〔凡例〕出典のNo.は『戦国遺文』（武田氏編）の文書番号。信長は『増訂織田信長文書の研究』。上越は『上越市史』（別編一、上杉氏文書集一）。【表一】に掲載のものは省略する。

この中で、『軍鑑』に収録されているものは、【表二】のNo.19の原本であるNo.34の一点のみであり、逆に【表一】にみえる関連文書の七点は『戦国遺文』（武田氏編）や『増訂　織田信長文書の研究』には全く収録されていないという結果になる。この点でも、『軍鑑』が何によってこれらのものを採録したかは興味ある問題である。

ここで一つ弁解をしておくと、『戦国遺文』（武田氏編）の編纂時には、『軍鑑』に収録文書が二十四通もあることを十分には認識していなかったことがある。多少の文書が載っていることは承知していたものの、その大部分が原本や他の写本類で確認できていたので、改めての検討はしなかったというのが真相である。その結果、信長関係の七点を脱落させることになってしまったが、この部分については難解なものとして敬遠していたことも事実である。その時点では真偽の判定が下せなかったといってもよい。ともかくも、他に写本の残っていないような文書を、すでに『軍鑑』が収録していたことは驚きである。この点は改めて検討したいと思う。

三、『軍鑑』収録文書の検討

黒田日出男氏は、この問題についての論述の導入として、最初に小和田哲男氏の著書を取り上げている。[18]小和田氏が著書の中で具体的な事例を示した上で、収録文書は「ほとんど偽文書」と判定したことに対する反証である。そこでは筆者の判断も問われているが、その答えは「大方は良質のものであるが、一、二なお検討を要するものもある」といったことになる。

小和田氏が偽文書の根拠としてあげた点は、主に年号表記や人名表記などの形式的な点についての不備のあるものである。この点は黒田氏が反証しているように、『軍鑑』が編纂物であることによる欠陥であって、確かに根拠としては絶対的なものとはなりえない問題である。したがって、残る方法としては、内容的な検討と本文での文章表現上の是非ということになる。内容的検討は他の同時代史料との対比によってある程度可能と思われるが、後者についてはその方法論も思いつかないほど難儀な作業となる。

黒田氏はこれらの点での検証も求めているが、実際には自身もそれらの方法論による検討は試みられていないままでの正文説である。例えば「熟読してみましたが、偽文書まで作って主張したいような内容とは到底思われません」という説明に終始している。[19]唯一、具体的に検討した【表二】の№19については、同文のものが他の良質な写として残っているから、これは正文だとしている。この点に異論はなく同認識であるが、その他のものについても、可能な限りで内容的な検討をしておく必要があると思われるので、以下、【表二】の№12・15～20の七点について、個別的な検討を試みておきたい。

まず【表一】No.12の元亀元年（一五七三）と推定されている二月十八日付けの信玄宛て信長書状であるが、その内容は、信長が信玄に徳川家康の引き廻しを依頼したものであり、駿河進攻後の武田・徳川間での遠江の分割領有をめぐっての対立状況が生ずる直前の時期のものである。この時期の武田・織田間の関係は、信長よりの「甲越和与」の媒介などもあって、かなり緊密な関係が保たれていた（表二のNo.3・7）。前年五月には、信玄が信長に対して家康への苦言を呈しており（同No.9）、本文書はそうした状況への信長の対応を示したものである。

『軍鑑』では、本文書に続けて、年月日を欠いているが、同趣旨の信長書状が収録されている。なお、本文書にみえる家康より信玄への人質についても、異母弟の源三郎勝俊が、元亀元年十一月に逃亡するまで甲府にいたことは明らかであり、何ら当時の状況に相反する点はみられない。したがって、極めて重要な文書となる。

【表一】No.15は、元亀二年と推定される十二月朔日付けの信玄宛て信長書状である。内容は同年二月からの信玄の遠江・三河出兵によって、武田・徳川間での対立状況がはっきりしてきた直後のものであり、家康の動きに異論があれば、信長が呼び寄せて意見をすると取りなしたものである。この時期の武田・織田間は同盟決裂寸前の状況であったが、外交的にはまだ関係が保たれていた（【表二】のNo.17・22）。【表一】のNo.16は、これに対する信玄の折り返しの返状であり、遠江・三河の境目で謀反した逆徒は赦免しないと通告したものである。境目の逆徒が誰かは判然としないが、家康に与して武田から離反したというものたちであろう。元亀二年末の状況として、これも問題のないものと思う。

【表二】No.17は、元亀四年と推定される正月十七日付けの信長宛ての信玄書状である。これにはその前書に「御手切れ之事」とあるように、信長との決裂を通告したものである。すでに両者が決裂状態にあったことは、前年九月末以降の信玄の西上戦略によって明らかであるが、状況としても三河・野田城包囲陣中から出したものにしては、少し遅すぎる内容であり、信玄の他の書状との言調も異なり、これほど仮名を多用したものも他にはみられない。これは少し問題点のあるものとして、その判断は保留しておきたい。

続くNo.18は、同時期の信玄宛ての足利義昭書状であるが、この段階で義昭が信玄に対して、信長・家康と和睦して、万事堪忍せよと通告しているのは、いかにも不自然であり、これは明らかな偽文書と思われる。言調からしても義昭の御内書とは思えず、年次を遡らせても正文とはいえないであろう。こうしたことは『軍鑑』の編者がこれを採録する時点での真偽の判定が甘かったことによるものであろう。

No.19はすでに言及したものであり、良質の写では日付が十一日になっている。この点は編者が読み違えたことによるものであろう。内容的には先のNo.17と同じく信長を非難したものであるが、個々の内容が具体的であり、信玄の好んで用いた漢文調のものである。ただし、本文の記述の中で信長の朝倉氏との和睦を永禄十二年（一五六九）としているが、これは元亀元年のことであり、信玄の記憶違いによるものであろう。これも問題のないものと思われる。

No.20については、すでに黒田氏も検討しているように、形式上の瑕瑾はともかくとして、内容的には問題のないものであり、No.19で信玄が義昭に奉呈した五ヶ条の讒言に対する反論である。「前代未聞」の表現の多い長文の信長仮名交じり書状は他にもいくつかあり、[20]その論調は本文書と同じである。したがって、これについても問題はないと思う。

以上、検討したように、収録文書の大多数は正文として使えるものとの判断であるが、中には三点ほど問題の残るものがある。断定は出来ないが、さらなる検討を要するものもあるとの結論である。なお、勝頼期のNo.21・22・24の三点には言及しなかったが、いずれも原本ないし良質の写が残されており、問題のないものである。

まとめとして

黒田日出男氏によって、この問題についての認識の曖昧さや怠慢さを詰問されたので、弁解じみた論調になってしまったが、一応の補足説明と検討をしてきた。要は田中義成氏の警鐘以来くりかえし述べられてきたことであるが、『軍鑑』を史書として利用する場合、そのままでは利用できないということではないであろうか。少なくともその内容につき、別の記録や文書でもって確認をする必要があり、それが不可能な場合は、「『軍鑑』によれば」と断ったうえで、その内容を論評すべきかと思う。くりかえし述べてきたように、本書については、その内容に関しては、検討を重ねた上での「是々非々」の立場でよいかと思う。

註

（1）黒田日出男「『甲陽軍鑑』をめぐる研究史―『甲陽軍鑑』の史料論（1）―」（『立正大学文学部論叢』一二四号、二〇〇六年）。その後、黒田日出男『『甲陽軍鑑』の史料論―武田信玄の国家構想―』（校倉書房、二〇一五年）に収録。
（2）すでに黒田氏が指摘されている塙保己一編の「武家名目抄」をはじめとして、武田氏側での「武田三代軍記」をはじめ、越後側での「北越軍談」などの、その後に著された二次的な軍記物に多く引用されており、当時は史書としての評価が高かったことを示すものである。
（3）田中義成「甲陽軍鑑考」（『史学会雑誌』二編一四号、一八九一年）。
（4）渡辺世祐『甲陽軍鑑』（『甲斐叢書』収録）の解題「甲陽軍鑑に就いて」（甲斐叢書刊行会、一九三三年）。
（5）奥野高広「『甲陽軍鑑』の史料的価値」（『日本歴史』二四〇号、一九六八年）のほか、『武田信玄』（人物叢書、吉川弘文館、一九五九年）。
（6）磯貝正義・服部治則編『甲陽軍鑑』（戦国史料叢書3、人物往来社、一九六五年）。

（7）小林計一郎「甲陽軍鑑の武田家臣団編成表について―「武田法性院信玄公御代物人数之事」の検討―」（『日本歴史』二〇六号、一九六五年）。以下、同部分に関しては「信玄代物人数」と略記する。
（8）小林計一郎「山本勘介の名の見える武田晴信書状」（『日本歴史』二六八号、一九七〇年）。
（9）海老沼真治「群馬県安中市　真下家文書の紹介と若干の考察―武田氏・山本氏関係文書―」（『山梨県立博物館研究紀要』第三集、二〇〇九年）。その成果は、山梨県立博物館監修・海老沼真治編『山本勘助の実像を探す』（戎光祥出版、二〇一三年）にまとめられている。
（10）①上野晴朗『甲斐武田氏』（新人物往来社、一九七二年）、②『定本武田勝頼』（新人物往来社、一九八七年）。
（11）酒井憲二『甲陽軍鑑大成』全七巻（汲古書院、一九九四〜九八年）。
（12）大向義明「『甲陽軍鑑』研究の現状と課題」（笹本正治・萩原三雄編『定本・武田信玄』高志書院、二〇〇二年）。
（13）拙著『武田信玄―その生涯と領国経営―』（文献出版、一九八七年）。
（14）「川中島合戦の虚像と実像」（『戦国期武田氏領の展開』岩田書院、二〇〇一年）の二二六頁。
（15）「『甲陽軍鑑』の古文書学―『甲陽軍鑑』の史料論（4）」（『武田氏研究』三八号、二〇〇八年）。その後、黒田日出男『『甲陽軍鑑』の史料論―武田信玄の国家構想』（校倉書房、二〇一五年）収録。
（16）『高白斎記』天文二十二年条（『武田史料集』人物往来社、一九六七年）。
（17）拙著「武田信玄自筆文書の考察」（『戦国期武田氏領の展開』収録、岩田書院、二〇〇一年）。
（18）小和田哲男『甲陽軍鑑入門』（角川文庫、二〇〇六年）。
（19）註（15）論文の一四頁。
（20）奥野高広『増訂織田信長文書の研究』（吉川弘文館、一九八八年）収録の、一四三・一五二・五三三・六〇三・六二八・六六三・七三八・七四九号文書などを参照。

あとがき

二〇〇六年（平成十八）四月から、日本大学大学院文学研究科（日本史学）で非常勤講師を務めることとなり、九年間担当させていただいた。二〇一〇年度から演習の教材として、奥野高広氏編の『増訂　織田信長文書の研究』（吉川弘文館、一九八八年）を講読することとした。受講生各自に毎回十通ずつを分担してもらい、素読・意訳・背景説明をしてもらった。この間に受講者メンバーは入れ替わり、各自の発表には精粗があったが、関連史料や地図のほか、研究史の整理までをまとめてくる者もあり、これが刺激となって信長の発給文書に関心をもつようになった。併せて毎年夏休みには、希望者とともに信長関連史跡の見学会も実施し、初めて清洲城・犬山城・岐阜市の円徳寺・琵琶湖畔の長命寺・大津市立博物館などを見学することができた。こうしたことが契機となって、信長関連の論文も書くようになった。

「信長文書」の講読は四年ほどで「補遺編」を残して本編を読了した。その後は、『信長公記』（角川文庫本、一九六九年）を、やはり各自に分担していただいて講読した。同時にこれらの講読と並行して、信長文書の「総編年目録」の作製も進めた。これについては、受講生にも協力していただき、奥野氏の編著を基本として、その後に編纂された『愛知県史』（資料編織豊期）をはじめとする自治体史の史料編から、脱漏している文書を追加しており、その作業は現在も継続している。その結果、年未詳のものも含めて一四二八点までを目録化できている（二〇一六年五月現在）。年未詳文書も多いが、これまでの研究によって推定されている部分も多く、またその推定をめぐっての議論もあったので、極力それらの成果も反映させている。しかし、なお推定困難なものが一七〇点ほど残ったままである。
「総編年目録」はまだ公表できるようなものではなく、分量も多いので本書への掲載は省略したが、数名の織田氏研究者にはその控えを献呈してご教示を受けている。いまだに年に何点か新出のものが追加されている。併せて各種の資史料集に掲載されている信長文書の写真版の収集も進めており、その数も六〇〇点前後の数に達している。

本書は、この数年間にまとめた織田政権に関する論考を中心に、かつて発表した信長関連の旧稿に大幅な修正を加えて一冊にまとめたものである。まずその内容と結果を明示しておくと、以下のようになる。

第Ⅰ部　織田政権の形成と展開
第一章　織田信長「天下布武」印の書札礼（新稿）
第二章　織田信長花押の変遷（新稿）
第三章　織田信長の入京と「下京中出入之帳」（原題「本館所蔵　古文書摘録（三）―下京中出入之帳―」『早稲田大学図書館紀要』一四号、一九七三年）
第四章　織田政権下の堺と今井宗久（『信濃』六五巻八号、二〇一三年）
第五章　織田政権の津湊支配（原題「戦国期織田政権の浦湊支配について」『三重県史研究』三〇号、二〇一五年）

第Ⅱ部　織田政権の地域支配
第一章　柴田勝家発給文書と地域支配（新稿）

第二章　明智光秀文書と地域支配（新稿）
第三章　織田政権の東国進出と河尻秀隆（原題「織田政権東国進出の意義―河尻秀隆の甲斐支配にふれて―」『日本史攷究』一六号、一九七〇年）
補論　織田政権と真田昌幸（『日本歴史』五六六号、一九九五年）

第Ⅲ部　関連史料の検討
第一章　尾張国安井家文書について（『古文書研究』四六号、一九九七年）
第二章　越前溝江家文書について（原題「本館所蔵　古文書摘録（一〇）―溝江・新庄家文書（九通）―」『早稲田大学図書館紀要』二六号、一九八六年）
第三章　『甲陽軍鑑』収録の信長文書（原題「『甲陽軍鑑』収録文書の再検討」『武田氏研究』四九号、二〇一三年）

全くの新稿は、信長の花押と印判に関する論稿と、柴田勝家と明智光秀の地域支配に関する論稿の四点のみである。いずれも相当量の研究史があり、新しさを出すのに苦慮したが、中間報告として発表することとした。旧稿については、史料紹介的なものが中心であったために大幅な修正はなく、若干の補記を加えたにすぎない。

これらいずれについても、まだ問題なしとはいえないが、とはいえこれから先、いつまで研究生活が続けられるかについては自信がない。とくに読書力・記憶力が急速に衰えてきており、何度も繰り返し同じところを読んでも要点がまとめられなくなっている。その反面で、関連した新しい研究成果にはわりと敏感であり、なんとか若い人達に置き去りにされないようにと、新刊の購入や論文のコピーはするのであるが、消化できずに未読の文献が山積していくばかりである。気力・体力ともに限界が近づいてきていると思わざるを得ない。

これまで戦国期の武田氏に関しては五冊の論集のほか、一般向けの著書も何冊か書いてきたが、その後の最新の研究によって、訂正や修正を迫られている部分も多くある。それらの点も気にはなっているのであるが、最早、それらの改訂も不可能と思わざるを得ないような状況である。すべての著書について、その時点では最善を尽くしたつもりであるが、所詮、自己満足に過ぎなかったのかといった反省もしている。それでも一方では、これまでの編著が、後進者の研究活動での一里塚の役割を果たしていればよいといった自負もある。

本書も序文で明らかにしたように、現在の問題関心である織田政権をめぐる政権評価論や、権力構造論に迫るようなものではなく、信長の文書や家臣団の発給文書を集めてみた結果として、落穂拾い的に気付いたことをまとめたものにすぎない。各論ともに研究史の整理が不十分であるが、従来の研究での不備や問題点については言及しており、新しい問題提起や新史料の紹介も若干試みている。それらに関しては、忌憚のないご批判をいただければ幸甚である。

織田氏に関する研究を始めてみて、過去のことは兎も角として、現状では織田氏専論の研究者は意外と少ないことがわかった。隣接する地域や専攻テーマに関連して言及したものや、啓蒙書のたぐいの著書は多いが、専論として織田政権や織田氏についてまとめたものは意外と少ない。それほどこれまでの研究史が厚く重いことによるものかと思う。数少ない織田氏研究者の中で、三鬼清一郎・岡田正人・下村信博・藤田達生・谷口克広・堀新・金子拓・和田裕弘各氏らからは、常々、研究成果などをお送りいただいてご示教を受けている。しかしそれらの成果を本書に十分に吸収・反映出来なかったことをお詫び申し上げる。さらに、織田氏研究機関の役割を果たしている滋賀県立安土城考古博物館の高木叙子氏、名古屋市博物館の鳥居和之氏には、関係文書調査に際して種々のお世話になった。改めて御礼を申し上げる次第である。

最後に、近況を報告して「あとがき」を終えたい。定期外出は週一回の早稲田大学エクステンションセンター八丁堀校の講座への出講のみであり、これは十年近く続けさせていただいている。ここでは戦国史やＮＨＫ大河ドラマ関連の内容で、楽しく担当させていただいている。学会や研究会への出席は目立って少なくなっており、なんとか参加しているのは、戦国史研究会と武田氏研究会のみであり、日本古文書学会へは大会にのみ出席している。

その他には練馬区で文化財保護委員会の委員を三十年近く勤めてきたが、これも今期で勇退しようと思っている。練馬区内ではやはり三十数年前から、同好者とともに区内の古文書を読む会を続けてきているが、この方は若いメンバーも参加するようになってきており、もう少し続けたいと思う。

地方での史料調査もほとんど出来なくなっている。自家用車の運転が覚束なくなってきたためであるが、代わりに電車での旅行回数は増加している。多少歴史に関連した地域への回想旅行であるが、行けば必ず何らかの新しい収穫があり、今後とも楽しみの一つである。

故郷は山梨県中巨摩郡龍王村（現在は甲斐市竜王町）であり、その関係で研究テーマも武田氏関係となったわけであるが、二〇〇七年に終了した『山梨県史』編纂事業への参画を最後として、山梨県内での仕事もなくなり、併せて両親の死去などによって山梨からは徐々に足が遠のいている。現在では婚家であり、四十七年間住んでいる練馬の寓居（紫屋舍）が第二の故郷になりつつあり、晴天の日には前庭での植木類の剪定と、野菜作りに精を出している。

植物類の生命力はすさまじく、少し怠けるとたちまち藪地となり、雑草に占拠されてしまう。野菜作りはとくに難しく、こまめに面倒をみないと結果が得られない点では、教育や研究活動に相通ずると実感している。

これからも体力と気力の続くかぎり、文字どおりの「晴耕雨読」の生活を続けていくつもりであり、多少なりとも何か成果が得られればよいと思っている。

最後になるが、今回も脱稿後、日本大学大学院で一緒に信長文書を講読していた千葉篤志氏に、全編にわたっての校閲をお願いした。表現上の不備や参考文献の表記などについて、細かい修正をしていただいた。いつものことながらその丁寧な点検に厚く御礼申し上げる。

本書の刊行については、戎光祥出版にお引き受けいただいた。編集部の丸山裕之氏には、当初の取りまとめの段階から、細部にわたるご指導をいただき、何とか体裁を整えることができた。また、石田出氏には出版段階になって、細かい割付けや図版・表作成ほか、索引作製についての細かい作業を進めていただき、大変なご面倒をお掛けした。末筆になって恐縮であるが、記して深く感謝申し上げる次第である。

二〇一六年五月吉日

柴辻俊六

【著者略歴】

柴辻俊六（しばつじ・しゅんろく）

1941 年、山梨県に生まれる。1964 年、早稲田大学教育学部卒業。1970 年、早稲田大学大学院文学研究科博士後期課程修了。文学博士。
元日本大学大学院非常勤講師。

主要編著
『戦国大名領の研究』（名著出版、1981 年）
『戦国大名武田氏領の支配構造』（名著出版、1991 年）
『戦国期武田氏領の展開』（岩田書院、2001 年）
『戦国遺文』武田氏編　第一～六巻（共編、東京堂出版、2006 年）
『武田信玄合戦録』（角川書店、2006 年）
『信玄の戦略』（中央公論新社、2006 年）
『戦国期武田氏領の形成』（校倉書房、2007 年）
『戦国期武田氏領の地域支配』（岩田書院、2013 年）
『真田幸綱・昌幸・信幸・信繁』（岩田書院、2015 年）

装丁：川本　要

戎光祥研究叢書　第10巻
織田《おだ》政権《せいけん》の形成《けいせい》と地域《ちいき》支配《しはい》

二〇一六年一〇月一日　初版初刷発行

著　者　柴辻俊六
発行者　伊藤光祥
発行所　戎光祥出版株式会社
東京都千代田区麹町一－七
相互半蔵門ビル八階
電　話　〇三－五二七五－三三六一(代)
ＦＡＸ　〇三－五二七五－三三六五
編集・制作　株式会社イズシエ・コーポレーション
印刷・製本　モリモト印刷株式会社

http://www.ebisukosyo.co.jp
info@ebisukosyo.co.jp

ISBN978-4-86403-206-3

人名・寺社名索引（50音順）

なお、織田信長は省略した。○○家、○○方などは○○氏とした。

（あ）

（い）

（か）

（き）

（く）

（け）

（こ）

（さ）

（し）

（す）

（せ）

（そ）

（た）

（な）

（に）

（ぬ）

（へ）

（ほ）

（ま）

（も）

（や）

（ゆ）

（よ）

地名・城郭・合戦索引（50音順）

（い）

（う）

（え）

（お）

（か）

（き）

（く）

（け）

（こ）

（さ）

（し）

（す）

（と）

（な）

（に）

（ぬ）

（ね）

（の）

（は）

（ひ）

（ふ）

（へ）

（ほ）

（ま）

（み）